航天科技图书出版基金资助出版

园区消防安全实务

——以航天园区为例

李　杰　白燕强◎主编

中国宇航出版社
·北京·

图书在版编目（CIP）数据

园区消防安全实务 ：以航天园区为例 / 李杰，白燕强主编. -- 北京 ：中国宇航出版社，2024. 10.

ISBN 978-7-5159-2436-6

Ⅰ. D631.6

中国国家版本馆 CIP 数据核字第 2024N23U26 号

责任编辑　刘　凯　　　**封面设计**　王晓武

出　版
发　行　中国宇航出版社

社　址　北京市阜成路 8 号　**邮　编**　100830
(010)60286808　(010)68768548

网　址　www.caphbook.com

经　销　新华书店

发行部　(010)60286888　(010)68371900
(010)60286887　(010)60286804(传真)

零售店　读者服务部　(010)68371105

承　印　天津画中画印刷有限公司

版　次　2024 年 10 月第 1 版
2024 年 10 月第 1 次印刷

规　格　787 × 1092

开　本　1/16

印　张　20.25

字　数　371 千字

书　号　ISBN 978 - 7 - 5159 - 2436 - 6

定　价　80.00 元

编委会名单

序言

园区经济是区域经济的核心组成，以国家高新技术开发区、产业园区和工业园区为代表的各类园区现已成为我国经济发展的压舱石、对外开放的稳定器、创新发展的主引擎、转型升级的风向标、区域协同的先锋队，正在迈向“标杆引领”的高质量发展新阶段。

2023 年，全国 178 家国家高新技术开发区实现园区生产总值 18 万亿元，占全国 GDP 比重约 14%，集聚了全国约 30% 的高新技术企业、40% 的专精特新“小巨人”企业、60% 的科创板上市企业。

但我们也遗憾地看到，伴随园区经济的发展壮大，各类重大安全事故，尤其是重大火灾事故也始终如影随形。例如，2022 年 11 月 21 日，河南省安阳工业园区凯信达商贸有限公司发生特别重大火灾事故，造成 42 人死亡、2 人受伤，直接经济损失 1.23 亿元。2023 年 1 月 15 日，盘锦浩业化工有限公司在作业过程中发生爆炸起火事故，造成 13 人死亡、35 人受伤，直接经济损失约 8799 万元。发展决不能以牺牲安全为代价，加强园区的消防安全管理工作势在必行。为此，中国空间技术研究院结合单位多年的工作实践经验，编写了这本《园区消防安全实务——以航天园区为例》，旨在为各类园区的消防安全管理工作提供一些参考。本书围绕消防设施的配置与维护、消防安全组织机构及职责、消防安全管理及隐患整改、灭火和应急疏散预案的编制与自防自救能力建设等重点内容进行了全方位的介绍，最后以消防安全标准化考评形成闭环，这不仅为各类园区开展消防安全管理工作提供了一个最直观的范式，同时也为消防监管部门提供了一个鲜活的研究样本。

“能务实者，民之本也”。实务强调的是实践和实际操作，面对的是在实际工作中需要处理的各类具体事务，既包括制定制度流程规程等一系列基础性工作，也涵盖这些基础性工作在各个工作场景中的具体运用。多年来，中国空间技术研究院的具体实践已经证明了卓有成效的消防安全管理工作与安全发展是相辅相成的，相信该书的出版能为更多的社会单位和园区管理单位提供一个可参考、可复制、可推广的标准化模型。

2024 年 9 月

前言

中国空间技术研究院隶属于中国航天科技集团有限公司，成立于 1968 年 2 月 20 日，首任院长是著名科学家钱学森。经过 56 年的发展，中国空间技术研究院已成为中国主要的空间技术及其产品研制基地，是中国空间事业最具实力的骨干力量，为国民经济建设、国防现代化和人民生活水平提高作出了重要贡献。

自 1970 年 4 月 24 日我国成功发射第一颗人造地球卫星以来，中国空间技术研究院已抓总研制并成功发射了近 500 颗航天器，实现了 290 余颗航天器在轨运行，研制的航天器覆盖载人航天、月球与深空探测、导航定位、对地观测、通信广播、空间科学与技术试验六大系列，实现了大、中、小、微型航天器的系列化、平台化发展。中国空间技术研究院是东方红一号卫星、神舟五号载人飞船、嫦娥一号卫星等中国航天事业三大里程碑的诞生地，为圆满完成以载人航天、探月探火、卫星导航、高分工程为代表的航天重大工程任务，推动航天事业实现跨越式发展作出了突出贡献。

中国空间技术研究院现拥有北京、天津、怀来、西安、兰州、烟台、深圳、内蒙古、杭州等多个航天园区，涉及航天器研制的总装、测试、试验、生产等多用途建筑物，具有管理面积大、分布区域广、消防设施复杂、保障要求高、火灾危险源多等特点。随着科研生产任务的不断增加，消防工作新情况、新问题日益增多，也曾存在着管理区域交叉、责任界面不明晰、从业人员专业度参差不齐、培训效果不明显、火灾防控能力不均等社会单位共性管理难题。作为中国空间事业发展的国家队、主力军，中国空间技术研究院肩负着航天强国建设的神圣使命，消防工作不容出现丝毫疏漏，必须通过完善管理体系建设、落实安全责任、夯实消防工作基础等举措，为航天器研制任务提供安全稳定的工作环境。

面对当前严峻的火灾防控形势和繁重的科研生产任务，中国空间技术研究院消防工作以保障航天器研制任务安全为总体目标，坚持“重基础、利长远”的工作思路，坚持需求牵引和问题导向，辨识出管理机制、管理依据、考评机制三方面是消防安全保障能力提升的关键要素。一是制定和完善《航天器研制场所消防技术保障要求》《消防安全标志》《消防安全标准化考评准则》等标准，以及《消防安全管理办法》等制度、实施细则、作业指导书，实现了消防安全管理依据全流程受控和全周期覆盖；二是通过构建权责分明的管控职责界面，创建全员技能提升和职业竞赛模式，形成了全过程管控的消防安全责任制和自防自救保障能力；三是建立考评机制，细化考评内容，执行差异化的评分标准，创建了集团公司首个可量化的消防安全管理考核评价机制，提升了消防工作顶层监督考核力度，形成了消防安全管理体系全流程闭环管理（计划—执行—监督—考核），逐步构建起管理机制完善、管理依据齐备、考评机制科学的航天单位消防安全管理及保障能力，这为保障航天器研制任务及高质量发展奠定了坚实的安全基础。

截至 2024 年 7 月，中国空间技术研究院获得国家科学技术奖 84 项，授权专利 9800 余件，省部级奖 3000 余项。2020 年，中国空间技术研究院被评为第五届“全国 119 消防先进集体”，是国家国防科技工业领域唯一获此殊荣的单位。

面向未来，中国空间技术研究院将以习近平新时代中国特色社会主义思想为指导，深入学习贯彻习近平总书记关于航天强国建设的重要论述和重要指示批示，以探索浩瀚宇宙、发展航天事业、建设航天强国为不懈追求的航天梦，始终强化使命担当，大力弘扬航天精神，坚持改革创新，着力推动高质量发展，为加速推进世界一流宇航公司建设、支撑航天强国建设和世界一流军队建设不懈奋斗，为把我国全面建成社会主义现代化强国、实现中华民族伟大复兴的中国梦作出新的更大贡献！

在编写本书过程中，参阅了大量的同类书籍与标准，限于篇幅，未能一一列出，在此向所有作者表示衷心感谢。

● 荣获国家消防类最高奖项——第五届“全国 119 消防先进集体”

● 荣获第十九届军工企业管理创新成果三等奖

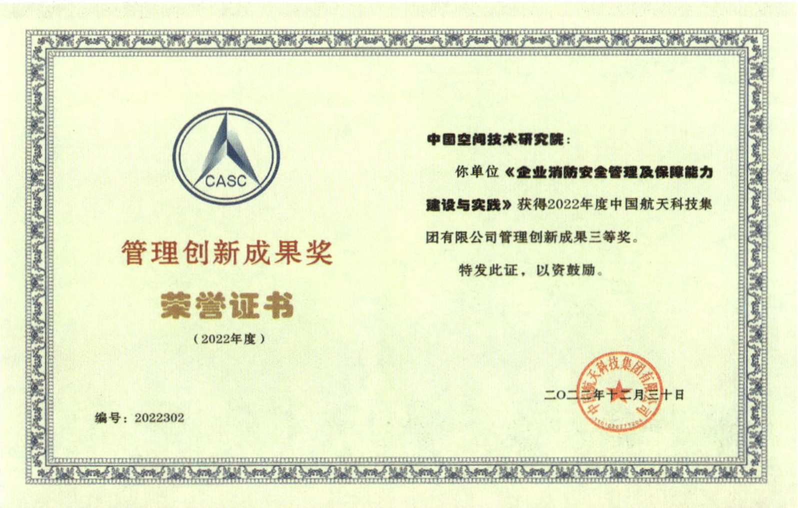

● 荣获中国航天科技集团有限公司管理创新成果三等奖

● 荣获 2021 年度首都应急管理创新案例一等奖

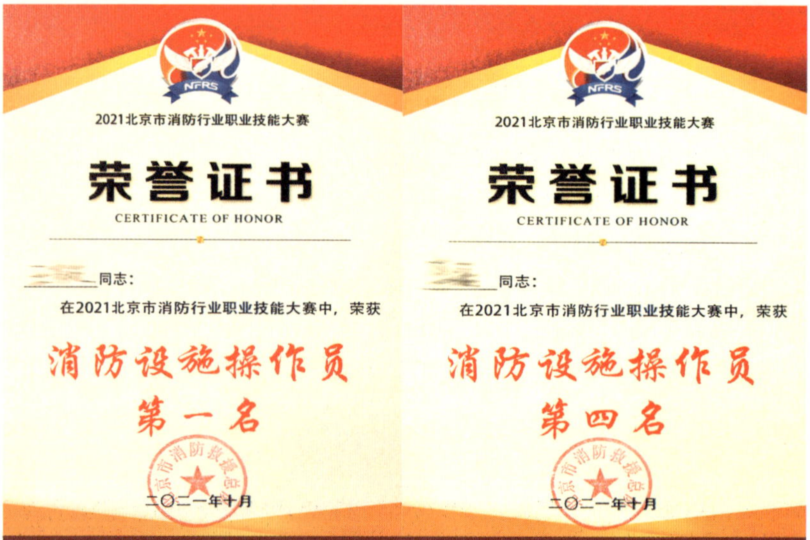

● 荣获北京市消防行业职业技能大赛，获得北京赛区消防设施操作员第一名和第四名

● 参加北京市自防自救力量消防大比武，助力海淀区代表队获得团体第二名

目　录

第五章 园区消防安全检查与火灾隐患整改

第六章 园区应对初起火灾事故自救能力建设

第七章

中国空间技术研究院对消防安全标准化的探索

01

第一章

概论

党的十八大以来，习近平总书记多次作出重要指示批示，强调务必要把安全摆到重要位置，统筹发展和安全，把确保人民生命安全放在第一位并落到实处，为安全工作提供了根本遵循和行动指南。党的二十大报告指出，要完善公共安全体系，推动公共安全治理模式向事前预防转型，要加强重点行业、重点领域安全监管，提高防灾减灾救灾和重大突发公共事件处置保障能力。党的二十届三中全会报告指出，要完善公共安全治理机制，健全重大突发公共事件处置保障体系，完善大安全大应急框架下应急指挥机制，强化基层应急基础和力量，提高防灾减灾救灾能力。消防工作是国家应急管理治理体系和治理能力的重要组成部分，承担着预防和扑灭火灾的重任，事关员工生命安全、事关单位生存发展、事关社会安全稳定。因此，消防安全是国家和单位稳定发展的基本要求。

1. 必须牢固树立安全发展理念

2013 年 11 月 24 日，习近平总书记在听取青岛黄岛经济开发区东黄输油管线泄漏引发爆燃事故情况汇报时指出："各级党委和政府、各级领导干部要牢固树立安全发展理念，始终把人民群众生命安全放在第一位，牢牢树立发展不能以牺牲人的生命为代价这个观念。"

2022 年 10 月 16 日出版的第 20 期《求是》杂志发表习近平总书记的重要文章《坚持人民至上》："人民至上、生命至上，保护人民生命安全和身体健康可以不惜一切代价。"

习近平总书记深刻阐释了安全发展的重要性，告诫我们必须始终坚持以人民为中心，坚持人民至上、生命至上，统筹发展和安全，切实把安全作为发展的前提、基础和保障。

2. 必须建立健全最严格的安全生产责任体系

2013 年 11 月 24 日，习近平总书记在听取青岛黄岛经济开发区东黄输油管线泄漏引发爆燃事故情况汇报时指出："要把安全责任落实到岗位、落实到人头，坚持管行业必须管安全、管业务必须管安全、管生产经营必须管安全，加强督促检查、严格考核奖惩，全面推进安全生产工作。”

2013 年 11 月 24 日，习近平总书记在听取青岛黄岛经济开发区东黄输油管线泄漏引发爆燃事故情况汇报时指出：“所有企业都必须认真履行安全生产主体责任，做到安全投入到位、安全培训到位、基础管理到位、应急救援到位，确保安全生产。中央企业要带好头做表率。”

习近平总书记要求，无论是地方党委还是政府，无论是综合监管部门还是行业主管部门，无论是中央企业还是其他生产经营单位，都必须把安全责任牢牢扛在肩上，丝毫不能动摇，一刻不能放松。要构建全方位的安全责任体系，坚持“三管三必须”，使领导责任、监管责任、主体责任明确到位，从不同角度抓严抓实。

3. 必须深化安全生产领域改革

2015 年 12 月 24 日，习近平总书记在十八届中共中央政治局常委会第一百二十七次会议上指出：“这涉及安全生产理念、制度、体制、机制、管理手段改革创新。”

2016 年 10 月 11 日，习近平总书记在中央全面深化改革领导小组第二十八次会议上指出：“推进安全生产领域改革发展，关键是要作出制度性安排。”

习近平总书记的重要指示，既有安全改革的总体要求，也有具体化针对性要求，我们要从安全管理最薄弱环节着手，查漏洞、补短板，不断推进安全生产创新发展。

4. 必须强化依法治安

2016 年 1 月 6 日，习近平总书记在中共中央政治局常委会会议上指出：“必须强化依法治理，用法治思维和法治手段解决安全问题。要坚持依法治理，加快安全相关法律法规制定修订，加强安全监管执法，强化基层监管力量，着力提高安全法治化水平，这是最根本的举措。”

深刻领会习近平总书记的重要论述，要认识到没有安全的法治化就没有安全治理体系和治理能力的现代化。只有建立完善的安全法治体系，采取严格的法治措施，才能从根本上消除对安全造成重大影响的非法违法行为等顽症痼疾，才能真正实现安全形势的持续稳定好转。

5. 必须依靠科技兴安

2013 年 3 月 5 日，习近平总书记在参加十二届全国人大一次会议上海代表团审议时指出："解决深层次矛盾和问题，根本出路就在于创新，关键要靠科技力量。"

2016 年 7 月 21 日，习近平总书记在中共中央政治局常委会会议上指出："抓紧规划实施一批生命防护工程，积极研发应用一批先进安防技术，切实提高安全发展水平。"

习近平总书记的重要论述要求我们，必须把科技兴安摆在更加重要位置，大力提高科技创新能力，提高安全本质化水平。

6. 必须加强源头治理

2015 年 2 月 15 日，习近平总书记在陕西考察时指出："宁防十次空，不放一次松。"

2015 年 5 月 29 日，习近平总书记在中共中央政治局第二十三次集体学习时指出："要坚持标本兼治，坚持关口前移，加强日常防范，加强源头治理、前端处理。"

2016 年 7 月 20 日，习近平总书记在中共中央政治局常委会会议上指出："站在人民群众的角度想问题，把重大风险隐患当成事故来对待，守土有责，敢于担当，完善体制，严格监管，让人民群众安心放心。"

习近平总书记深刻揭示了安全工作的内在规律，要求我们必须从源头上管控风险、消除隐患，防止风险演变、隐患升级，导致事故发生。

7. 必须完善应急救援体系

2015 年 12 月 24 日，习近平总书记在十八届中共中央政治局常委会第一百二十七次会议上指出："最大限度减少人员伤亡和财产损失。"

2015 年 12 月 24 日，习近平总书记在十八届中共中央政治局常委会第一百二十七次会议上指出："要认真组织研究应急救援规律。"

2019 年 11 月 29 日，习近平总书记在中共中央政治局第十九次集体学习时指出："要发挥我国应急管理体系的特色和优势，借鉴国外应急管理有益做法，积极推进我国应急管理体系和能力现代化。"

习近平总书记要求我们，必须始终把做好应急救援工作作为安全工作的重要内容，持之以恒加强应急能力建设，为人民生命财产安全把好最后一道防线。

8. 必须强化责任追究

2013 年 7 月 18 日，习近平总书记在十八届中共中央政治局常委会第二十八次会议上指出："对责任单位和责任人要打到痛处，让他们真正痛定思痛、痛改前非，有效防止悲剧重演。"

2015 年 12 月 24 日，习近平总书记在十八届中共中央政治局常委会第一百二十七次会议上指出："追责不要姑息迁就。一个领导干部失职追责，撤了职，看来可惜，但我们更要珍惜的是不幸遇难的几十条、几百条活生生的生命。"

习近平总书记的重要论述振聋发聩，警示各级领导干部一定要以对党和人民高度负责的态度，时刻把人民群众生命财产放在第一位，对发生的事故要汲取血的教训，及时改进制度措施，毫不松懈，一抓到底。

9. 必须坚持警钟长鸣、常抓不懈

2013 年 11 月 24 日，习近平总书记在听取青岛黄岛经济开发区东黄输油管线泄漏引发爆燃事故情况汇报时指出："安全生产必须警钟长鸣、常抓不懈，丝毫放松不得，每一个方面、每一个部门、每一个企业都放松不得，否则就会给国家和人民带来不可挽回的损失。对安全生产工作，有的东一榔头西一棒子，想抓就抓，高兴了就抓一下，紧锣密鼓。过些日子，又三天打鱼两天晒网，一曝十寒。这样是不行的。要建立长效机制，坚持常、长二字，经常、长期抓下去。一厂出事故、万厂受教育，一地有隐患、全国受警示。"

2023 年年末和 2024 年年初，我国各地发生多起较为严重的火灾事故。2023 年 11 月 16 日，山西省吕梁市永聚煤矿一办公楼发生火灾，事故造成 26 人死亡、38 人受伤。2024 年 1 月 19 日，河南省南阳市方城县独树镇砚山铺村英才学校一宿舍发生火灾，事故造成 13 人遇难。2024 年 1 月 24 日，江西省新余市渝水区一临街店铺发生火灾，事故造成 39 人死亡、9 人受伤。

习近平总书记心系人民，对火灾事故处置及后续消防工作再次作出重要指示批示，要求：全力救治受伤人员，尽快查明原因，严肃追究责任，并强调各地区和有关部门要深刻吸取事故教训，牢固树立安全发展理念，强化底线思维，针对冬季火灾事故易发多发等情况，举一反三，深入排查重点行业领域风险隐患，完善应急预案和防范措施，压实各方责任，坚决遏制重特大事故发生，切实维护人民群众生命财产安全和社会大局稳定。

园区已成为我国经济发展的新增长极，做好园区消防安全工作至关重要。我们要认真贯彻落实习近平总书记关于安全工作的重要指示批示精神，高度重视园区消防工作，不断总结新经验、推广新技术，护航园区消防安全。

第一节 园区概述

园区，是指政府、民间组织或企事业单位集中统一规划指定区域，区域内专门设置某类特定行业、形态的单位、公司等进行统一管理，典型的如高新技术开发区、工业园区、产业园区等。航天单位集研发、设计、生产制造、试验于一体，形成了特有的航天产业园区。本书主要介绍了园区的概念、功能和管理，并以中国空间技术研究院航天园区消防工作为例，介绍了航天园区消防安全管理中存在的主要问题及对策。

一、高新技术开发区

高新技术开发区，是指我国在一些知识密集、技术密集的城市或地区建立的，以发展高新技术产业为目的的产业开发区。高新技术开发区以智力密集和开放环境为依托，充分吸收国外先进技术资源，依靠对高新技术产业的优惠政策和措施，最大限度地将科技成果转化为现实生产力。

1. 产生背景

从政策特性来讲，高新技术开发区属于一类特定的政策区。它是国家或地方政府设立的相对独立的开发区，通过实行特定政策、提供科技与基础设施，大力培养高新技术产业。园区以吸引创新投资、推进先进技术的研发与应用、促进外贸、增加外汇收入、增加就业为目的，促进本地经济发展。从空间特性来看，高新技术开发区可以理解为一种集成了科研、教育和工业生产的城市综合体，是一种具有经济特性和工业特性的新型产业空间，对地区和国家有经济贡献力，对地域有空间影响力，同时自身有完备的组织体系和可持续发展能力。

高新技术开发区是高新技术产业聚焦的区域，它重视的是技术产品的创新能力。自 1951 年美国斯坦福研究园（Stanford Research Park）诞生以来，高新技术产业园区开始在全球范围内逐渐兴起，从探索萌芽期到成熟发展期的巨大蜕变历经了 70 余年。硅谷在高新技术领域，通过新技术的突破不断催生新的产业，引领世界产业发展的潮流。

2. 建设任务和目标

高新技术开发区建设的主要任务和目标是：建立和发展高新技术产业基地，加速成果转化和科技创新创业的示范区，深化改革和加快体制创新的试验区，实施科技兴贸战略和对外开放的展示区，培养造就高新技术企业和企业家的学校，用高新技术改造传统产业的辐射源，体现社会主义现代文明的新社区。

3. 发展历史

相较于国外，虽然我国高新技术产业园起步较晚，但发展相对迅速。20 世纪 80 年代，我国诞生了第一个高新技术产业园区——中关村软件园。“863 计划”实施后，大量的资金投入推动了我国高新技术产业飞速发展，园区数量稳步上升。依据最新的国家高新技术产品目录，我国高新技术产业可分为电子与信息、生物医药技术、新材料、光电机一体化、新能源、环境保护、航空航天、地球空间及海洋工程、核应用技术、其他高新技术等领域。截至 2023 年年底，我国获批国家级高新技术开发区已有 178 家。国家高新区发挥高质量发展先行示范作用，成为经济发展的重要引擎。从基地平台看，国家高新区聚集了近 80% 的全国重点实验室、70% 的国家制造业创新中心。从研发投入看，国家高新区企业研发投入超万亿元。以北京中关村和上海张江为例，2022 年，中关村企业总收入 8.7 万亿元，拥有国家高新技术企业 1.7 万家；2023 年 1 至 10 月，上海张江高新区集成电路、生物医药、人工智能三大先导产业规模达 9576.5 亿元，约占全市的 80%。

二、工业园区

工业园区是指国家或地方政府根据自身经济发展的内在要求，通过行政手段划出一块区域，聚集各种生产要素，在一定空间范围内进行科学整合，以提高工业化的集约程度，突出产业特色，优化功能布局，使之成为适应市场竞争和产业升级的现代化产业分工协作生产区。

1. 产生背景

工业园区作为一种促进资源集约利用和产业聚集发展的重要载体，对于推动工业增长、加快城市化进程并带动所在区域乃至整个国家的经济发展具有重要作用。因此，无论是国家层面还是地方，尤其后者对发展工业园区均持充分肯定的态度并且投入了很高的热情。从我国当前的工业园区建设情况来看，几乎各省、自治区、直辖市均建立了数量众多、形式层次多样、覆盖面十分广泛的工业园区（开发）体系：既有国家级园区亦有省级园区，基本上每个地级市乃至县一级行政区域均建设有工业园区；不少省、自治区、直辖市所建设的工业园区还涵盖了出口加工区、特色工业园区等类型。

2. 建设任务和目标

工业园区是划定一定范围的土地，并先行予以规划，以专供工业设施设置、使用的地区。作为工业发展的一种有效手段，工业园区在降低基础设施成本、刺激地区经济发展、向社区提供各种效益的同时，也对人类的生存环境产生了一定的影响。因此，工业园区的规划与建设须改变过去单一的经济目标，创造一种新的科学的生态理念，将生产与安全、环保、生态等有机结合起来。

3. 发展历史

在我国，工业园区作为区域经济发展的新焦点，如雨后春笋般兴起，不少工业园区取得了显著的经济效益，甚至成为区域形象工程。我国工业园区类型主要有：国家级经济技术开发区、保税区、出口加工区以及各类省级工业园区等。通过规划论证，目前正在建设的国家生态工业示范园区数量达到 39 个，其中通过验收的国家生态工业示范园区有 12 个。

工业园区具备较好的投资潜力，各地把工业园区建设作为拉动区域经济增长的新引擎，纷纷制定政策与规划推动工业园区的发展。

三、产业园区

产业园区是以促进某一产业发展为目标而创立的特殊区位环境，是区域经济发展、产业调整升级的重要空间聚集形式，担负着聚集创新资源、培育新兴产业、推动城市化建设等一系列重要使命。

1. 产生背景

产业园区作为产业聚集的载体，既是区域经济发展、产业调整升级的空间承载形式，又是地区社会经济发展水平的衡量标志，它肩负着聚集创新资源、培育新兴产业、推动城市化建设等重要使命。产业园区的形式多种多样，如物流园区、文化创意园区、科技园区、生态农业园区、航天产业园区，以及近年来各地陆续涌现的科技新城、产业新城等。国内产业园区投资主体与建设类型主要有以下两种模式。

（1）政府建设管理模式

国内早期开发建设的产业园区基本上是政府主导并投资的，通常成立一个机构，悬挂园区管委会、国有性质开发建设公司两块牌子。

园区管委会负责宏观规划、政策管控、行政管理和园区招商，基建、经营事务则交给开发建设公司负责。伴随园区经营的规模化和规范化，园区管委会的行政管理功能日趋完善，开发建设公司的专业化分工日趋明显，衍生出市政建设、地产开发、物业管理、商业服务、企业孵化、产业投资管理等众多专业公司。

（2）企业建设管理模式

伴随工业地产和产业地产的迅猛发展，各地相继出现了由工业地产商或产业地产商开发建设的产业园，这些开发商中既有国有背景的公司，也有外资企业和民营企业。它们开发建设的园区包括物流园区、工业园区、科技园区、文化创意园区和产业新城等。

早期企业主导开发建设的产业园区大多位于大型产业园区内，属于“子园区”，其产业政策、产业运营还需依赖地方政府或园区管理委员会（母园区）。

2. 建设任务和目标

产业园区是国内以及国际上发展集成产业化的发展趋势，具有聚合效应、创新催化、环境治理、重点扶持、品牌效应等特点。产业园区可以进行科技、文化产业资源开发，企业和行业集聚及相关产业链汇聚，对区域科技、文化及相关产业发展起着示范、带动作用，发挥园区的经济、社会效益，是促进科技与经济相结合，发展高新技术产业和文化创意的基地。主要建设任务有：促进技术、文化成果商品化、产业化、国际化；应用技术、文化改造传统产业；引进国外技术、文化、资金和现代管理方式，促进国内外经济技术合作，发展外向型经济；深化技术、文化企业产权、用工、分配和保险等制度的改革。

3. 发展历史

随着国家产业结构的不断调整转型和升级优化，市场和企业都对产业园区的运营及发展提出了更高的要求，而新兴产业的快速发展，使得产业园区成为新的关注热点。作为撬动内需、促进区域经济发展的有力杠杆，未来产业园区将围绕创新突破、产业优化、配套服务、招商策略等方面实现转型升级和长远发展。

产业园区是区域经济发展创新的重要空间载体，对聚集创新资源、培育新兴产业、推动城市化建设等具有重要意义。产业园区的发展共有四个阶段，即空间集聚阶段、产业集聚阶段、人才集聚阶段、多元融合阶段。在空间集聚阶段，有投资即可进入产业园区，政府提供优惠政策，产业类别多样，以劳动密集型产业为主，产业之间关联性不强；在产业集聚阶段，纵向垂直集聚和横向水平集聚同时进行，此阶段关注的依然是产业，较少关注园区的商业和生活等方面配套；在人才集聚阶段，园区经济向区域经济过渡，大批优秀人才进入，关注人才，并有意识地建设使人安居的城市功能设施；在多元融合阶段，复合产业发展，融入产业、商务、居住、商业、服务等更多城市功能，达到“安商”的目的。产业园区的发展阶段如图 1–1 所示。

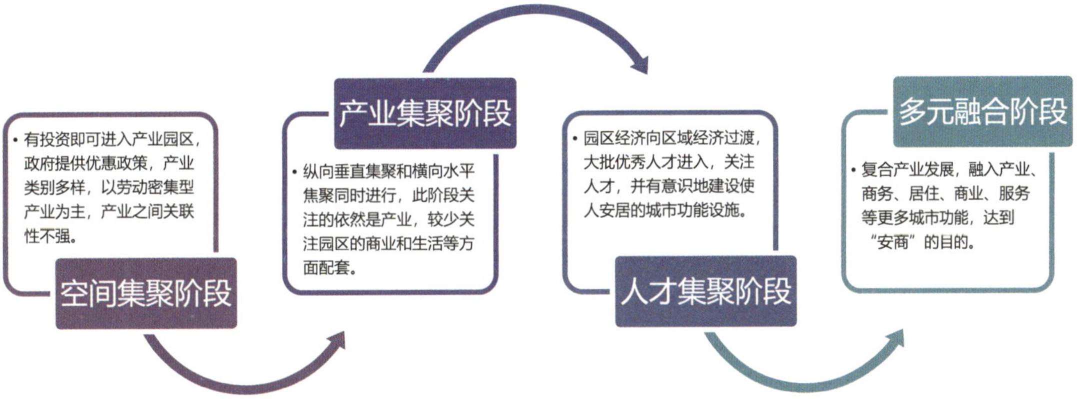

▲ 图 1-1　产业园区的发展阶段

四、高新技术开发区、工业园区、产业园区的特点与区别

高新技术开发区、工业园区、产业园区作为产业发展的“老大哥”，为我国国民经济的发展立下了汗马功劳，特别是高新技术开发区，被誉为我国改革开放的重要创举。高新技术开发区、工业园区、产业园区在行政级别、类型、发展侧重点及发展目标等方面的区别见表 1–1。

表1-1 三种园区的行政级别、类型、发展侧重点及发展目标

园区类别	行政级别	类型	发展侧重点	发展目标
高新技术开发区	由国务院或省、自治区、直辖市政府批准在城市规划区内设立的经济开发区、高新开发区等，实行国家特定优惠政策的各类开发区	经济开发区、高新开发区	集中发展一两项产业	经济开发区是在某一区域集中兴办一两项产业，给予相应的扶植和优厚待遇，目标是使该区域的经济得以迅速发展，而高新开发区是以发展高新技术为目的
工业园区	建立在一块固定地域上的，由工业制造企业和服务企业形成的企业社区。在该社区内，各成员单位通过共同管理环境事宜和经济事宜来获取更大的环境效益、经济效益和社会效益	保税区、出口加工区和各类省级工业园区	主要发展制造企业和服务业，多种企业聚集	在参与企业对环境影响最小化的同时，提升其经济效益
产业园区	以促进某一产业发展为目标而创立的特殊区位环境，是区域经济发展、产业调整升级的重要空间聚集形式，担负着聚集创新资源、培育新兴产业、推动城市化建设等一系列重要使命	物流园区、科技园区、文化创意园区、生态农业园区等	集中发展某一类型产业	促进某一产业发展

1. 行政级别不同

高新技术开发区是由国务院或省、自治区、直辖市政府批准在城市规划区内设立，是从比较大的地级市、直辖市或省级行政主体分离出来的，为了支持地区发展地方经济或加快城市融合等特殊原因成立的，其中各种机构相对完整，通常是以管委会的形式出现，属于一级行政主体。

工业园区和产业园区还称不上是一个行政主体，工业园区大多是建立在一块固定地域上的，由工业制造企业和服务企业形成的企业社区。产业园区是以促进某一产业发展为目标而创立的特殊区位环境，是区域经济发展、产业调整升级的重要空间聚集形式，担负着聚集创新资源、培育新兴产业、推动城市化建设等一系列重要使命。工业园区和产业园区一般成立业委会等组织机构行使园区统一管理的职能。

2. 类型不同

高新技术开发区主要包括经济开发区和高新开发区；工业园区主要是各种类型的工业企业聚集区，如保税区、出口加工区和各类省级工业园区等；产业园区因其组建方式较为灵活，所以类型十分丰富，包括各类大型产业集聚形成的产业园区等。

3. 发展侧重点及发展目标不同

高新技术开发区中的经济开发区是在某一区域集中兴办一两项产业，给予相应的扶植和优厚待遇，目标是使该区域的经济得以迅速发展，而高新开发区是以发展高新技术为目的；工业园区的目标是在参与企业对环境影响最小化的同时，提升其经济效益；产业园区发展范围较小，集中发展某一类型产业。

第二节 园区消防安全管理现状

一、高新技术开发区的消防安全管理

我国建设高新技术开发区始于20世纪80年代中期。1985年3月,《中共中央关于科学技术体制改革的决定》指出:“为加快新兴产业的发展,要在全国选择若干智力资源密集的地区,采取特殊政策,逐步形成具有不同特色的新兴产业开发区。”自此,各具特色的高新技术开发区在我国各地如雨后春笋般涌现。党的十八大以来,习近平总书记高度重视国家高新区的发展建设,亲自谋划、亲自部署、亲自推动,先后20余次到国家高新区考察。习近平总书记强调:“高新区是科技的集聚地,也是创新的孵化器。看一个高新区是不是有竞争力、发展潜力大不大,关键是看能不能把‘高’和‘新’两篇文章做实做好。”截至2023年年底,我国的国家级高新技术开发区的数量达到了178家。建立高新区被认为是中国市场经济进程中最为引人注目的现象之一。由于高新区提供了自由生长的土壤,打开了自由进入市场的道路,高新技术产业才得以在中国的经济浪潮中迈步前进,并在过去几十年改变了中国经济的结构和增长方式。

1. 高新技术开发区的火灾危险源辨识

危险源是指可能导致人身伤害和(或)健康损害的状态、根源或行为,或其组合。根据危险源在事故发生、发展过程中作用的不同,可以把危险源分成两类:一种是生产过程中存在的、可能发生意外释放的能量或危险物质,称为第一类危险源;另一种是导致危险物质或能量限制措施和约束破坏及失效的各种因素,称为第二类危险源。

危险源辨识的方法有很多,基本方法有:现场观察、询问交谈、获取外部信息、查阅有关记录、安全检查表、危险与可操作性研究、工作任务分析法、故障树分析、事件树分析等。在组织辨识危险源的过程中，应结合具体情况，针对需要辨识的环境条件、设备、场所、设施，运用合适、有效的辨识方法进行清查。

对高新技术开发区火灾危险源进行辨识，主要有以下几个方面内容。

（1）单位入驻审核不严

在单位准入资格审查方面，高新技术开发区管理部门负责制定新进单位的准入标准，可能重点关注单位的科技前景及其潜在的经济效益，而对消防安全条件缺少明确、具体的要求，导致对入驻单位消防安全前置审核的缺失。

（2）功能分区不彻底

在发展初期，高新技术开发区尚未形成明显的产业分工，加之园区公共服务场地规划建设不足，致使所入驻单位没有按照单位性质进行分类分区域管理，造成入驻单位行业混杂、公共服务功能欠缺、单位内部生产生活功能未有效分隔，给消防安全监督管理、风险防控带来不便。

（3）消防安全意识淡薄

高新技术开发区个别单位在主观意识上重视消防安全，但在客观上缺乏消防安全管理知识和能力，当消防安全与生产经营发生矛盾时，单位往往重视经济利益而忽视消防安全，如部分单位因为场地限制而占用疏散通道、堵塞安全出口等。

（4）消防安全管理制度不健全

个别高新技术开发区及入驻单位在园区统筹管理、个性化管理等方面的制度不健全，容易形成管理盲区。

（5）消防安全管理力量薄弱

个别入驻单位未配备专兼职消防安全管理人员，或专兼职消防安全管理人员专业素养不高，缺乏必备的消防安全管理知识和技能。

（6）消防安全资金投入较少，隐患整改不力

园区部分入驻单位处于起步期，生产经营资金紧缺，个别单位重经济、轻安全，优先把资金预算安排在与生产直接相关、能产生经济效益的项目上，对与安全相关的设备、设施则本着能省则省的原则，忽视或排斥落实整改措施，通过减少或不投入消防安全资金来降低生产经营成本，导致问题隐患长期得不到整改。

2. 高新技术开发区消防保障能力建设

（1）规划建设

在高新技术开发区规划之初，要依照消防法律法规、消防技术标准制定专业的消

防规划，将消防安全布局、志愿消防组织（微型消防站等）、消防供水、消防通信、消防车通道、消防设施器材等内容真正纳入园区的总体规划，并同步实施。消防规划的编制既要符合实际又要适度超前，既要关注重点又要照顾全面，确保园区功能布局合理，公共消防设施建设到位，消防装备的建设符合扑救重特大火灾事故的要求，避免先天不足，切实做到预防在先、防患于未然。

对已经建成的高新技术开发区，要集中开展消防安全“陈账”“老账”的清理工作，督促其按照国家有关规定和加强消防基础设施建设的要求，重点解决消防站、消防设施器材、消防车通道、消防给水等问题。

（2）先期投入

园区应树立“消防安全是隐性的经济效益、是经济发展的保障”的意识。把消防安全摆在园区建设的重要位置，把园区内的公共消防设施建设列入城市基础设施建设计划，优先安排。公共消防基础设施建设应充分考虑园区共享和相互衔接，如消防供水能力的大小、周边水资源的利用、消防站保护范围、主次干道的消防车通行能力、尽端道路的消防车回车场地、接警调度的同一时间接警频次、火灾高危场所的重点防范措施、专职消防队的建设和运行、扑救特殊场所火灾的消防特种装备以及园区配套建筑的消防基础设施等，要与“水、电、路、气”四通一并建设、一步到位。高新技术开发区公共部分总体建设应在相关项目建设中优先安排建设资金，以确保园区消防安全的需要。

（3）严格审批

对高新技术开发区的建设项目，消防审查验收机构应及早了解并掌握建设工程项目和招商引资的信息。要从加强建筑防火审核入手，从源头上堵住火灾隐患，把好区域内的总体布局、建筑物的耐火等级、防火间距、消防水源和疏散通道等的审核关，杜绝先天性火灾隐患的产生。

高新技术开发区相关管理部门应严格遵守法律法规，执行消防技术标准，落实法定职责，开展消防工作。建设单位应按照法定程序，依法报审、报验、备案。工程监理单位要严格落实法律法规，严禁降低消防技术标准。既要保障经济运行，也要从根本上消除火灾隐患，确保安全。

（4）加强管理

高新技术开发区的消防工作应严格遵照《中华人民共和国消防法》（以下简称《消防法》），落实法定责任，无论是行政区域的政府机关，还是政府管辖的管委会，园区主要负责人就是《消防法》规定的消防安全责任人，负有全面的消防工作职责，代表政府依法履行法定职责。

① 火灾预防方面

应组织开展经常性的消防宣传教育，提高园区工作人员的消防安全意识。对已设置的生产、储存易燃易爆物品的站、库、点，如有不符合法律法规或消防技术标准的，要组织协调有关部门、单位限期解决消防安全隐患。在重大节假日、火灾多发季节，应有针对性地开展宣传教育，采取防火措施，进行安全检查。

② 消防组织建设方面

应根据经济和社会的发展需要，建立多种形式的消防组织，增强火灾预防、扑救和应急救援的能力。组织制定灭火和应急疏散预案，建立快速响应处置机制，为火灾扑救和应急救援工作提供人员、装备等方面的保障。

③ 灭火救援方面

应建立属地消防救援队伍、园区专职消防队、园区志愿消防组织（微型消防站等）联勤联动机制，组织实施火灾扑救的应急救援工作。根据火灾扑救的需要，组织有关人员，调集所需物资支援灭火救灾。

④ 执法监督方面

消防救援机构应对高新技术开发区相关进驻单位（部门）履行消防安全职责情况进行监督检查，对消防安全布局、公共消防设施不符合要求，或存在影响公共安全的重大火灾隐患情况，应及时核实并组织有关部门、单位采取措施，予以整改。政府对消防救援机构报请的对经济和社会影响较大的涉事企业，责令停产停业，依法决定并组织有关部门实施。

二、工业园区的消防安全管理

我国工业园区一般具有以下基本功能：资源集聚功能、企业孵化功能、技术渗透功能、示范带动功能及外围辐射功能。工业园区的集聚功能不仅使产业发展所需的资源逐步集聚，同时也对工业园区内小环境的形成与优化起到了良好的促进作用，推动企业孵化、技术渗透，具有示范带动和向外围辐射效应。工业园区的地域功能主要包括优化区域产业结构、加速城市新区形成、促进区域全面发展。工业园区的功能如图1-2所示。

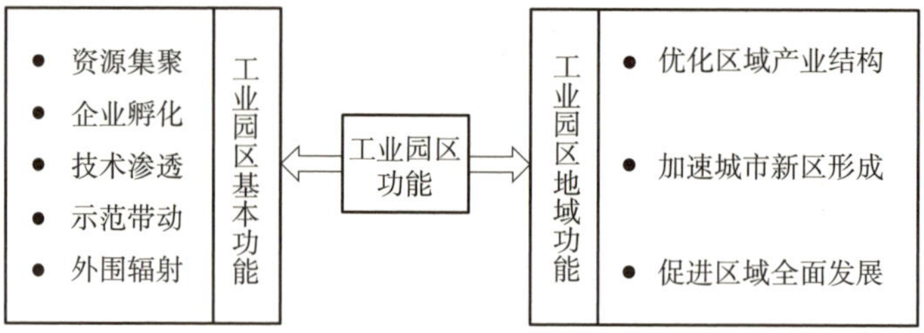

▲ 图 1-2 工业园区的功能

1. 工业园区的火灾危险源辨识

近年来，我国工业园区火灾事故呈高发态势，暴露出入驻单位主体责任、消防安全管理、消防设施建设落实等诸多不足和短板。辨识工业园区火灾危险源，主要有以下几个方面。

（1）工业危险源集中，事故风险的后果影响大

工业园区各类制造型企业集中，普遍存在重大危险源，数量众多且储量巨大。尤其是化工园区，聚集了大量石化、化工企业，这些单位生产所用的原料、中间体甚至产品大多是危险化学品，而且大多又在高（低）温、高（低）压等作业环境下进行生产，工艺比较复杂，操作条件严格，稍有不慎，就有可能发生危险化学品泄漏、火灾、爆炸、中毒等事故。

（2）公共消防设施滞后

个别工业园区在设立之初缺乏前瞻性，未进行完整的消防规划和功能布局研究，加之配套资金匮乏，投入明显不足，不少地方存在“三边工程”（边施工、边设计、边报审）和“先上车后补票”等现象，先天性隐患比较突出，一旦发生事故，不能发挥应有的作用。

（3）消防安全管理失序

个别工业园区未建立完善的消防组织机构，消防工作主要依托上级专项行动，缺乏成体系的消防安全治理方式；园区部分工作人员消防专业水平较低，不能及时发现和处置消防隐患。

（4）主体责任落实缺位

部分单位只注重经济利益，消防经费投入少，无配套的管理构架和完善的管理制度，消防安全失控漏管，消防设施完好率低，一旦发生火灾事故，极易造成蔓延扩大和人员伤亡。

2. 工业园区消防保障能力建设

（1）提升消防安全规划科学性

加强对工业园区消防安全的宏观管控，从提升产业结构出发，鼓励开办高新技术企业，从政策导向上提升工业园区消防安全管理水平。督促编制包括消防安全布局、消防站、消防供水、消防通信、消防车通道、消防装备等在内的工业园区消防专项规划或规划消防专篇。加强公共消防设施建设前瞻性，适当提高建设标准，保障园区公共消防设施与其他基础设施统一规划、统一设计、统一建设。距离国家综合性消防救援站路途较长，无法满足应急处置要求的工业园区宜结合实际建立园区专职消防队。已建工业园区但尚无消防专项规划或规划消防专篇的，应补充编制规划，并按照“适度整改、全面完善、重点防范”的基本原则，补建消防站、消防车通道、消防水源等公共消防设施，提升消防保障水平。对于不按消防规划施工建设的，应督促整改。园区和政府行政审批主管部门要严格把关，确保在单位入驻前按规定办理相应消防行政许可手续，杜绝“先天性”隐患，为招商引资提供良好的消防硬件保障。

（2）提升消防安全管理效能

落实属地管理责任，成立园区消防安全委员会，建立议事协商制度，定期召开消防安全例会，研究园区消防工作，解决实际问题；推进园区智慧消防安全管理步伐，积极推进消防物联网远程监控等新技术运用，提升管理效率。推动属地行业主管部门建立并完善联合检查、信息共享、执法衔接、移交查办等协作监管长效机制，主动靠前检查指导，提升执法效率，精准解决问题。

（3）夯实消防安全主体责任

园区消防安全管理单位和各职能部门要建立与入驻单位的互联互通工作机制，强化单位消防安全管理人员素质培训，协助单位制定消防安全标准化管理规程，提升单位管理效能。入驻单位要严格落实消防安全主体责任，坚持“一把手”消防安全责任制，明确各级消防负责人和日常消防工作责任部门，完善消防设施维保、消防安全检查、防火巡查、隐患问题整改、员工培训演练等机制，将消防安全自知自查自改和公示承诺制度落到实处，提升本质安全水平。

（4）加强源头管控和技术服务

强化工业园区消防安全管理的源头控制工作，即对工业园区中的新建、扩建、改建项目，按照国家法律规定要求相应责任主体配备必要的消防设施、设备、器材，同时敦促按规定办理相应消防行政许可手续，以保证建设场所符合消防安全要求。

工业园区宜建立社会消防技术服务机构准入机制，选择专业技术高、服务意识强的单位来提供消防技术支持服务，对工业园区中的单位、商家、行政管理单位进行技术讲解，帮助排查火灾隐患，协助制定科学可行的火灾隐患排查方案，同时鼓励入驻单位应用先进火灾监控、报警、扑救设备预防火灾。

（5）强化消防安全教育培训

工业园区消防安全情况复杂，消防安全管理内容繁多，要充分发挥单位经营者在消防安全管理中的重要作用，使之主动承担起相应的消防安全责任，主动做好消防安全管理工作。对此，园区消防安全管理单位除了定期检查入驻单位消防设施、设备配备情况，并敦促经营者做好其消防安全管理工作外，还要督促入驻单位制定落实自身消防安全责任制，将消防安全责任落实到本单位所属部门和个人，明晰消防安全职责，建立健全自上而下的消防安全监督管理网络，对全体员工定期进行消防安全教育培训。对于特殊工种人员，应严格落实持证上岗制度，即在上岗前须接受法律法规、消防安全常识、灭火技能培训教育，使之具备扎实全面的消防安全理论知识和火灾自救技能，在通过培训考核后方允许其上岗，做到特殊工种“先培训、后考核、再上岗”，最大限度地避免人为因素引发的火灾事故。

工业园区消防安全管理非一日之功，只有在完善消防规划的基础上，强化源头审批把控，对相应单位给予必要的技术支持，并充分做好消防安全法治宣传、知识宣传工作，才能充分调动工业园区消防安全管理各参与者的积极性，共同保障工业园区消防安全。

三、产业园区的消防安全管理

产业园区的功能定位是指园区在区域经济体系中的功能分工，包括经济功能定位、文化功能定位、生态功能定位、制度创新功能定位和支撑总体定位。

1. 产业园区的火灾危险源辨识

（1）先天性隐患层出不穷

个别产业园区内的单位投产前未经消防设计审核验收，存在消防设施配置设置不合理、灭火器材配置不足、建筑耐火等级不达标、防火防烟分区不符合要求等火灾隐患，导致初起火灾得不到有效控制，极易造成人员群死群伤。个别单位虽已通过消防审核和验收，但在投入使用后为了提高场地的利用率，擅自违规将原有建筑物间的防火间距或疏散通道搭建成仓库或车间，改变整体消防安全布局，造成了建筑物消防车通道宽度不足、防火间距不足、防火分区不达标等问题，带来了新的消防安全隐患。

（2）产业园区内公共消防设施短缺

部分园区内公共消防设施建设跟不上产业园区建设步伐，园区消防基础设施薄弱，尤其是市政及室外消火栓的建设滞后，消防水源严重缺少，火灾发生后难以扑救。部分园区消防给水管网管径过小，水压过低，无法满足消防用水的需要。部分园区内建筑未按要求设置室内消火栓，灭火器等消防设施、器材配备严重不足，灭火器配置不合理、选型不符合要求，以致初起火灾得不到有效控制。

（3）消防安全管理不到位

个别单位消防安全责任制不落实，消防安全管理制度不健全，存在消防工作无人抓、无人管的情况。未建立消防安全管理组织，未制定消防安全操作规程和规章制度，违章操作，违章用火、用电的现象普遍存在。单位生产管理混乱，厂房内电气线路及电器设备的选用、安装不符合规范要求，电线私拉乱接、闸刀裸露、防爆场所未采用防爆电器的现象随处可见，且应急措施未及时跟上，极易因小火而酿成大灾。园区内乱搭乱建现象严重，消防安全得不到保障。

（4）消防安全意识淡薄

个别单位消防安全责任人消防安全意识淡薄，对消防安全的重要性认识不到位，摆不正单位发展与消防安全的关系，只片面追求经济利益，不顾消防安全，贪图眼前小利，忽视安全成本投入。个别单位消防安全责任人、消防安全管理人自身未接受过消防安全培训，缺乏必要的消防安全知识，不重视火灾预防和消防安全管理，不懂消防器材的使用、初起火灾的扑救等消防常识，对员工的培训教育不重视，培训制度形同虚设，缺少必要的消防安全培训教育，导致员工消防法律意识淡薄，对消防知识几乎一无所知，违章生产、违规操作现象屡禁不止。

2. 产业园区消防保障能力建设

（1）抓好消防规划和公共消防设施建设

把产业园区消防规划纳入总体规划，确保公共消防设施建设与产业园区建设同规划、同建设、同实施。依据法律法规和消防技术标准等，编制既符合实际又适度超前、既关注重点又照顾全面的消防规划，使产业园区内功能布局合理，公共消防设施建设到位，消防站装备建设符合扑救重特大火灾的要求。对已经建成的园区，按照国家有关规定和要求，本着“适度整改、全面完善、重点防范”的基本原则，加强消防基础设施建设。对新建的园区，坚持从源头把关，严格依照消防规划要求，高起点、高标准、高质量地抓好建设，确保消防站、消防车通道、消防水源、消防通信等基础设施与其他市政设施同步建设。对公共消防设施不能满足灭火救援需要的，增建、改建或扩建消火栓、消防水池、天然水源取水设施等消防设施，以满足实际需要。

（2）明确将消防审查、验收作为前置条件

产业园区要从加强建筑防火审查入手，从源头上堵住火灾隐患。在统一规划建立园区之时，应按规定办理相应消防行政许可手续，把好建筑物的防火间距、耐火等级、消防水源和疏散通道等审核关，杜绝先天性火灾隐患的产生。

（3）加强火灾隐患排查整治

产业园区消防工作主管部门要加强消防安全监督检查，督促相关入驻单位严格遵守国家有关消防方面的法律法规及规范的要求，努力消除各类火灾隐患。

（4）发展多种形式的消防队伍

充分发挥入驻单位的积极性，因地制宜地发展各种形式的消防队伍。产业园区不但要组建志愿消防组织，还要推动园区火灾高危单位建立专职消防队，配备必要的灭火器材，并定期对各种形式的消防队伍进行培训和实战演练，提高灭火救援能力。随着产业园区的不断发展，原有的消防体制、消防力量、车辆装备等已远不能适应经济建设的要求，按照《消防站建设标准》《消防特勤队（站）装备配备标准》和《消防员防护装备配备标准》的要求，进一步加强消防队伍建设，改善器材装备建设，努力提高消防队伍整体素质。配齐配强器材装备，制定灭火和应急疏散预案，适时组织开展演练，不断增强产业园区初起火灾的扑救能力。

四、园区消防安全管理存在的主要问题及对策（以中国空间技术研究院航天园区为例）

1. 航天园区消防安全管理存在的主要问题

中国空间技术研究院作为中国空间技术发展的主力军、国家队，肩负着航天强国建设的神圣使命。近年来，承担的空间站工程、北斗卫星导航工程、探月工程、探火工程等国家重大专项工程任务不断攀升，对消防安全管理工作提出了更高的要求。中国空间技术研究院现拥有北京、天津、怀来、西安、兰州、烟台、深圳、内蒙古、杭州等多个航天园区，航天器设计、研制、制造、总装、测试、试验等多用途建筑众多，具有管理面积大、分布区域广、消防设施复杂、保障要求高、火灾危险源多等特点，使得航天园区消防安全管理面临诸多难题。

（1）航天园区建筑类型众多，消防安全管理难度大

北京航天园区自 1994 年动工建设以来，已经陆续建成 50 余座建筑物，建筑面积达 80 余万平方米，既有厂房、仓库等工业类建筑，也有科研办公场所，同时还建设了宿舍、食堂、医疗、配电室、锅炉房等保障类建筑，形成了多类型、多功能园区建筑群。另外，随着航天事业的迅猛发展，中国空间技术研究院产能不断扩大，新技术、新设备、新任务、新建筑对消防工作提出了越来越高的要求，进一步加大了航天园区消防安全管理难度。

（2）航天园区产权单位多，消防安全管理模式不明确

北京航天园区入驻了 10 余家中国空间技术研究院下属单位，各建筑物分属不同单位，甚至部分单体建筑内有多家单位共同办公、设计、生产、试验。另外，园区建有消防控制室 10 余处，北京市级消防重点单位 10 余家，识别出消防安全重点部位近 40 余处。中国空间技术研究院在实施消防安全管理过程中，也存在着与其他社会单位类似的共性问题，如消防资源短缺、管理区域交叉、责任界面不明晰、火灾防控能力参差不齐等。

2. 航天园区消防安全管理的对策

针对以上问题，中国空间技术研究院组织开展了消防安全管理专题调研，通过完善制度、明晰职责、划分消防安全责任区等举措，明确了整体规划、集中实施的方案，统一职责界面，统一消防安全运行管理单位，统一消防安全管理制度要求，统筹推进火险隐患排查整治等一系列管理要求，建立起“集中管理、区域控制、分级负责”的消防管控模式，形成全过程管控的消防安全责任制，实现了权责分明的管控职责界面。

（1）整体规划、集中实施

考虑到未来航天园区扩大、科研生产任务规模增加、工作人员数量持续上涨所带来的消防安全管理压力，早在 2007 年航天园区第二次征地和规划阶段，中国空间技术研究院就充分汲取航天园区一期建设、管理、运行过程中存在的消防问题，提前统

等航天园区消防系统，着手对标国家标准，建立对消防水源、供水设施、消防设施、消防控制室等统一设置的总体规划方案，确保各建设项目的前期设计、开工报批等主体工作与消防系统建设同步，并按照消防系统的总体规划同时设计、同时施工、同时投入使用，保证消防系统建设“三同时”。

（2）统一职责界面

为进一步落实入驻单位的消防安全主体责任，在航天器各分系统研制任务单位向航天园区集中进驻之前，中国空间技术研究院就提前建立了安全责任区责任单位和责任人动态管理机制，以公共区域、楼宇乃至房间为单元划分了安全责任区，监督安全责任的分解和落实情况，深入开展安全责任区内的安全检查和隐患排查、治理工作，确保安全工作不留死角。

航天园区按照安全责任区划分为一级安全责任区、二级安全责任区。一级安全责任区责任单位（以下简称“一级责任区单位”）对本责任区内的安全工作负总责，并负责分解和落实本区域的安全责任；二级安全责任区责任单位（以下简称“二级责任区单位”）对本责任区内的安全工作负直接责任，并负责分解和落实本责任区内的安全责任。同时，一、二级责任区单位还要落实以下消防安全职责。

① 同一建筑物有两个以上使用单位的，在一级责任区单位的组织下，进一步明确疏散通道、安全出口、消防设施和消防车通道管理责任。

② 两个以上一级责任区单位在同一建筑物、共用一个消防控制室的，应按责任区建筑面积明确共用部分的疏散通道、安全出口、消防设施、消防车通道和消防控制室管理责任，并约定各自权利义务。

③ 采取统一委托管理的，被委托方应严格按约定履行消防控制室、消防设施的维护管理责任，建立消防设施保养、维修、检测，消防控制室、防火巡查、消防设施档案等制度，确保有效运行。

④ 一级责任区单位应告知二级责任区单位消防安全管理要求，并共同遵守。

（3）统一消防安全运行管理单位

2008 年以来，中国空间技术研究院在航天园区专门成立了专业保障单位，统一实施航天园区的消防安全日常运行管理工作，并负责组织开展航天园区公共区域（公共区域指园区周界围墙以内，建筑物外墙消防阀门井以外的区域，不含建筑物附属配套区域、建筑工地封闭区域等）消防设施维修与保养、消防控制室值班运行、灭火救援等消防业务工作。消防安全专业保障单位具体职责如下。

① 制定公共区域消防安全管理工作要求，并具体实施消防安全管理工作。

② 负责公共区域消防安全检查，落实火灾隐患整改。

③ 负责监视并处置火灾报警信号。

④ 负责监管建设工程项目消防安全。

⑤ 负责管理园区总指挥中心、消防总水泵房、水箱及储水池、公共区域消防管线及阀门井。

⑥ 负责微型消防站、灭火救援技术处置队的建设和日常运行。

⑦ 负责公共区域灭火和应急疏散预案编制及演练。

⑧ 负责为入驻单位提供必要的消防资源保障。

（4）统一消防安全管理制度要求

航天园区配置了各类“高、精、尖”仪器、设备，不仅价格昂贵，定制周期长，而且部分仪器、设备为国内独有，一旦发生火灾，将造成重大财产损失，甚至对航天器研制任务造成不可估量的影响。为此，中国空间技术研究院专门建立了针对航天园区消防安全集约化管理的一揽子标准、规章制度，如《航天器研制场所消防安全技术要求》（院标）、《消防安全标志》（院标）、《消防安全管理办法》《建设工程消防安全管理办法》《消防安全奖惩管理实施细则》《航天城园区消防安全管理实施细则》《航天城园区建设工程消防安全管理实施细则》等，通过统一的消防安全管理标准、规章制度的施行，实现了航天园区消防安全管理依据全流程受控和全周期覆盖，为消防安全秩序的维护、发展和改善提供了制度基础。

（5）统筹推进火险隐患排查整治

中国空间技术研究院消防安全管理工作始终坚持“预防为主、防消结合”的工作方针，以检查和消除火险隐患为切入点，以考核评价为抓手，多样化地实施火险隐患排查整治工作。

中国空间技术研究院创建了消防安全定期“体检”机制，通过引进“临床经验丰富”的社会消防技术服务机构等外部智力，从外部视角对消防工作开展情况进行“会诊、体检”，“体检”面向建筑防火、消防设施等多维度，直达航天器研制一线、消防安全重点部位，重点对消防设施运行、消防控制室运行、火灾事故处置等管理情况进行检查，不放过任何一个消防安全管理盲点，以普查问题、隐患为目的，切实“诊断”出薄弱环节和火灾危险。

此外，根据不同时期消防安全形势要求，中国空间技术研究院采取各级领导带队检查、单位互查、专项检查、“四不两直”检查等形式，全面、全力、全时开展消防安全检查，排查整治火险隐患，针对隐患进行分析，归纳易发、常发性问题，建立了隐患常量、变量数据库，通过排查隐患，跟踪整改，切实减少隐患存量，遏制隐患增量，形成了检查隐患、整改归零、完善提高的闭环管理机制。

中国空间技术研究院在实施航天园区消防安全集中管理工作中，逐步形成了具有鲜明特色的园区管理新模式，为北京、天津、怀来、西安、兰州、烟台、深圳、内蒙古、杭州等园区消防安全管控模式的确立奠定了基础。

02

第二章

园区消防安全组织与职责

第一节 园区消防安全组织

一、消防安全组织职责

1. 园区消防安全组织

《消防法》和《机关、团体、企业、事业单位消防安全管理规定》（公安部令第 61 号）规定了企业、事业单位（以下简称“单位”）应当落实逐级消防安全责任制和岗位消防安全责任制，明确逐级和岗位消防安全职责，确定各级、各岗位的消防安全责任人。

园区消防安全组织由园区管理委员会（业委会或其他同类性质组织机构）、消防安全委员会（消防工作领导小组）、消防安全归口管理部门和其他部门等多级组织组成。成立消防安全组织是为了贯彻“预防为主、防消结合”的消防工作方针，制定各种科学合理、行之有效的消防安全管理制度和措施，落实消防安全自我管理、自我检查、自我整改、自我负责的机制，做好火灾事故和风险的防范，确保本单位消防安全。园区消防安全组织结构如图 2-1 所示。

2. 消防安全组织职责

（1）园区管理委员会职责

园区管理委员会属于政府派出机构，负责管理高新技术开发区、工业园区、产业园区。根据《消防安全责任制实施办法》（国办发〔2017〕87 号）第十条规定“开发区管理机构、工业园区管理机构等政府的派出机关，负责管理区域内的消防工作，按照本办法履行同级别政府的消防工作职责”（因无明文规定，产业园区视同工业园区管理要求）。因此，园区管理委员会履行同级别政府的消防工作职责。其主要职责如下。

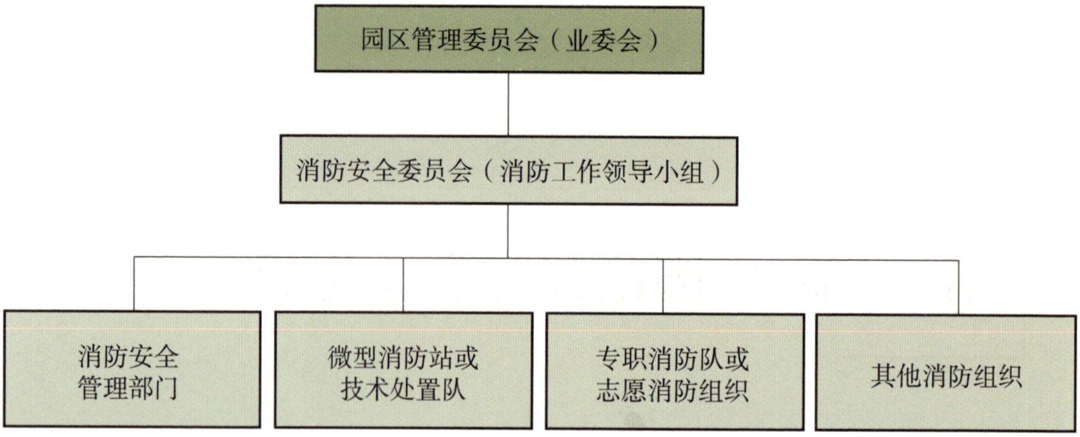

▲ 图 2-1 园区消防安全组织结构示意

① 贯彻执行法律法规和方针政策，以及上级党委、政府关于消防工作的部署要求，全面负责本地区消防工作，每年召开消防工作会议，研究部署本地区消防工作重大事项。每年向上级政府专题报告本地区消防工作情况。健全由政府主要负责人或分管负责人牵头的消防工作协调机制，推动落实消防工作责任。

② 将消防工作纳入园区发展总体规划，其中包括消防安全布局、消防站、消防供水、消防通信、消防车通道、消防装备等内容，并负责组织实施，确保消防工作与经济社会发展相适应。

③ 督促所属部门和园区内单位落实消防安全责任制，在重大节假日和重要活动期间以及火灾多发季节，组织开展消防安全检查。推动消防科学研究和技术创新，推广使用先进消防和应急救援技术、设备。组织开展经常性的消防宣传工作。

④ 建立常态化火灾隐患排查整治机制，组织实施重大火灾隐患和区域性火灾隐患整治工作。

⑤ 依法建立专职消防队。

⑥ 组织领导火灾扑救和应急救援工作。组织制定灭火和应急疏散预案，定期组织开展演练。建立灭火救援社会联动和应急响应处置机制，落实人员、装备、经费和灭火器材等保障，根据需要调集灭火救援所需工程机械和特殊装备。

⑦ 法律、法规、规章规定的其他消防工作职责。

（2）业委会职责（及其他同类性质组织机构）

企业或社会出资的园区，一般设立统一的管理组织，即园区内业主代表组成的业委会，代表业主的利益，向社会各方反映业主意愿和要求，并监督管理园区内单位管理运作的民间组织。业委会由业主大会选举产生，业委会成员应由业主担任。其主要职责如下。

① 定期组织召开业委会消防工作会议，研究分析当前消防安全形势，提出工作举措。

② 决策园区消防安全重要事项。

③ 督促园区内单位履行消防安全义务。

（3）消防安全委员会（消防工作领导小组）职责

园区内单位有隶属关系的应成立消防安全委员会（消防工作领导小组）等消防组织，消防安全委员会（消防工作领导小组）由主要领导（一般为单位消防安全责任人）牵头负责，消防归口管理部门和其他部门的主要负责人组成，并履行下列职责。

① 认真贯彻执行《消防法》等法律法规、消防技术标准。

② 起草下发本单位有关消防安全管理工作文件，制定有关消防安全管理规定、制度，组织、策划重大消防安全管理活动。

③ 督促、指导消防工作主管部门和其他部门加强消防安全管理和消防设施建设，落实逐级消防安全责任制，推动消防安全管理法制化、科学化、技术化、规范化。

④ 组织对本单位专兼职消防安全管理人员的业务培训，指导、鼓励本单位员工积极参加消防活动，推动开展消防知识、技能培训。

⑤ 组织消防安全检查、防火巡查和重点时期的抽查工作。

⑥ 组织对重大火灾隐患的认定和整改工作。

⑦ 组织对消防安全重点部位灭火和应急疏散预案的制定、演练、完善工作，依据工作实际，统一有关消防工作标准。

⑧ 根据消防法律法规，建立专职消防队、志愿消防组织（微型消防站等），并配备相应的消防器材和装备。

⑨ 支持、配合消防救援机构的日常消防安全管理监督工作，协助火灾事故的调查、处理以及完成消防救援机构交办的其他工作。

（4）消防安全归口管理部门职责

园区应结合自身特点和工作实际需要，设置或确定消防工作的归口管理职能部门。消防安全归口管理部门具有下列职责。

① 依照消防救援机构布置的工作，结合单位实际情况，研究和制定计划并贯彻实施。定期或不定期向单位消防工作主管领导和领导小组、消防救援机构汇报工作。

② 负责处理单位消防安全委员会（消防工作领导小组）和主管领导交办的日常工作，发现违反消防规定的行为，及时提出纠正意见，如未采纳，可向单位消防安全委员会（消防工作领导小组）或向消防救援机构报告。

③ 推行逐级和岗位消防安全责任制，贯彻执行法律法规和单位规章制度。

④ 进行经常性的消防教育，普及消防常识，组织和训练专职消防队、志愿消防组织（微型消防站等）。

⑤ 经常进行消防安全检查，协助各部门做好火灾隐患整改工作。

⑥ 负责消防器材分布管理、检查、保管、维修及使用。

⑦ 协助领导和有关部门处理火灾事故，详细登记每起火灾事故，定期分析单位消防工作形势。

⑧ 严格用火、用电管理，执行动火申请审批制度，安排专人现场进行监督和指导，跟班作业。

⑨ 建立健全消防档案。

⑩ 积极参加消防救援机构组织的工作会议，并做好记录，会后向单位消防安全责任人、消防安全管理人汇报有关工作情况。

（5）其他部门消防安全职责

其他部门按照单位分工，建立和完善本部门消防安全管理规章制度、程序、方法和措施，负责本部门内部日常消防安全管理，形成自上而下的一级抓一级、一级对一级负责的消防安全管理体系。其需要履行下列消防安全职责。

① 下级部门对上级部门负责，上级部门与直属下级部门按照职责签订《消防安全责任书》和《消防安全管理承诺书》。

② 明确本部门及所有岗位人员的消防工作职责，真正承担起与部门、岗位相适应的消防安全责任，做到分工合理、责任分明、各司其职、各尽其责。

③ 配合消防工作主管部门、专兼职消防安全管理人员实施本部门职责范围内的防火自查、防火巡查等工作，并在相关的检查记录上签字，及时落实火灾隐患整改措施及防范措施等。

④ 指定责任心强、工作能力强的人员为本部门的消防安全管理工作人员，负责保管和检查属于本部门管辖范围内的各种消防设施，发生故障后，及时向本部门消防安全责任人和消防安全管理归口部门汇报，协调解决相关事宜。

⑤ 负责监督、检查和落实与本部门工作有关的消防安全管理制度。

⑥ 积极组织本部门员工参加消防知识教育及灭火和应急疏散演练，提高消防安全意识。

⑦ 发生火灾或其他突发情况时，按照灭火和应急疏散预案的规定和分工，履行职责。

二、消防安全责任人职责

法人单位的法定代表人或非法人单位的主要负责人是依照法律或组织章程，行使职权的消防安全责任人，处于决策者、指挥者的重要地位。为了确保消防安全管理落到实处，须明确单位的法定代表人或主要负责人是消防安全责任人，对单位的消防安全管理工作全面负责，在履行单位消防安全管理职责、承担单位因消防违法行为和火灾事故所产生的行政或刑事责任等方面，承担第一责任人的责任。

① 贯彻执行法律法规，保障单位消防安全符合规定，掌握本单位的消防安全情况，全面负责消防安全管理工作。

② 统筹安排本单位（场所）的消防安全管理工作，批准实施年度消防工作计划。

③ 为本单位（场所）消防安全管理工作提供必要的经费和组织保障。

④ 确定逐级消防安全责任，批准实施消防安全管理制度和保障消防安全的操作规程。

⑤ 组织召开消防安全例会，组织开展消防安全检查，督促整改火灾隐患，及时处理涉及消防安全的重大问题。

⑥ 根据有关消防法律法规的规定，建立专职消防队、志愿消防组织（微型消防站等），并配备相应的消防器材和装备。

⑦ 针对本场所的实际情况，组织制定灭火和应急疏散预案，并实施演练。

三、消防安全管理人职责

消防安全管理人是指在单位中担任一定领导职务或具有一定管理权限的人员，受单位消防安全责任人委托，具体负责组织实施单位消防安全管理工作，并对单位消防安全责任人负责。

① 组织制定年度消防工作计划，组织实施日常消防安全管理工作。

② 组织制定消防安全管理制度和保障消防安全的操作规程并检查督促其落实。

③ 拟订消防工作的资金、人员和组织保障方案。

④ 组织实施消防安全检查和火灾隐患整改工作。

⑤ 组织实施对本单位消防设施、灭火器材和消防安全标识的维护保养，确保其完好有效，确保疏散通道和安全出口畅通。

⑥ 组织管理专职消防队和志愿消防组织（微型消防站等）。

⑦ 在员工中组织开展消防知识、技能的宣传教育和培训，组织灭火和应急疏散预案的实施和演练。

⑧ 单位消防安全责任人委托的其他消防安全管理工作。

四、专兼职消防安全管理人员职责

专兼职消防安全管理人员是做好消防安全的重要力量，在消防安全责任人和消防安全管理人的领导下开展消防安全管理工作。专兼职消防安全管理人员需履行下列责任。

① 掌握法律法规，了解本单位消防安全状况，及时向上级报告。

② 确定消防安全重点部位，提出落实消防安全管理措施的建议。

③ 实施日常防火自查、防火巡查，及时发现火灾隐患，落实火灾隐患整改措施。

④ 管理、维护消防设施、灭火器材和消防安全标识。

⑤ 组织开展消防宣传，对全体员工进行教育培训。

⑥ 编制灭火和应急疏散预案，组织演练。

⑦ 完善消防档案。

⑧ 完成其他消防安全管理工作。

五、重要岗位人员消防安全职责

1. 消防安全重点部位人员职责

① 认真执行本单位消防安全制度和消防安全操作规程。

② 保护消防设施和器材，保障消防车通道畅通。

③ 发现火灾隐患，及时报告。

④ 参加有组织的灭火工作。

⑤ 接受单位组织的消防安全培训，掌握火灾的危险性和预防火灾的措施，懂得火灾扑救方法及火灾现场逃生方法，会报火警，会使用灭火器材和扑救初起火灾，会逃生自救。

⑥ 识别本岗位火灾危险性。

2. 志愿消防员职责

① 熟悉本单位灭火和应急疏散预案、本人职责分工。

② 参加消防业务培训及灭火和应急疏散演练，了解消防知识，掌握灭火与疏散技能，会使用基本的灭火器材及消防设施。

③ 做好本部门、本岗位日常消防安全工作，宣传消防安全常识，督促他人共同遵守。

④ 发生火灾时须立即赶赴现场，服从现场指挥，积极参加扑救火灾、人员疏散、救助伤员、保护现场等工作。

3. 消防设施操作员（消防控制室值班员）职责

① 应持证上岗，熟悉和掌握消防控制室设备的功能及操作规程；按照规定测试主要消防设施的功能，保障消防控制室设备的正常运行。

②1 分钟之内核实、确认火警信息。火灾确认后，立即报火警并向消防主管人员报告，通知自防自救组织成员携带器材装备在 3 分钟内到场。

③ 及时确认故障报警信息，排除消防设施故障，不能排除的，立即向部门主管人员或消防安全管理人报告。

④ 应严格执行每日 24 小时专人值班制度，每班不应少于 2 人，做好消防控制室的火警记录、故障记录和值班记录。

4. 微型消防站队员职责

① 熟悉单位基本情况、灭火和应急疏散预案、消防安全重点部位及消防设施、器材设置情况。

② 参加消防业务培训及消防演练，开展消防常识宣传，掌握灭火设施及器材的操作方法。

③ 定期开展灭火救援技能训练。

④ 接到火警出动信息后迅速集结，参加灭火救援。

5. 特殊工种作业人员职责

（1）电工消防安全职责

① 持有相关岗位的资质证书，认真学习、掌握电器知识及国家有关电气规范、操作规程。

② 熟悉本岗位操作规程。

③ 知悉本岗位的火灾危险性和预防措施。

④ 能够发现、消除工作场所的消防安全隐患。

⑤ 熟悉工作场所、场地环境、消防设施位置、疏散通道、安全出口位置。

⑥ 能够熟练操作气体灭火系统、灭火器等消防设施、器材。

⑦ 能够按照火灾应急处置程序的要求配合消防控制室落实相关措施。

（2）电气焊工、易燃易爆危险品管理及操作人员消防安全职责

① 持有相关岗位的上岗证，认真学习、掌握电气焊、易燃易爆危险品管理相关知识。

② 执行有关消防安全管理制度和操作规程，履行作业前审批手续。

③ 落实相应作业现场的消防安全防护措施。

④ 熟悉工作场所、场地环境、消防设施位置、疏散通道、安全出口位置。

⑤ 能够熟练操作消火栓、灭火器等消防设施、器材。

⑥ 发生火灾后，应立即报火警，实施扑救。

6. 员工职责

单位员工按照岗位分工，做好各自岗位的消防安全管理工作，履行下列职责。

① 主动接受消防安全宣传教育培训，遵守消防安全管理制度和操作规程。

② 熟悉本工作场所消防设施、器材及安全出口的位置，参加单位灭火和应急疏散预案演练。

③ 清楚本单位火灾危险性，会报火警，会扑救初起火灾，会组织疏散逃生和自救。

④ 每日到岗后及下班前，应检查本岗位工作设施、设备、场地的使用状态等，发现隐患及时处置并向消防工作归口管理部门报告。

⑤ 监督其他人员遵守消防安全管理制度，制止吸烟、使用大功率电器等不利于消防安全的行为。

第二节 园区消防安全宣传与教育培训

一、消防安全宣传与教育培训的要求

消防安全宣传是利用一切可以影响人们消防意识形态的媒介，以提高人们消防安全意识并进一步掌握各类消防常识为目的的社会行为；消防安全教育培训是一种有组织的消防知识传递、消防技能传递、消防技术标准传递、消防信息传递、消防理念传递、消防安全管理训诫行为。

消防安全宣传与教育培训既有联系，又有区别。消防安全宣传与教育培训的原则和目标相同，都是通过一定的形式和手段帮助人们提高消防安全意识，掌握基本的消防常识和防灭火技能。两者的区别在于，消防安全宣传的对象是各年龄层的人民群众，在效果方面注重长期性，在内容上侧重于人民群众消防意识的提高和对基本消防常识的传播；消防安全教育培训的对象主要是特定的群体，在效果方面注重实效性，在内容上侧重于对消防技能的培训。本书涉及消防安全宣传与教育培训，如不分别介绍，则兼顾两方面的内容。

园区消防安全宣传与教育培训包括法律法规教育、消防安全管理制度教育、火灾案例教育、人员疏散逃生和自救互救教育、火灾预防教育、消防安全技术培训、灭火技能培训等。通过严格的消防安全教育培训，使园区内人员建立起合理的消防安全知识结构，具备熟练的防火灭火的专业性技能，在园区消防安全管理中发挥积极的作用。

1. 消防安全宣传与教育培训的目的

园区开展消防安全宣传与教育培训是促进消防工作社会化的有力抓手，是园区消防安全管理的需要，须按照《消防法》要求，建构“政府统一领导、部门依法监管、单位全面负责、群众积极参与”的消防工作格局。通过开展消防宣传与教育培训，让每名员工了解掌握法律法规，推动全员依法履行消防安全责任和义务。

2. 消防安全宣传与教育培训的要求

党中央、国务院高度重视消防安全宣传与教育培训工作。近年来，先后通过组织修订法律、联合颁布规定、出台指导意见等方式，督促各级政府、职能部门，特别是社会单位积极开展消防安全宣传与教育培训工作。

《消防法》明确了政府、各职能部门和机关、团体、企业、事业单位消防安全宣传与教育培训工作职责。《消防法》规定“各级政府应当组织开展经常性的消防宣传教育，提高公民的消防安全意识。机关、团体、企业、事业等单位，应当加强对本单位人员的消防宣传教育。”

国务院下发的《消防安全责任制实施办法》就扎实做好消防安全宣传与教育培训工作明确规定了各级政府、各部门、各单位的具体职责。

园区消防工作主管部门或入驻单位应组织开展消防安全宣传与教育培训。基本要求如下。

① 法人单位的法定代表人或非法人单位的主要负责人、消防安全管理人、消防工作主管部门管理人应定期参加培训。

② 专兼职消防安全管理人员上岗前应接受专业培训，在岗期间应及时参加上级主管单位组织的专业培训。

③ 制定宣传教育与培训年度工作计划，明确消防安全教育培训对象、课时、内容，定期组织对全员进行消防安全教育。

④ 在 119 消防宣传月、节假日或重大活动前应通过网络、消防宣传板、消防专题会议、消防知识竞赛、典型火灾案例分析、消防演讲、参观消防救援站等形式开展宣传教育。

⑤ 宣传教育与培训分为消防安全基本知识、法律法规基本常识、岗位消防基本知识和消防基本能力训练四个部分。

⑥ 宣传教育与培训按照普通员工、专兼职消防安全管理人员、消防控制室值班人员、志愿消防员、电工及电气焊工等特殊工种作业人员、危险化学品从业人员等不同对象分别实施。

⑦ 宣传教育与培训应留有记录。记录的主要内容包括起止时间、参加人数、缺席

人数、人员范围、培训内容、总结建议等。

⑧ 建立宣传与教育培训档案，记录各类人员参加消防宣传与教育培训情况，确保消防安全宣传与教育培训全员覆盖。

3. 消防安全宣传与教育培训计划

入驻单位应根据自身特点，建立健全消防安全宣传与教育培训制度，制定消防安全宣传与教育培训计划，明确培训的人员、培训内容及培训方式，保障教育培训工作经费。

① 对新上岗的员工和进入新岗位的员工进行上岗前的消防安全教育培训。

② 对在岗的员工每年至少进行一次消防安全教育培训。

③ 每半年至少组织一次灭火和应急疏散演练。

④ 定期开展全员消防安全教育培训，落实从业人员上岗前消防安全培训制度；组织全体员工参加灭火、疏散、逃生演练。

⑤ 消防安全重点单位每半年至少组织员工进行一次培训，使员工掌握基本的消防安全技能。

二、消防安全宣传与教育培训的主要内容

园区开展消防安全宣传与教育培训，须针对不同的消防安全宣传与教育培训对象，有针对性地开展形式多样的消防安全宣传与教育培训活动，不断创新宣传教育培训形式，实现消防安全宣传与教育培训对象分众化、形式多样化、工作实效化。

入驻单位消防安全宣传与教育培训的内容主要包括基础教育培训内容、岗位教育培训内容。

1. 基础教育培训内容

（1）消防安全基本知识

消防安全基本知识分为燃烧基本类型和条件，火灾分类和危害，灭火原理和火灾扑救方法，疏散逃生设施使用方法和火灾现场疏散逃生技巧，典型火灾案例分析等。

（2）法律法规基本常识

法律法规基本常识分为岗位消防安全职责和公民消防安全法律义务，法律法规规定的有关消防行政、刑事责任，园区消防规章制度等。

（3）岗位消防基本知识

岗位消防基本知识分为本岗位火灾危险性及检查，消除火灾隐患的基本方法及要求，扑救初起火灾和组织、引导在场人员安全疏散的方法、程序及要求等。

（4）消防安全技能

消防安全技能分为常用消防设施、器材操作训练，扑救初起火灾训练，火灾现场疏散逃生、自救互救基本方法训练等。

2. 岗位教育培训内容

（1）消防安全责任人、消防安全管理人

消防安全责任人、消防安全管理人应接受消防工作方针、政策、法规、消防规章制度、消防知识、消防安全管理知识的培训，特别要知悉“一岗双责”和逐级消防安全责任制。

① 岗位消防基本知识。掌握单位消防安全重点部位管理、重点工种管理、火源、易燃易爆危险品（设备）等知识。

② 消防基本能力训练。组织扑救初起火灾训练，组织火灾现场疏散逃生训练，组织消防安全宣传教育和消防安全检查等训练。

③ 法律法规和消防安全职责，重点是了解掌握“一岗双责”，既要履行好本职业务职责，又要履行好消防工作职责。

④ 本单位火灾危险性和防火措施。

⑤ 所承担消防安全行政和刑事责任。

（2）专兼职消防安全管理人员

凡是从事专职或兼职消防工作的人员，应该具有系统全面的消防专业知识和消防安全管理知识。其培训的主要内容包括法律法规，消防安全管理制度，消防安全体系的建立与实施，火灾危险源辨识和控制措施，灭火和应急疏散预案编制与演练，消防安全文化建设等。

（3）消防设施操作员

消防设施操作员是消防控制室值班运行管理人员，消防设施操作员应具有一定的专业知识，熟悉与本岗位有关的各项规章制度，熟悉掌握消防系统运行专业和有关安全知识，并通过消防特有工种职业技能鉴定，持有初级以上等级建（构）筑物消防员职业资格证书方可上岗。

① 消防安全基本知识。掌握爆炸种类和发生条件，电气防雷电和电气设备防火要

求，安全疏散要求等知识。

② 法律法规基本常识。掌握消防控制室通用技术要求和相关标准规定等常识。

③ 岗位消防基本知识。掌握本岗位消防安全职责，消防联动控制、火灾自动报警系统、自动喷水灭火系统、防烟排烟系统、气体灭火系统的工作原理及主要功能，系统供水、消火栓、增压措施等设置、操作和维护管理，系统的设置、操作等知识。

④ 消防基本能力训练。对消防控制室应急处置训练、火灾报警控制器操作、自动灭火系统控制装置操作、室内消火栓系统控制装置操作、防烟排烟系统及空调通风系统控制装置操作、常开防火门及防火卷帘控制装置操作、电梯回降控制装置操作、火灾应急广播控制装置操作、火灾警报装置控制操作、消防应急照明与疏散指示标志控制装置操作、首层疏散门控制装置操作等进行培训。

⑤ 突发事件处置程序。培训灭火和应急疏散预案和程序，确保具备 1 分钟内确认火情、3 分钟内调集人员以及组织疏散人员的能力。

（4）志愿消防员

本书所指志愿消防员是以园区内工作人员为主，自愿从事灭火救援和群众性自防自救工作的志愿服务组织，在预防和扑救火灾方面发挥着积极作用。志愿消防员在招募后，应组织其接受岗前培训和在岗培训，培训合格后方可成为在编志愿消防员。

① 岗位消防基本知识。掌握消防安全宣传的主要内容，消防安全检查的内容，用火、用电、用油、用气以及火灾多发季节的防火工作内容，发生火灾时的自我防护措施，扑救一般火灾的基本程序和方法等知识。

② 消防基本能力训练。对常用消防设施操作训练，扑救初起火灾训练，火灾现场疏散逃生、自救互救基本方法训练，初级急救技能训练等进行培训。

（5）相关方教育培训

相关方是指在单位范围内，从事与本单位安全绩效有关的或受安全绩效影响的个人或团体，如外协单位、劳务公司（人员）等。相关方教育培训应由消防工作主管部门和相关单位共同组织，每年不得少于一次，具体内容如下。

① 法律法规，单位消防安全管理概况、消防规章制度、安全协议。

② 各类火灾危险源及防控措施。

③ 相关作业活动的消防注意事项。

④ 预防和扑救初起火灾的基本常识与技能。

⑤ 应急知识和有关火灾案例等。

（6）新员工的教育培训

新员工包括由外单位新调入的员工、应届毕业生以及实习代培人员，均应接受“三级”消防安全教育。培训不合格的，不得安排上岗。

① 单位级消防安全教育培训，应由单位人力资源部门或消防工作主管部门负责实施。教育内容包括：法律法规、方针、政策和单位的消防安全管理制度及劳动纪律；单位消防安全管理概况，生产、使用、储存物资的性质和这些物资的燃烧常识，有关火灾事故案例等。

② 部门级消防安全教育培训，应由部门负责人或安全管理人员负责实施。教育内容包括：本部门的概况；生产、使用、储存物资的火险特点；危险场所或部位；消防安全管理制度以及消防安全注意事项；有关火灾案例等。

③ 班组级消防安全教育培训，应由班组责任人或安全员负责实施。教育内容包括：本岗位生产过程及工作任务；岗位的安全操作规程；岗位的火灾危险源及防控措施；岗位的消防安全管理制度；发现紧急情况的应急措施。该类教育可采取讲解与实际示范相结合的方式进行。

（7）消防重点工种从业人员教育培训

消防重点工种从业人员教育培训是指对从事容易发生燃烧和爆炸的生产、储存操作岗位人员进行的消防教育培训。消防重点工种包括电焊工、电工、气焊工、仓库保管员、消防控制室消防设施操作员等工种。消防重点工种须进行专门培训，且每年至少进行一次，逐年提高，并经严格考试，取得特种作业证后，方准上岗操作。具体培训内容如下。

① 本岗位火灾危险性。

② 火灾危险源及防控措施。

③ 预防和扑救火灾的基本技能。

④ 相关火灾案例等。

（8）全员教育培训

全员教育培训是指对全体员工进行的消防教育培训，具体培训内容如下。

① 法律法规和单位消防安全规章制度及安全操作规程。

② 单位消防安全管理概况。

③ 消防安全文化。

④ 各行业产业火灾危险性及预防措施。

⑤ 作业场所和工作岗位存在的火灾危险因素、防范措施及事故应急措施。

⑥ 灭火逃生自救技能、灭火和应急疏散预案演练。

⑦ 消防设施和灭火器材的性能、用途和正确使用的方法。

⑧ 事故案例及其他防火、灭火知识等。

三、消防安全宣传与教育培训的主要形式

开展消防安全宣传与教育培训，首先须熟悉其基本内容和形式，才能不断创新形式、改进方法、拓展渠道，实现消防安全宣传与教育培训对象分众化、形式多样化、工作实效化。

针对对象的不同，消防宣传的内容和形式也有所不同。

1. 一般单位消防安全宣传与教育培训的主要形式

① 单位应建立本单位消防安全宣传教育制度，健全机构，落实人员，明确责任，定期组织开展消防安全宣传活动。

② 单位应制定灭火和应急疏散预案，张贴逃生疏散路线图。消防安全重点单位至少每半年（其他单位至少每年）组织一次灭火、逃生疏散演练。

③ 单位应设置消防宣传阵地，配备消防安全宣传教育资料，经常开展消防安全宣传教育活动；单位广播、闭路电视、电子屏幕、局域网等应经常宣传消防安全知识。

④ 单位组织全体从业人员参加灭火、疏散、逃生演练，到消防教育场馆参观体验，确保人人具备检查消除火灾隐患能力、扑救初起火灾能力、组织人员疏散逃生能力。

⑤ 单位对员工的消防教育培训应将本单位的火灾危险性、防火灭火措施、消防设施和灭火器材的操作方法、人员疏散逃生知识等作为培训的重点。

⑥ 开展动用明火现场监督培训。

2. 人员密集场所消防安全宣传与教育培训的主要形式

① 人员密集场所应在安全出口、疏散通道和消防设施等显著位置设置消防安全提示；结合本场所情况，向顾客提示场所火灾危险性，安全出口和路线，以及灭火和逃生设备器材位置及使用方法。

② 通过电子显示屏、广播或主持人提示等形式向顾客告知安全出口位置和消防安全注意事项。

③ 悬挂或张贴消防宣传标语，利用展板、专栏、广告牌、电子显示屏、电视、网

络等形式开展消防宣传教育。

④ 在显著位置和每个楼层提示场所的火灾危险性，疏散通道、安全出口位置及逃生路线，以及消防器材的位置和使用方法。

⑤ 开展动用明火现场监督培训。

3. 仓储物流单位消防安全宣传与教育培训的主要形式

① 确定专兼职消防宣传教育人员，经过专业培训，具备宣传教育能力。

② 悬挂或张贴消防宣传标语，利用板报、展板、专栏等形式开展消防宣传教育。

③ 员工在上岗、转岗前，对其开展岗前消防安全培训并在合格后上岗；对在岗人员至少每半年进行一次消防安全教育。

④ 开展防火巡查培训，重点掌握用火、用电有无违章；进入库区的人员、车辆有无违章；消火栓、灭火器、消防安全标识完好情况；重点部位人员在岗在位情况；门窗封闭、完好情况；有无其他异常情况。

⑤ 开展动用明火现场监督培训。

4. 易燃易爆场所消防安全宣传与教育培训的主要形式

① 确定专兼职消防宣传教育培训人员，经过专业培训，具备宣传教育培训能力。

② 利用展板、专栏、广播、电视、网络等开展消防宣传教育。

③ 开展防火自查培训，重点掌握个人防护装备的配备、使用和完好有效情况；灭火设施、器材配置及完好情况，各类灭火用药剂、材料、油料等是否齐备充足；消防车通道、消防水源情况；压力容器、管道、工艺装置、紧急事故处理设施是否完好有效，防火、防爆、防雷、防静电措施落实情况；易燃易爆危险物品和防火防爆措施的落实情况，以及其他重要物资的消防安全情况等。

④ 开展防火巡查培训，重点掌握动火、用电有无违章；温度、压力、流量、液位等各种工艺指标是否正常；消防设施器材、消防安全标识完好情况；重点部位人员在岗在位情况；设备、管道、阀门有无跑、冒、滴、漏现象；库房储存物品外包装是否完整。

⑤ 开展动用明火现场监督培训。

5. 消防安全宣传与教育培训形式的创新

（1）合理利用各类资源

① 在传统讲座培训的基础上，开展消防知识竞赛和趣味竞赛，以团队为单位，提

升竞赛的参与度。

② 利用网络开展线上教育、微信学习班、上机考试等形式的消防培训，在节省员工时间的同时达到预期效果。

③ 利用最新虚拟现实技术，探索 VR 模拟火灾逃生和 AR 隐患查找等项目，虚拟建立园区和单位模型，帮助培训人员真实感受火灾场景，验证逃生方法和路线。

④ 参观属地消防救援站，了解消防救援队员训练，学习灭火知识和消防器材使用。

⑤ 参观社会消防科普馆，体验火灾、地震等模拟场景。

（2）建立消防教育实训基地

① 大型产业园区和有条件的单位可以结合消防设施的特点，建立微型消防实训基地。在不影响日常办公和生产的场所，分别建立消防设施体验区、逃生体验区和实操区域。

② 消防设施体验区的主要设施应该涵盖消防火灾自动报警、消防水灭火、气体灭火、消防防排烟等常见系统装置。

③ 逃生体验区可以设置高浓度烟室，配备毛巾、毛毯等工具模拟体验火灾逃生。

④ 实操区域可以设置火灾扑救、消防救援器材操作，结合安全绳、灭火防护服等装置开展实际操作培训。

⑤ 建设教育基地所用设备种类应尽量齐全，便于安装、拆卸、展示和操作。

四、典型社会单位的消防宣传与教育培训

1. 宾馆、饭店

宾馆、饭店是供旅客住宿、就餐、娱乐和举行各种会议、宴会的场所，具有多功能、综合性的特点。火灾危险性主要包括：可燃装饰装修材料多、火灾荷载大；建筑结构复杂、火势蔓延迅速；人员聚集、疏散困难等，做好消防宣传与教育培训，对保护人民生命财产安全至关重要。

（1）消防宣传

① 确定专兼职消防宣传教育人员，经过专业培训，具备宣传教育能力。

② 在大堂、餐厅等悬挂或张贴消防宣传标语，利用展板、专栏、广告牌、电子显示屏、电视、网络等形式开展消防宣传教育，在顾客须知、服务指南上宣传消防知识，在客房电视节目中插播消防宣传字幕或画面。

③ 在主要出入口设置消防安全提示，在客房内应设置醒目的“请勿卧床吸烟”提示牌，在不间断电源插口处提示“不间断电源，离开时请拔下用电器具”，在房卡取电插口处提示“离开时请取出房卡断电”。

④ 在显著位置和每个楼层提示场所的火灾危险性，疏散通道、安全出口位置及逃生路线，以及消防器材的位置和使用方法。

（2）教育培训

① 宾馆、饭店及其内设部门消防安全职责及消防培训内容：用火、用电、用油、用气不得违章；疏散通道、安全出口和消防车通道保持畅通；疏散指示标志、消防应急照明设置完好；燃油、燃气等易燃易爆危险品的使用符合消防技术标准要求；消防水源充足，灭火器材配置完好，室内外消火栓、水泵接合器无损坏、埋压、遮挡、圈占等影响使用情况；灭火和应急疏散预案演练情况。

② 岗位员工消防安全职责及消防培训内容：工作期间有无遗留火种，是否切断电源；疏散通道、安全出口是否畅通；顾客有无携带易燃易爆危险品；消火栓、灭火器、逃生器材、消防安全标识完好情况；燃油、燃气管道、阀门有无破损、泄露；下班后燃油、燃气阀门是否关闭；灶台、油烟罩和烟道清理是否及时；下班后是否切断电源，火源是否妥善处理。

③ 消防控制室发现及处置初起火灾培训内容：内部发生火情后，单位内部启动灭火和应急疏散预案，消防控制室启动消防设施并远程组织施救措施，各救援小组履行应急处置工作职责等。

④ 组织客人疏散培训内容：熟悉本单位疏散逃生路线以及引导人员疏散程序，掌握避难逃生设施使用方法，具备火灾现场自救逃生的基本技能。

⑤ 动用明火现场监督培训内容：是否办理动火许可证，动火操作人员是否具备动火资格，动火监护人是否在位；动火地点与周围建筑、设施等防火间距是否符合要求，动火地点附近是否有影响消防安全的物品；动火检修的容器设备是否经过清洗，是否经检验合格；焊具是否合格，燃气、氧气瓶是否符合安全要求，放置地点是否符合规定；电焊电源、接地点是否符合防火要求；动火期间的灭火措施是否落实。

2. 仓储物流单位

仓储物流单位是指储存原料、成品等物资的场所。火灾危险性主要包括：可燃易燃物品多、火灾荷载大；设备用电量大、长时间满负荷运转等，一旦发生火灾，极易造成重大财产损失，因此做好相关人员的消防宣传与教育培训十分必要。

（1）消防宣传

① 确定专兼职消防宣传教育人员，经过专业培训，具备宣传教育能力。

② 悬挂或张贴消防宣传标语，利用板报、展板、专栏等形式开展消防宣传教育。

（2）教育培训

① 仓储物流单位及其内设部门组织开展消防培训内容：消防安全管理制度、消防安全管理措施和消防安全操作规程的执行和落实情况；用火、用电有无违章；库房是否按垛距、柱距、墙距、梁距、灯距要求标划能够持久存在的跺位线，物品入库前是否经专人检查；库存物品是否分类、分堆、分组和分垛存放；通道宽度是否满足要求，是否存放影响安全的物品等；仓库保管员岗位消防知识掌握情况；消防水源情况，灭火器材配置及完好情况；室内外消火栓、水泵接合器有无损坏、埋压、遮挡、圈占等影响使用情况；消防车通道是否畅通；禁止用水灭火的危险化学品灭火方式；消防（控制室）值班情况；消防控制设备运行情况及相关记录；防火巡查、火灾隐患整改以及防范措施落实情况；库房内是否设置办公室、休息室；灭火和应急疏散预案的演练情况。

② 单位内部开展防火巡查应培训内容：用火、用电有无违章；进入库区的人员、车辆有无违章；消火栓、灭火器、消防安全标识完好情况；重点部位人员在岗在位情况；门窗封闭、完好情况；有无其他异常情况。

③ 岗位消防安全职责及消防培训内容：用火、用电有无违章；消火栓、灭火器、消防安全标识等设施、器材是否完好；有无遗留火种和吸烟现象；装卸作业过程中有无违章；门窗封闭、完好情况；有无其他异常情况。

④ 动用明火现场监督培训内容：是否办理动火许可证，动火操作人员是否具备动火资格，动火监护人是否在位；动火地点与周围建筑、设施等防火间距是否符合要求，动火地点附近是否有影响消防安全的物品；动火检修的容器设备是否经过清洗，是否经检验合格；焊具是否合格，燃气、氧气瓶是否符合安全要求，放置地点是否符合规定；电焊电源、接地点是否符合防火要求；动火期间的灭火措施是否落实。

⑤ 初起火灾处置培训内容：内部发生火情后，单位内部启动灭火和应急疏散预案，各救援小组履行应急处置工作职责等；熟悉本单位疏散逃生路线以及引导人员疏散程序，掌握避难逃生设施使用方法，具备火灾现场自救逃生的基本技能。

3. 公共娱乐场所

公共娱乐场所是群众开展各种文化娱乐活动的主要场所。火灾危险性主要包括：可燃装饰装修材料多、火灾荷载大；用电设备多、火源控制难；人员流动性大、疏散困难等，一旦发生火灾，极易造成群死群伤等恶性火灾事故，因此消防宣传与教育培训极其重要。

（1）消防宣传

① 确定专兼职消防宣传教育人员，经过专业培训，具备宣传教育能力。

② 悬挂或张贴消防宣传标语，利用展板、专栏、广播、电视、网络等形式开展消防宣传教育。

③ 主要出入口应设置消防安全提示。在每个楼层、每个房间设置“严禁违规使用明火、严禁乱扔烟头、严禁堵塞占用疏散通道、严禁锁闭安全出口、严禁使用大功率电器”等消防安全提示牌。

④ 在场所显著位置和每个楼层提示火灾危险性，疏散通道、安全出口位置、逃生路线，以及消防器材的位置和使用方法。

（2）教育培训

① 组织开展消防安全检查培训内容：用火、用电有无违章；新建、改建、扩建及装修工程有无违章；疏散通道、安全出口和消防车通道是否畅通；疏散指示标志、消防应急照明设置及完好情况；燃油、燃气等易燃易爆危险品使用是否符合消防技术标准要求；消防（控制室）值班情况、消防控制设备运行情况及相关记录；员工本岗位消防知识掌握情况；防火巡查、火灾隐患整改及防范措施落实情况；消防水源情况，灭火器材配置及完好情况；室内外消火栓、水泵接合器有无损坏、埋压、遮挡、圈占等影响使用情况；有无违章设置员工集体宿舍等情况。

② 组织开展防火巡查培训内容：用火、用电有无违章；疏散通道、安全出口是否畅通；消火栓、灭火器、消防安全标识完好情况；重点部位人员在岗在位情况；常闭式防火门是否处于关闭状态、防火卷帘下是否堆放物品等情况；营业期间有无设备检修、电气焊、油漆粉刷等施工、维修作业情况；营业期间有无超过额定人数现象。

③ 岗位开展防火自查培训内容：疏散通道、安全出口是否畅通；消火栓、灭火器、消防安全标识完好情况；营业结束后，是否切断场所内非必要用电设备、器具电源；有无违章燃放烟花爆竹现象；有无遗留火种。

④ 消防控制室发现及处置初起火灾培训内容：内部发生火情后，单位内部启动灭

火和应急疏散预案，消防控制室启动消防设施并远程组织施救措施，各救援小组履行应急处置工作职责等。

⑤ 组织客人疏散培训内容：熟悉本单位疏散逃生路线以及引导人员疏散程序，掌握避难逃生设施使用方法，具备火灾现场自救逃生的基本技能。

4. 商场、市场

商场、市场是群众消费购物的主要场所。火灾危险性主要包括：可燃物高度集中、火灾荷载大；用火用电多、致灾因素复杂；建筑结构复杂、火灾蔓延快；客流量大、疏散困难等，一旦发生火灾，极易造成人员和财产的重大伤亡和损失，因此消防宣传与教育培训十分重要。

（1）消防宣传

① 确定专兼职消防宣传教育人员，经过专业培训，具备宣传教育能力。

② 悬挂或张贴消防宣传标语，利用展板、专栏、电视、电子显示屏等形式开展消防宣传教育。结合自身经营理念和企业文化，在营业厅设置固定的消防宣传标牌。

③ 利用点名、例会、交接班等时间进行消防安全教育，讲评消防工作。

（2）教育培训

① 商场、市场及其内设部门组织开展防火自查培训内容：消防安全管理制度、消防安全管理措施和消防安全操作规程的执行和落实情况；用火、用电、人员住宿、室内装修有无违章；是否违章经营、使用易燃易爆危险品，是否违章储存物品；疏散通道、安全出口和消防车通道是否畅通；疏散指示标志、消防应急照明设置及完好情况；室外市场是否违章在高压线下两侧5m以内摆摊设点；消防水源情况；消防设施、器材完好情况；有无埋压、遮挡、圈占等影响使用情况；消防（控制室）值班情况；消防控制设备运行情况及相关记录；员工本岗位消防知识掌握情况；防火巡查、火灾隐患整改以及防范措施落实情况。

② 开展防火巡查培训内容：用火、用电有无违章；疏散通道、安全出口是否畅通；常闭式防火门是否处于关闭状态，防火卷帘下是否堆放物品等；消火栓、灭火器等设施器材及消防安全标识完好情况；门窗上是否放置影响逃生和灭火救援的障碍物；重点部位人员在岗在位情况。

③ 岗位防火自查培训内容：用火、用电有无违章；疏散通道、安全出口是否畅通；消火栓、灭火器、消防安全标识等设施器材有无埋压、圈占、遮挡、损坏情况；营业场所有无吸烟现象；有无遗留火种。

④ 初起火灾处置培训内容：内部发生火情后，单位内部启动灭火和应急疏散预案，消防控制室启动消防设施并远程组织施救措施，各救援小组履行应急处置工作职责等。

⑤ 组织客人疏散培训内容：熟悉本单位疏散逃生路线以及引导人员疏散程序，掌握避难逃生设施使用方法，具备火灾现场自救逃生的基本技能。

5. 医院、养老院、福利院、幼儿园

医院、养老院、福利院、幼儿园是特殊群体的居住生活场所。火灾危险性主要包括：用火用电多；疏散难以保障；易发生火灾的部位多；人员自防自救能力弱等，一旦发生火灾，极易造成弱势群体的人员伤亡，针对此类群体的消防宣传与教育培训十分重要。

（1）消防宣传

① 确定专兼职消防宣传教育培训人员，经过专业培训，在单位内部定期开展消防宣传教育。

② 悬挂或张贴消防宣传标语，提示场所的火灾危险性，利用展板、专栏、广播、电视、电子显示屏等形式开展消防宣传教育。

③ 幼儿园应利用儿歌、游戏、绘画、参观消防站等形式对幼儿开展消防安全常识教育；养老院服务人员提醒老人安全用火用电。

④ 医院、养老院、福利院主要出入口应设置“消防安全告知书”和“消防安全承诺书”，在每个楼层显著位置和宿舍、病房门后应设置疏散指示图，幼儿园设置“消防安全承诺书”。在显著位置和每个楼层提示场所的火灾危险性，疏散通道、安全出口位置、逃生路线，以及消防器材的位置和使用方法。

（2）教育培训

① 医院、养老院、福利院、幼儿园及其内设部门组织开展消防安全检查培训内容：用火、用电有无违章；新建、改建、扩建及装修工程有无违章；疏散通道、安全出口和消防车通道是否畅通；疏散指示标志、消防应急照明设置及完好情况；医院的易燃制剂、高压氧舱等危险部位有无违反操作规程情况；消防（控制室）值班情况；消防控制设备运行情况及相关记录；燃油、燃气等易燃易爆危险品的使用是否符合消防技术标准要求；消防水源情况；灭火器材配置及完好情况；室内外消火栓、水泵接合器有无损坏、埋压、遮挡、圈占等影响使用情况；厨房、灶间烟道每季度清洗情况；员工本岗位消防知识掌握情况；防火巡查、火灾隐患整改及防范措施落实情况。

② 医院、养老院、福利院、幼儿园组织开展防火巡查培训内容：用火、用电有无违章；疏散通道、安全出口是否畅通；常闭式防火门是否处于关闭状态、防火卷帘下是否堆放物品等情况；门窗上是否放置影响逃生和灭火救援的障碍物；消火栓、灭火器、消防安全标识完好情况；重点部位人员在岗在位情况。

③ 岗位防火自查培训内容：用火、用电有无违章；病房药品可燃包装等可燃物是否及时清理；疏散通道、安全出口是否畅通；消火栓、灭火器、逃生器材、消防安全标识完好情况。

④ 消防控制室发现及处置初起火灾培训内容：内部发生火情后，单位内部启动灭火和应急疏散预案，消防控制室启动消防设施并远程组织施救措施，各救援小组履行应急处置工作职责等。

⑤ 疏散培训内容：熟悉本单位疏散逃生路线以及引导人员疏散程序，掌握避难逃生设施使用方法，具备火灾现场自救逃生的基本技能。

6. 易燃易爆场所

易燃易爆场所是生产、储存、使用易燃易爆物品的主要场所。火灾危险性主要包括：物品的易燃易爆性；发生火灾后，后果的严重性等，一旦发生火灾，会造成人员重大伤亡，针对此类场所的特点，开展消防宣传与教育培训极其重要。

（1）消防宣传

① 应确定专兼职消防宣传教育培训人员，经过专业培训，具备宣传教育培训能力。

② 应利用展板、专栏、广播、电视、网络等开展消防宣传教育。

（2）教育培训

① 易燃易爆场所及其内设部门、车间开展防火自查培训内容：消防安全管理制度、消防安全管理措施和消防安全操作规程的执行和落实情况；个人防护装备的配备、使用和完好有效情况；灭火设施、器材配置及完好情况；各类灭火用药剂、材料、油料等是否齐备充足；消防车通道、消防水源情况；压力容器、管道、工艺装置、紧急事故处理设施是否完好有效；防火、防爆、防雷、防静电措施落实情况；是否与居住场所在同一建筑物内，是否与居住场所保持安全距离；工艺装置和管道的色标和安全警示标志是否完好、醒目，各种设备、管道、阀门及连接处有无跑、冒、滴、漏；电气线路、设备是否符合防火防爆要求，有无违章使用情况等；有无违章动火情况；消防值班（控制）室、消防安全重点部位员工在岗在位及记录情况；库房储存物品的下垫、堆垛和养护管理是否符合安全要求；灭火和应急疏散预案演练情况。

② 防火巡查培训内容：动火、用电有无违章；温度、压力、流量、液位等各种工艺指标是否正常；消防设施器材、消防安全标识完好情况；重点部位人员在岗在位情况；设备、管道、阀门有无跑、冒、滴、漏；库房储存物品外包装是否完整。

③ 班前、班后岗位防火自查培训内容：动火、用电有无违章；压力、温度、流量、液位等各种工艺指标是否正常；消防设施器材、消防安全标识是否完好；设备、管道、阀门有无跑、冒、滴、漏；有无其他异常情况。

④ 动用明火培训内容：是否办理动火许可证，动火操作人员是否具备动火资格，动火监护人是否在位；动火地点与周围建筑、设施等防火间距是否符合要求，动火地点附近是否有影响消防安全的物品；动火检修的容器设备是否经过清洗，是否经检验合格；焊具是否合格；燃气、氧气瓶是否符合安全要求，放置地点是否符合规定；电焊电源、接地点是否符合防火要求；动火期间的灭火措施是否落实。

⑤ 消防控制室发现及处置初起火灾培训内容：内部发生火情后，单位内部启动灭火和应急疏散预案，消防控制室启动消防设施并远程组织施救措施，各救援小组履行应急处置工作职责等。

⑥ 疏散培训内容：熟悉本单位疏散逃生路线以及引导人员疏散程序，掌握避难逃生设施使用方法，具备火灾现场自救逃生的基本技能。

五、高新技术开发区消防安全管理员工消防安全技能提升范例

在立足消防安全基础教育培训的基础上，中国空间技术研究院创新了消防培训形式，不断提升消防安全意识和灭火操作技能。

1. 发挥安全实训基地的作用

为推进消防工作与业务工作深度融合，在充分利用现有条件的基础上，通过建设安全实训基地，引入专业培训教具，创新教育方法，丰富培训手段，实现全员消防安全意识和灭火操作技能的本质提升。

（1）广泛调研，确定总体建设方案

先后赴多家消防科普教育基地和大型单位安全馆实地调研，并结合航天企业特点，编制形成安全实训基地建设方案，在经充分论证的基础上，开展了项目施工建设。安全实训基地分为室内和室外两个区域，18 项体验场景，其中室内场馆设有消防安全等三大区 16 项体验教具，室外场地设有灭火实操实测场、烟热逃生场两项体验场景。该实训基地集知识、体验、演练、实操于一体，安全实训基地布局如图 2-2 所示。

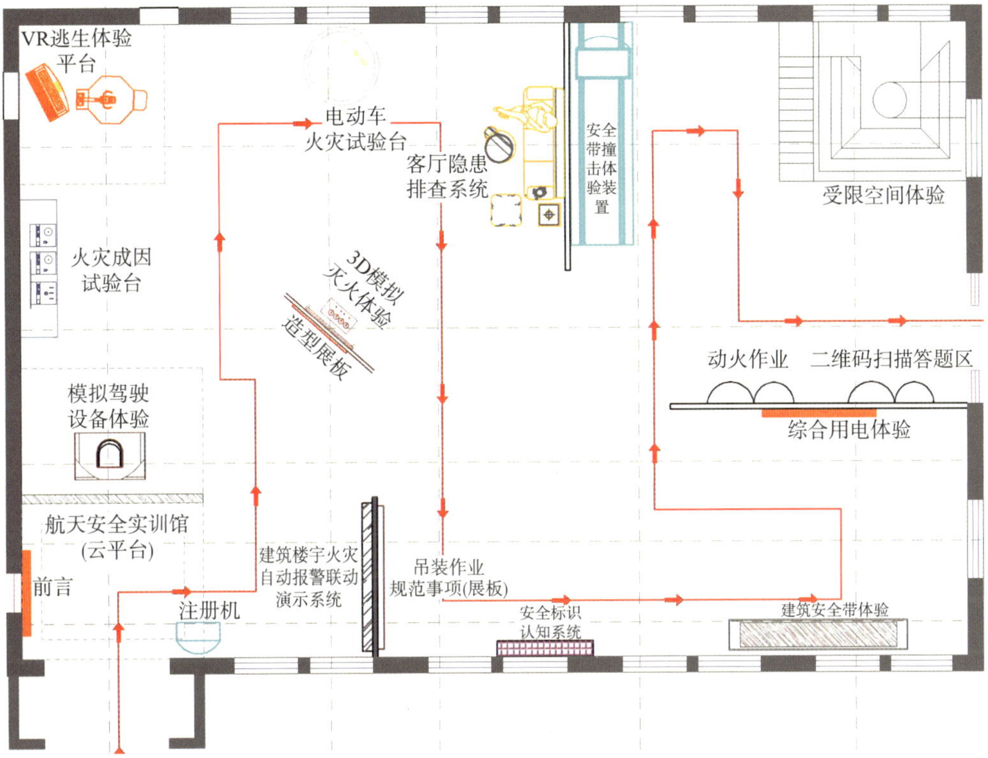

▲ 图 2-2　安全实训基地布局

（2）设置课程并确定教材

安全实训基地 VR 逃生体验平台如图 2-3 所示。

▲ 图 2-3　安全实训基地 VR 逃生体验平台

通过建立安全实训基地，将理论知识培训、安全体验、灭火救援演练、培训效果评价相结合，针对安全管理人员、班组长、重点岗位人员、新员工及普通员工和相关方人员等不同类型，分别设置了针对性强的培训课程和教具，全面提升学员在火灾隐患排查、初起火灾扑救、火灾现场逃生、火灾成因分析定位等方面的知识和技能。

（3）提高全员消防安全素质

将消防安全教育纳入单位教育培训

总体计划，有重点地在安全实训基地对专兼职安全管理人员、班组长、重点岗位人员、新员工及普通员工和相关方人员进行专项培训，构建与之相适应的培训效果评价模式及实践路径：一是将培训进行一体化设计，针对不同类型人员确立相应的指标参数；二是依据指标参数，确定培训课程、师资；三是通过沉浸式互动、知识答题、实操测试等形式客观评判培训成绩，并反馈给所在单位，便于单位掌握参训人员培训效果。相关方人员培训成绩还可作为进入航天园区办理相关手续的前提条件。灭火技能实操演示如图 2-4 所示。

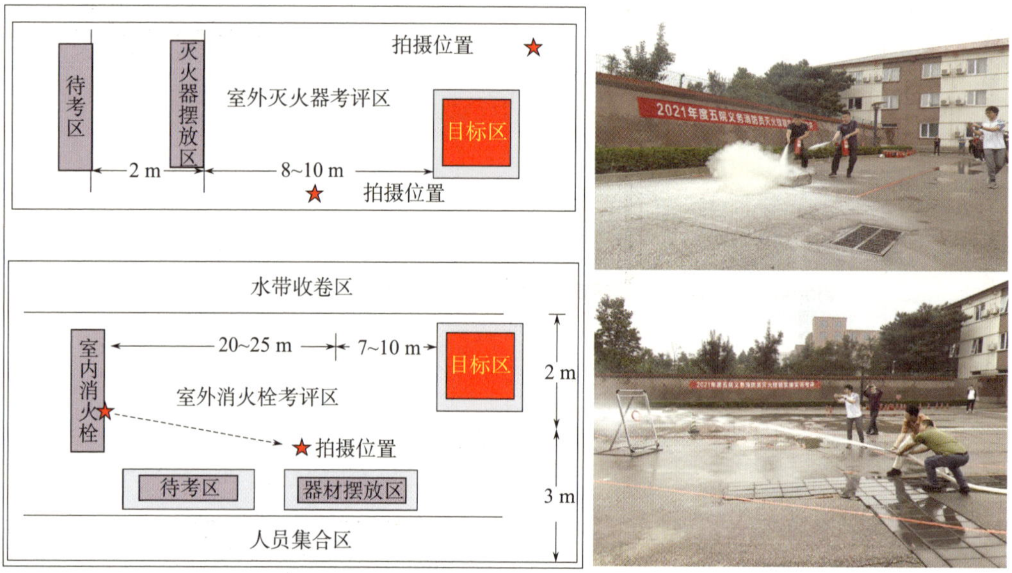

▲ 图 2-4　灭火技能实操演示

安全实训基地自投入使用以来，实现了理论知识培训、安全体验、救援演练、安全评价效果的有机结合，显著提升了参训人员检查消除火灾隐患能力、组织扑救初起火灾能力、组织人员疏散逃生能力、消防宣传教育培训能力，有效降低了火灾等安全事故发生率。

六、安保人员消防安全技能提升范例

中国空间技术研究院航天园区管理区域广，消防设施组成复杂，建筑环境特殊，航天器研制任务涉密程度高，消防设施运行容错率低，这就需要安保人员（应急救援人员重要组成部分）有更高的职业素养和职业技能。然而，由于科研生产核心区域涉密程度高，导致消防设施操作员等安保人员无法经常出入核心区域去操作消防设施。另外，由于安保人员普遍学历偏低、待遇偏低、职业发展通道狭窄，造成了人员流动性较大、归属感不强等实际问题，制约了安保人员职业素养、职业技能的持续提升。

为此，中国空间技术研究院创建安保人员实操实训基地，将科研生产现场涉及的安保设施“浓缩”为“声光电”一体的教学系统，模拟案例演练，再现真实事故，提高学员认知和实践能力。同时还组织创建技能竞赛，充分利用实训基地资源，大力推进安保人员技能实操实训，促进专业技能人才建设，夯实航天园区灭火救援处置基础工作，形成灭火救援快速响应、高效处置的灭火救援力量。

1. 创建安保人员实操实训基地

中国空间技术研究院将航天园区科研生产核心区域各类消防设施 1∶1 移植到实操实训基地，同时利用 20 余组光信号动画演示消防设备动作，全面展示火灾自动报警系统、自动喷水灭火系统、气体灭火系统等逻辑关系和动作原理。实操实训基地内包含设备展架系统、消防水灭火系统、火灾报警及联动控制系统、气体灭火系统、安全疏散系统、消防电梯系统 6 大模块，各部分既可以独立运行又可通过信号进行逻辑联动，利用声光电的有机组合，集成展示航天园区消防设施运行状况，并提供实际操作、模拟处置、设备拆解、查找故障等多专业实操实训，部分教具如图 2–5 所示。实操实训基地建成后，先后接待了消防救援机构、上级用户、中国航天科技集团有限公司等领导、专家，并获得一致好评和推广。

▲ 图 2-5 火灾自动报警系统、自动喷水灭火系统教具

实操实训基地的建设和应用，全面提升了安保人员对火灾自动报警系统、自动喷水灭火系统、气体灭火系统、消防电话、消防应急广播、防排烟系统等消防设施的操作熟练度，为灭火救援的快速处置奠定了基础。2021 年，中国空间技术研究院参加全

国消防行业职业技能大赛，获得北京赛区消防设施操作员第一名和第四名。2022 年，中国空间技术研究院安保人员助力海淀区代表队获得北京市自防自救力量消防大比武团体第二名。

▲ 图 2-6　北京市自防自救力量消防大比武现场

2. 创建安保人员技能竞赛

高擎安保技能人才队伍建设大旗，以赛促学、互学共进，中国空间技术研究院在 2020 年举办了首届消防设施操作员职业技能竞赛。竞赛命题对照国家职业技能资格四级标准，题目内容包括理论知识（占 30%）和实际操作（占 70%）两部分，赛前制定了《技能竞赛技术文件》《技能竞赛秩序册》，成立了竞赛组织委员会、竞赛评判委员会等。全院 300 余人参加了竞赛，9 家单位 29 名选手通过层层选拔，脱颖而出进入决赛。决赛现场通过理论知识和实操竞赛考核，最终获得前三名的选手，被授予“院级技术能手荣誉”称号。技能竞赛的举办，有力激发了安保人员学习热情，加快了安保人才队伍的成长、成才速度，9 名表现优异的安保人员转入了管理岗位、技术岗位或技能岗位，薪资待遇稳步提升，拓宽了安保人员的职业通道，营造了“比、学、赶、超”的气氛，形成了良好的示范效应，提升了全体安保人员的工作积极性，减少了安保队伍的人员流动，确保了安保队伍的稳定。安保人员技能竞赛现场如图 2–7 所示。

▲ 图 2-7 安保人员技能竞赛现场

3. 创建专业教材和课程

根据安保人员实操实训基地消防教学设备，中国空间技术研究院统一编写了《消防安全技术培训教材》《安保人员技能操作题库及评分细则》《消防设施操作员职业技能竞赛复习指南》等教材。科学设置培训课程，重点培养安保人员实际操作技能，理论结合实际，促进安保人员职业技能跃升。

第三节 园区微型消防站的建设

单位微型消防站是依托消防安全重点单位“自防自救”消防力量建成的志愿消防组织。其主要任务是负责单位日常防火巡查、宣传教育培训及扑救初起火灾，是最末端的火灾防控力量。

为贯彻落实《消防安全重点单位微型消防站建设标准（试行）》要求，提高单位消防自防自救能力，中国空间技术研究院按照航天园区“响应快、处置早”的建设原则，统筹各园区组建了微型消防站，建设“有人员、有器材、有制度、有检查、有演练、有战斗力”的微型消防站，实现了有效处置初起火灾的目标。

一、微型消防站建设要求

1. 建设原则

以“救早、灭小”和“3 分钟到场”扑救初起火灾为目标，依托航天园区各消防控制室，配备必要的消防器材，建立了园区微型消防站，积极开展防火巡查和扑救初起火灾等火灾防控工作。按照“因地制宜、分类推进、防消一体”的原则，航天园区消防安全主管单位组织建立微型消防站总站，园区入驻单位（单体建筑）结合实际情况，建立微型消防站分站，并接受航天园区总站的统一调度，以实现各微型消防站的联勤联动。

2. 人员设置要求

微型消防站设置站长、副站长、消防员、消防设施操作员等岗位，按不少于 6 人进行配置，在配有消防车辆的微型消防站中还增设驾驶员岗位。以航天园区为例，微型消防站站长由园区消防安全管理单位指定人员担任，消防员由经过培训的专业人员担任，同时还建立值班备勤制度，进行分班编组执勤。

3. 场地设置要求

立足航天园区实际，为满足“1 分钟出动、3 分钟到场”要求，合理布设微型消防站地址，同时还与消防控制室合用，满足人员值守、装备器材存放等用房使用要求，在建筑内部、建筑之间分区域设置消防器材存放点。

4. 装备器材设置要求

微型消防站内设外线电话、消防应急广播、消防应急照明系统等，配备一定数量的手持型灭火器、水枪和水带等器材，以及基本防护装备和通信器材，消防员基本防护装备配备标准见表 2–1，通信器材配备标准见表 2–2。

表2-1 消防员基本防护装备配备标准

序号	器材名称	配备标准
1	消防头盔	1 顶 / 人
2	灭火防护服	1 套 / 人
3	消防手套	1 副 / 人
4	消防安全腰带	1 根 / 人
5	灭火防护靴	1 双 / 人
6	正压式消防空气呼吸器	2 具 / 站
7	佩戴式防爆照明灯	1 个 / 人
8	呼救器	1 个 / 人
9	消防轻型安全绳	1 根 / 人
10	消防腰斧	1 把 / 人
11	防毒面具	2 具 / 人

表2-2 通信器材配备标准

类别	器材名称	配备标准
通信器材	外线电话	1 部 / 站
	手持对讲机	1 台 / 人

二、微型消防站岗位职责

1. 站长（副站长）职责

① 负责微型消防站日常管理，组织制定各项管理制度及灭火和应急疏散预案，掌握人员和装备器材情况。

② 熟悉单位基本情况以及灭火和应急疏散预案，掌握常见火灾及其他灾害事故的种类、特点及处置对策，组织建立业务资料档案。

③ 组织开展防火巡查、消防宣传教育和灭火救援业务训练。

④ 指挥初起火灾扑救和人员疏散。

⑤ 及时报告工作中的重要情况。

2. 消防员职责

① 根据职责分工，完成灭火救援任务。

② 熟悉单位消防设施情况、灭火和应急疏散预案。

③ 熟练掌握装备器材性能和操作方法。

④ 负责按要求开展防火巡查和消防宣传教育。

3. 消防设施操作员职责

① 熟悉本单位灭火和应急处置程序、自动消防设施操作方法。

② 按照火灾发现报告和救援求助要求或政府、消防救援机构的调派指令，及时发出出动信号，并做好记录。

③ 能够在接到火警信息后，按照《消防控制室火警处置规范》要求执行，并立即启动灭火和应急疏散预案。

④ 熟练使用和维护通信装备，熟记通信用语和相关单位（部门）的联系方法。

⑤ 及时报告工作中的重要情况。

4. 驾驶员职责

① 熟悉所在单位的道路、水源情况。

② 熟练掌握车辆构造及车载灭火救援装备的技术性能和操作方法，能够及时排除一般故障。

③ 负责车辆和车载固定灭火救援装备的维护保养，及时补充消防车辆的油、水、

电、气和灭火器材。

④ 在火灾扑救过程中应保证火灾现场供水。

三、微型消防站队员体能训练和技能培训

中国空间技术研究院制定了《微型消防站管理训练》大纲，明确微型消防站日常管理、业务训练、体能训练、理论培训四个方面具体要求，细化规程，提升训练水平，强化业务素质，全面提高微型消防站实战化、科学化管理水平。实现“1 分钟邻近员工先期处置、3 分钟灭火战斗小组到场扑救、5 分钟增援力量协同作战”的基本要求，并反复开展实战训练和消防演练，不断磨合锻炼队伍，查找症结，结合实际加以整改，切实提高响应速度。

中国空间技术研究院还通过“请进来，走出去”的方式组织微型消防站队员进行理论知识和业务大比武活动，有效促进队员的成长。定期组织队员开展消防讲座培训和演练，从灭火救援常识、消防设施操作、火灾扑救技能、组织人员疏散、安全防护自救等方面，明确简单易懂的培训内容，对个别后进的队员进行“一对一”的业务指导，显著提高了扑救初起火灾和自查自纠、自防自救的能力。

第四节 园区灭火救援技术处置队的建设

为深入推进航天园区消防安全管理工作，进一步健全灭火救援联动机制，组建业务过硬、战斗力顽强的志愿消防组织，中国空间技术研究院参照北京市《超高层技术处置队建设与推广工作手册》，抽调专业力量组建了航天园区灭火救援技术处置队（以下简称“处置队”），设微型消防站和专业保障组，涵盖了消防设施操作、水电保障、备勤等各专业技术人员。

一、灭火救援技术处置队建设要求

1. 人员设置

处置队以航天园区微型消防站总站（消防处置组）为基础，联合暖通、供配电、电梯、燃气等技术处置组构成（如图 2-8 所示），分设消防处置组、暖通处置组、供配电处置组、电梯处置组、燃气（食堂）处置组，设队长、副队长。技术处置组包括水工、电工、电梯和燃气等专业保障人员，发挥水、电、电梯、燃气等各专业人员特点，在火灾初期阶段控制火势，为灭火救援提供战勤保障。

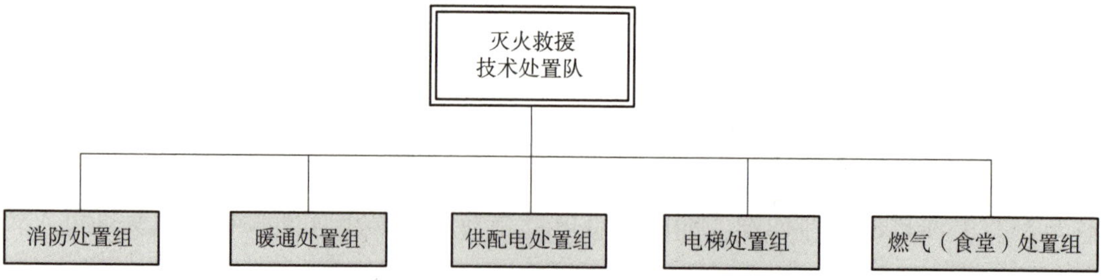

▲ 图 2-8 航天园区灭火救援技术处置队组成

2. 场地设置

处置队设在航天园区微型消防站，下设多个技术处置组，按专业配备人员值守，并设立装备器材存放驻点，存放驻点一般设立在本专业值班用房内。

3. 器材设置

在处置队中，消防处置组器材设置同微型消防站器材设置，水工、电工、电梯和燃气等专业保障人员还应根据实际配置专业应急装备、器材。

二、灭火救援技术处置队职责

1. 处置队队长职责

① 接受上级领导下发的各项工作任务。

② 组织指挥初起火灾扑救和应急处置。

③ 组织制定处置队管理制度，开展人员和设备器材管理工作。

④ 组织处置队成员熟悉所在单位的道路、水源和单位情况，以及灭火和应急疏散预案，掌握常见火灾及其他灾害事故的种类、特点及处置对策，组织建立业务资料档案。

⑤ 及时向上级报告工作中的重要情况。

2. 处置队副队长职责

① 接受处置队队长及上级领导下发的各项工作任务。

② 负责监督处置组备勤值班工作。

③ 协助处置队队长指挥初起火灾扑救和应急处置。

④ 明确各业务组职责及协同分工内容，组织开展技术处置业务训练，落实安全措施。

⑤ 协助处置队队长组织处置队成员熟悉所在单位的道路、水源和单位情况，以及灭火和应急疏散预案，掌握常见火灾及其他灾害事故的种类、特点及处置对策，组织建立业务资料档案。

⑥ 组织开展防火巡查、消防宣传教育。

⑦ 及时报告工作中的重要情况。

3. 处置队组长职责

① 接受处置队队长及上级领导下发的各项工作任务。

② 负责处置本组备勤值班具体管理工作。

③ 落实本组人员和设备器材管理工作，确定组内任务分工。

④ 组织指挥本组开展初起火灾救援和应急处置。

⑤ 掌握所在单位的道路、水源和单位情况，以及所在防护区域的平面布局、使用功能、消防设施、重点管线布置、器材装备性能和操作方法，熟悉灭火和应急疏散预案。

⑥ 熟悉设备、器材工具性能和操作方法，落实维护、保养。

4. 处置队队员职责

① 接受处置队组长及上级领导下发的各项工作任务。

② 积极参加处置队培训演练。

③ 根据职责分工，完成初起火灾扑救和应急处置任务。

④ 掌握所在防护区域的平面布局、使用功能、消防设施、重点管线布置、器材装备性能和操作方法，积极参加业务训练，熟悉灭火和应急疏散预案。

⑤ 发生火灾时，能对各系统设备进行应急操作和维修。

⑥ 及时向上级报告工作中的重要情况。

⑦ 负责实施防火巡查和消防宣传教育。

三、灭火救援技术处置队体能训练和技能培训

1. 消防处置组体能训练和技能培训

每月开展 1 次培训，每次培训周期不少于 2 个工作日。培训内容包括：法律法规及规章制度，消防设施情况，物质燃烧和建筑常识；个人防护，火灾扑救、破拆，火灾现场供水基本知识；原地穿灭火防护服，连接水带，佩戴正压式消防空气呼吸器，结绳技术；手提式灭火器灭火实训等。

2. 暖通处置组体能训练和技能培训

每月开展培训 1 次，每次培训周期不少于 1 个工作日。培训内容包括：物质燃烧和建筑常识；热力、生活水设施分布情况；热力、生活水设施启闭管控实操训练；热力、生活水危险源辨识及防控培训。

3. 供配电处置组体能训练和技能培训

每月开展 1 次培训，每次培训周期不少于 1 个工作日。培训内容包括：物质燃烧和建筑常识；强电及其配套设施分布情况；强电及其配套设施断电管控实操训练；强电及其配套设施危险源辨识及防控培训；UPS 蓄电池灭火过程注意事项及操作步骤。

4. 电梯处置组体能训练和技能培训

每月开展 1 次培训，每次培训周期不少于 1 个工作日。培训内容包括：物质燃烧和建筑常识；电梯、消防电梯等分布情况；被困人员施救电梯迫降管控实操训练；强电、电梯等设施危险源辨识及防控培训。

5. 燃气（食堂）处置组体能训练和技能培训

每月开展 1 次培训，每次培训周期不少于 2 小时。培训内容包括：物质燃烧和建筑常识；食堂危险设施分布情况；食堂危险设施管控实操训练；食堂危险设施危险源辨识及防控培训。

6. 联合演练

处置队统一组织开展联合演练，每季度一次。演练内容为：

① 各运行保障人员在常驻站点备勤，在接到警情报告后，上报处置队队长，队长向各专业处置组布置出警任务，各专业处置组长立即组织出警，在警情现场完成集结备防。

② 到达警情现场集结后，不要盲目施救，应分专业对现场情况进行有效勘察，分析现场风险因素，协助处置队队长确定灭火救援方案。

③ 全体成员对警情现场各专业设施进行有效管控。微型消防站等灭火力量做好灭火设施开启、灭火水源保障、破拆、现场隔离警戒等工作；给排水、空调通风运行保障人员做好热力、生活水、空调、排烟等设施管控工作；供配电（强电）运行保障人员做好电力等设施管控工作；电梯运行保障人员做好电梯等设施管控工作；燃气（食堂）运行保障人员做好食堂燃气管路、库房、烟道、大功率电器等管控工作。

④ 全体成员完成管控工作后，由处置队队长会同单位应急指挥组统一开展灭火救援处置工作。灭火救援处置完毕后，处置队队长向上级领导汇报，组织做好现场保护、消防设施恢复和记录存档工作，各专业处置支援示例如图 2-9 所示。

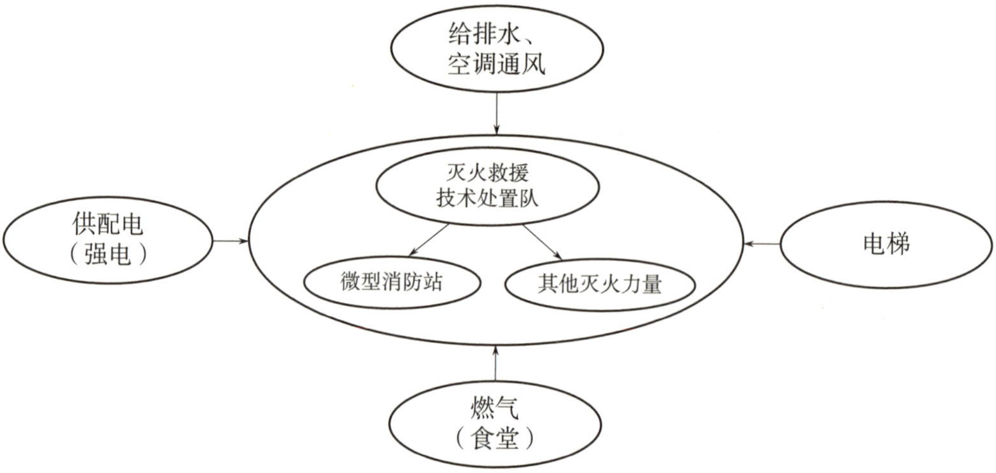

▲ 图 2-9　各专业处置支援示例

根据入驻单位隶属和楼宇院落等消防安全环境的差异，中国空间技术研究院整合安保、水、电、气、暖等运行保障人员值守力量，开创性地将各专业值守资源统筹，共训共练，形成了统一调度、相互配合的联勤联动灭火救援技术处置新模式。在组建运行过程中，中国空间技术研究院逐步完善制度、明确职责、整备装备、演练备战，确保航天园区出现火情时，能够为灭火救援提供有效支撑，防止火势蔓延和次生事故发生，在突发事件预防、大型活动保障中发挥了重要作用，已在全院十余个航天园区成立了处置队，经验做法已被中国航天科技集团有限公司推广。

第五节 园区消防安全责任书范例

一、园区与入驻单位签订消防安全责任书范例

消 防 安 全 责 任 书

（适用于××）

××××年度

园区主要负责人：

单位主要负责人：

责任单位（盖章）：

×××××单位

××××年×月

（1）综合部分

① 贯彻落实法律法规，执行上级单位的消防工作要求。

② 建立以主要负责人为消防安全责任人的安全管理体系，并有效开展工作。

③ 逐级分解安全责任，结合具体岗位落实全员消防安全责任；年终进行消防安全考核。

④ 消防安全组织机构健全、管理制度完善，按相关规定配备专兼职消防安全管理人员。

⑤ 消防安全责任人每半年主持召开一次安全委员会扩大会议，牵头决策重大安全问题；主管消防安全领导每季度主持召开一次安全例会，总结、布置安全工作；其他业务分管领导对主管业务涉及的安全工作一并进行策划、布置，组织落实和检查。

⑥ 主要负责人和主管安全领导按相关要求定期带队进行安全检查，针对检查出的安全隐患做到问题清楚、措施有效、整改彻底、验证到位，并留有记录。

⑦ 按要求开展责任区安全管理工作，定期组织召开责任区会议，开展责任区检查，严禁在责任区或公共场所内私搭乱建，严禁乱停乱放各类杂物、集装箱和设备等，严禁随意丢弃垃圾等。

⑧ 安全工作年度有要点、有总结，季度有计划、有纪要、有小结。

⑨ 确保安全经费投入并有效实施，按要求完成上级主管部门布置的工作。

⑩ 作业现场无违章。

（2）消防安全

① 明确消防安全教育培训内容，员工教育培训率 100%。

② 建立健全消防安全管理制度和操作规程，各级消防安全责任有效分解落实。

③ 按国家、行业标准配置消防设施，并定期维护、检测消防设施，确保消防设施完好有效。

④ 落实消防控制室、消防安全重点部位管理要求；落实消防安全管理规定，安全责任区无违章。

⑤ 制定、修订灭火和应急疏散预案，并定期组织现场演练。

⑥ 定期组织消防安全检查、防火巡查，定期开展微型消防站训练，火灾隐患整改率 100%。

⑦ 不发生一般火灾以上事故。

（3）单项一票否决项目

凡考核年度内在工作区发生1起一般火灾以上的，扣除消防安全项目的全部应得分。

签订日期：　　年　月　日

本责任书有效期自签订之日起至下年度责任书签订之日止，有效期内单位责任人发生变化的，消防安全责任由继任者承担。

二、单位与部门签订消防安全责任书范例

1. 单位与消防工作主管部门签订消防安全责任书范例

消 防 安 全 责 任 书

××××年度

单位主要负责人：
责任部门：
部门负责人：

×××××单位
××××年×月

（1）综合部分

① 贯彻落实法律法规，执行上级单位和本单位的消防工作要求。

② 建立以部门负责人为部门消防安全第一责任人的安全管理体系，并有效开展各项消防工作。

③ 确保部门消防工作与业务工作“五同时”，确保单位各项消防安全管理规章制度在部门有效落实。

④ 逐级分解消防安全责任，结合具体岗位贯彻落实消防安全责任，确保部门年度消防安全责任书签署率 100%。

⑤ 将消防工作纳入对部门员工的绩效考核内容，年终进行消防安全考核。

⑥ 按要求组织召开部门消防工作例会，总结部署消防工作。

⑦ 按时对员工开展消防安全教育培训，年度教育培训率实现 100%。

⑧ 部门消防安全组织机构健全，消防安全管理规章制度完善，按规定配备部门兼职消防安全管理人员，并确保其认真履行职责。

⑨ 部门消防安全责任区受控，按要求组织开展消防安全检查，针对检查出的消防安全隐患做到问题清楚、整改措施有效、整改彻底到位，确保整改率 100%，并留有相关记录。

⑩ 熟悉相关灭火和应急疏散预案要求，按要求组织参加必要的应急预案的演练。

⑪部门责任区域内无违章，无私搭乱建、乱停乱放各类杂物、随意丢弃垃圾现象。

⑫完成单位及其他业务分管领导布置的各项安全工作。

（2）消防安全

① 熟悉掌握部门消防工作情况。

② 开展全员消防教育培训。

③ 所属员工参加消防安全教育培训不少于 8 学时，确保培训率 100%。

④ 建立健全消防安全管理制度。

⑤ 部门落实消防安全管理规定，安全责任区无违规问题发生。

⑥ 严格落实人走拉闸断电规定，关闭电脑、打印机等。

⑦ 发现消防安全隐患及时报告，积极配合隐患整改，整改率 100%。

⑧ 明确部门志愿消防员，并确保不少于部门总人数的 30%，培训率 100%。

⑨ 按国家、行业标准配置消防设施，并定期维护、检测消防设施，确保消防设施完好有效。

⑩ 确保所属消防责任区消防设施完好有效。

⑪定期组织对所属员工开展消防应急疏散演练，属于重点单位的，每半年不少于1次，其他单位每年不少于1次，确保所属员工掌握应急疏散和逃生自救的技能及具备扑救初起火灾的能力。

⑫不发生违规动用明火、非吸烟区吸烟、私接乱拉电源，遮挡、挪用、损坏消防设施，堵塞疏散通道、安全出口等问题，确保消防安全。

⑬不发生一般火灾以上事故。

（3）未能涵盖部分

贯彻落实法律法规，执行上级单位现行有效安全规范、规章制度相关规定。

（4）本责任书由 ×× 单位 ×× 部门负责解释。

签订日期：　年　月　日

本责任书有效期自签订之日起至下年度责任书签订之日止，有效期内单位责任人发生变化的，消防安全责任由继任者承担。

2. 单位与其他业务部门签订消防安全责任书范例

消 防 安 全 责 任 书

×××× 年度

单位主要负责人：
责任部门：
部门负责人：

××××× 单位
×××× 年 × 月

（1）综合部分

① 贯彻落实法律法规，执行上级单位和本单位的消防工作要求。

② 建立以部门负责人为部门消防安全第一责任人的安全管理体系，并有效开展各项消防工作。

③ 确保部门消防工作与业务工作“五同时”，确保单位各项消防安全管理规章制度在部门有效落实。

④ 逐级分解消防安全责任，结合具体岗位贯彻落实消防安全责任，确保部门年度消防安全责任书签署率100%。

⑤ 将消防工作纳入对部门员工的绩效考核内容，年终进行消防安全考核。

⑥ 按要求组织召开部门消防工作例会，总结部署消防工作。

⑦ 按时对员工开展消防安全教育培训，年度教育培训率实现100%。

⑧ 部门消防安全组织机构健全，消防安全管理规章制度完善、内容全面，按规定配备部门兼职消防安全管理人员，并确保其认真履行职责。

⑨ 部门消防安全责任区受控，按要求组织开展消防安全检查，针对检查出的消防安全隐患做到问题清楚、整改措施有效、整改彻底到位，确保整改率100%，并留有相关记录。

⑩ 熟悉相关灭火和应急疏散预案要求，按要求组织参加必要的应急预案演练。

⑪部门责任区域内无违章，无私搭乱建、乱停乱放各类杂物、随意丢弃垃圾现象。

⑫完成单位及其他业务分管领导布置的各项安全工作。

（2）消防安全

① 熟悉掌握部门消防工作情况。

② 所属员工参加消防安全教育培训不少于8学时，确保培训率100%。

③ 部门落实消防安全管理规定，安全责任区无违反规定问题发生。

④ 严格落实人走拉闸断电规定，关闭电脑、打印机等。

⑤ 发现消防安全隐患及时报告，积极配合隐患整改，整改率100%。

⑥ 明确部门志愿消防员，培训率100%。

⑦ 确保所属消防责任区消防设施完好有效。

⑧ 定期组织对所属员工开展消防应急疏散演练，属于重点单位的，每半年不少于1次，其他单位每年不少于1次，确保所属员工掌握应急疏散和逃生自救的技能及具

备扑救初起火灾的能力。

⑨ 不发生违规动用明火、非吸烟区吸烟、私接乱拉电源，遮挡、挪用、损坏消防设施，堵塞疏散通道、安全出口等问题，确保消防安全。

⑩ 不发生一般以上火灾事故。

（3）未能涵盖部分

贯彻落实法律法规，执行上级单位现行有效安全规范、规章制度相关规定。

（4）本责任书由 ×× 单位 ×× 部门负责解释。

签订日期：　年　月　日

本责任书有效期自签订之日起至下年度责任书签订之日止，有效期内单位责任人发生变化的，消防安全责任由继任者承担。

3. 部门与员工签订消防安全责任书范例

消 防 安 全 责 任 书

×××× 年度

责任部门：

部门负责人：

相关负责人：

××××× 单位

×××× 年 × 月

××单位员工消防安全责任书

人员分类	责任内容分解
□ 部门 负责人	1. 学习并贯彻法律法规及单位消防安全管理规章制度，以身作则，保证不发生人为火灾事故； 2. 是部门消防工作的第一责任人； 3. 熟悉单位灭火和应急疏散预案，紧急情况下能按预案要求组织开展应急处置； 4. 开展消防安全自查及室级安全检查； 5. 主动接受消防监督检查，认真落实整改要求； 6. 确保部门责任区内无损坏、遮挡消防设施、灭火器材，阻塞安全出口、疏散通道，私自动用明火等情况发生； 7. 督促消防安全信息的及时传递，发现火灾隐患应立即整改，不能整改的立即上报。
□ 部门 其他领导	1. 学习并贯彻法律法规及单位消防安全管理规章制度，以身作则，保证不发生人为火灾事故； 2. 对分管业务工作范围内的消防工作负领导责任； 3. 熟悉单位灭火和应急疏散预案，紧急情况下能按预案要求组织开展应急处置； 4. 主动接受消防监督检查，认真落实整改要求； 5. 确保分管业务工作范围内无损坏、遮挡消防设施、灭火器材，阻塞安全出口、疏散通道，私自动用明火等情况发生； 6. 督促消防安全信息的及时传递，发现火灾隐患应立即整改，不能整改的立即上报。
□ 部门兼职 安全员	1. 自觉遵守法律法规及单位消防安全管理规章制度，认真遵守各项消防安全管理要求，保证不发生人为火灾事故； 2. 认真参加单位和部门组织的消防安全教育培训，知悉消防相关常识； 3. 熟悉单位灭火和应急疏散预案，积极参加应急演练，掌握扑灭初起火灾等必要的消防安全技能及应急疏散能力，紧急情况下能按预案要求进行处置； 4. 开展每日岗位消防安全自查，确保工作结束后关闭所有用电设备，确保消防安全隐患日日清； 5. 主动接受消防监督检查，认真落实整改要求； 6. 严禁损坏、遮挡消防设施、灭火器材； 7. 严禁阻塞安全出口、疏散通道，杜绝私自动用明火； 8. 发现火灾隐患应立即整改，不能整改的应立即上报，发现违规行为主动制止并报单位消防工作主管部门。

续表

人员分类	责任内容分解
□ 部门志愿消防员	1. 协助主管领导做好法律法规及单位消防安全管理规章制度在本部门的落实，掌握本部门消防安全状况及存在问题； 2. 开展安全教育、安全检查及灭火和应急疏散演练等各项工作，确保消防安全隐患日日清，保证不发生火灾事故； 3. 接受消防安全培训与教育，熟悉本部门火灾危险性，掌握扑灭初起火灾等必要的消防安全技能及应急疏散能力； 4. 熟悉单位灭火和应急疏散预案，紧急情况下能按预案要求进行处置，发现可立即扑灭的初起火灾，应迅速形成第一灭火力量，及时组织疏散并向消防工作主管部门、消防控制室报警； 5. 主动接受消防监督检查，认真落实整改要求； 6. 发现消防隐患，应立即向本部门负责人报告，并组织整改，如需协助，应及时报单位消防工作主管部门。
□ 普通员工	1. 自觉遵守法律法规及单位消防安全管理规章制度，认真遵守各项消防安全管理要求，保证不发生人为火灾事故； 2. 认真参加单位和部门组织的消防安全教育培训，知悉消防相关常识； 3. 熟悉单位灭火和应急疏散预案，积极参加应急演练，掌握扑灭初起火灾等必要的消防安全技能及应急疏散能力，紧急情况下能按预案要求进行处置； 4. 开展每日岗位消防安全自查，确保工作结束后关闭所有用电设备，确保消防安全隐患日日清； 5. 主动接受消防监督检查，认真落实整改要求； 6. 严禁损坏、遮挡消防设施、灭火器材； 7. 严禁阻塞安全出口、疏散通道，杜绝私自动用明火； 8. 发现火灾隐患应立即整改，不能整改的应立即上报，发现违规行为主动制止并报单位消防工作主管部门。
本人承诺	本人已知悉上述责任内容，将严格遵守法律法规、规章制度和管理要求，落实岗位消防责任。因违反法律法规、规章制度和上述责任内容而发生的消防安全事故，由个人承担后果。

相关责任人签字：________	部门负责人签字：________	日期：________

三、建筑工程消防安全责任书范例

甲方：

乙方：

依据法律法规要求，结合单位实际，认真贯彻落实《消防法》以及“安全第一，预防为主”的方针和“谁主管、谁负责”“抓生产必须抓安全”的原则，落实消防安全责任制，为确保工程安全，防止事故发生，甲乙双方履行以下条款：

① 甲方对本工程的安全、治安、消防工作全面给予配合，同时对乙方的安全、治安、消防工作进行监督检查，对检查中查出的违规、违章行为及安全隐患有权要求乙方进行整改。

② 甲方对在检查中发现的问题，应按单位要求采用书面的形式告知乙方并存档备查。

③ 甲方有权按照有关管理办法对乙方的“三违”行为进行处罚。

④ 对无视施工工程安全管理的行为，甲方应及时报告单位消防工作主管部门。

⑤ 乙方须有明确的法定安全责任人，对施工工程的安全、治安、消防工作负责，做到施工和消防安全“三同时”。

⑥ 施工进场前，乙方须为施工人员办理登记和出入证等手续，指定专人做好检查工作，无证者不得进入施工现场。

⑦ 施工人员上岗前须由乙方负责对其进行消防安全教育。

⑧ 乙方在施工中须有专职或兼职的安全、治安员，具体负责落实施工中的安全、治安、消防措施。

⑨ 乙方在施工中使用的易燃、易爆及危险品须限量并指定专人负责安全保管。

⑩ 乙方在施工中动用火、电、焊时须由乙方现场负责人进行审批，严格执行动火、用电、施焊的技术规范和操作规程，确保万无一失。

⑪ 乙方的电工、电气焊工须凭政府有关部门颁发的有效“特种作业人员操作证”，方可按施工现场规范的要求实施操作。

⑫ 乙方须严格按照国家有关建筑行业安全施工规范进行施工，坚决杜绝“三违”行为。

⑬ 乙方在施工中使用大型设备时，须充分考虑楼层的承载和防震能力，在确保安全的前提下方可使用，坚决禁止违章指挥和冒险作业。

⑭ 乙方对在施工中有危险的洞口（通道口、电梯口、预留口、楼梯口等），须架

设安全防护网，高处作业须结好安全绳。

⑮ 严禁施工区内吸烟，动用明火，留守施工人员，使用电热水器、电热暖气等。

⑯ 严禁在施工区长时间大量堆放废弃的物料，堵塞疏散通道，坚持每天清除一次，特别是玻璃胶、油漆等空瓶要妥善处理。

⑰ 乙方须严格施工现场管理，施工现场设备、器材、工具、材料须指定专人负责管理。

⑱ 乙方在施工现场须配置符合消防技术标准的灭火器，确保施工全过程的安全。

⑲ 乙方若忽视消防安全管理或违反合同规定造成事故和案件的，应由乙方负责全部责任，由此给甲方带来的经济损失和社会影响均由乙方承担。

⑳ 本责任书自签字之日起生效，一式贰份，业主单位、施工单位各持一份。

甲方：	乙方：
年　月　日	年　月　日
甲方代表签字	乙方代表签字
年　月　日	年　月　日

第三章

园区消防设施的配备与维护

第一节 园区消防设施的配置

《建筑防火通用规范》GB 55037—2022 规定，消防给水和消防设施的配置应根据建筑的用途及其重要性、火灾危险性、火灾特性和环境条件等因素综合确定。因此，在园区消防设施配置时应综合考虑园区内建筑的用途、火灾危险性、火灾特性和环境条件等因素，配置与之适应的园区消防设施，充分发挥其防灭火功效。

一、建筑分类与消防设施的配置要求

“建筑”一词，既表示建筑工程的建筑活动，又表示这种活动的成果——建筑物。建筑也是一个通称，通常将供人们生活、学习、工作、居住，以及从事生产和各种文化、社会活动的房屋称为建筑物，如住宅、学校、影剧院等；而人们不在其中生产、生活的建筑，则称为“构筑物”，如水塔、烟囱、堤坝等。

1. 建筑的分类

建筑物可以有多种分类方式，按其使用性质可分为民用建筑、工业建筑和农业建筑；按其结构形式可分为木结构、砖木结构、钢结构、钢筋混凝土结构建筑等。

（1）按使用性质分类

按建筑使用性质，可分为民用建筑、工业建筑和农业建筑。

① 民用建筑。按照《建筑设计防火规范》规定，根据民用建筑高度和层数可分为单、多层民用建筑和高层民用建筑。高层民用建筑根据其建筑高度、使用功能和楼层的建筑面积可分为一类和二类。民用建筑的分类见表 3–1。

表3-1 民用建筑的分类

名称	高层民用建筑		单、多层民用建筑
	一类	二类	
住宅建筑	建筑高度大于 54m 的住宅建筑（包括设置商业服务网点的住宅建筑）	建筑高度大于 27m，但不大于 54m 的住宅建筑（包括设置商业服务网点的住宅建筑）	建筑高度不大于 27m 的住宅建筑（包括设置商业服务网点的住宅建筑）
公共建筑	1. 建筑高度大于 50m 的公共建筑； 2. 建筑高度 24m 以上部分任一楼层建筑面积大于 1000m^2 的商店、展览、电信、邮政、财贸金融建筑和其他多种功能组合的建筑； 3. 医疗建筑、重要公共建筑； 4. 省级及以上的广播电视和防灾指挥调度建筑，网局级和省级电力调度建筑； 5. 藏书超过 100 万册的图书馆、书库	除一类高层公共建筑外的其他高层公共建筑	1. 建筑高度大于 24m 的单层公共建筑； 2. 建筑高度不大于 24m 的其他民用建筑

表 3–1 中，住宅建筑是指供单身或家庭成员短期或长期居住使用的建筑。公共建筑是指供人们进行各种公共活动的建筑，包括教育、办公、科研、文化、商业、服务、体育、医疗、交通、纪念、园林、综合类建筑等。

② 工业建筑。工业建筑是指工业生产性建筑，如主要生产厂房、辅助生产厂房等。工业建筑按照使用性质的不同，分为加工、生产类厂房和仓储类库房两大类，厂房和仓库又按其生产或储存物质的性质进行分类。

③ 农业建筑。农业建筑是指农副产业生产建筑，主要包括暖棚、饲养场、烤烟房等。

（2）按建筑结构分类

按建筑结构形式和建造材料构成可分为木结构、砖木结构、砖与钢筋混凝土混合结构（砖混结构）、钢筋混凝土结构、钢结构、钢与钢筋混凝土混合结构（钢混结构）等。

① 木结构。主要承重构件是木材。

② 砖木结构。主要承重构件由砖石和木材做成，如砖（石）砌墙体、木楼板、木屋盖的建筑。

③ 砖混结构。竖向承重构件采用砖墙或砖柱，水平承重构件采用钢筋混凝土楼板、屋面板。

④ 钢筋混凝土结构。钢筋混凝土做柱、梁、楼板及屋顶等建筑的主要承重构件，砖或其他轻质材料做墙体等围护构件。如采用装配式大板、大模板、滑模等工业化方法建造的建筑，钢筋混凝土的高层、大跨、大空间结构的建筑。

⑤ 钢结构。主要承重构件全部采用钢材，如全部用钢柱、钢屋架建造的厂房。

⑥ 钢混结构。屋顶采用钢结构，其他主要承重构件采用钢筋混凝土结构，如钢筋混凝土梁、柱、钢屋架组成的骨架结构厂房。

⑦ 其他结构。如生土建筑、塑料建筑、充气塑料建筑等。

（3）按建筑高度分类

按建筑高度可分为单、多层建筑和高层建筑两类。

① 单、多层建筑。27m 以下的住宅建筑，建筑高度不超过 24m（或已超过 24m，但为单层）的公共建筑和工业建筑。

② 高层建筑。建筑高度大于 27m 的住宅建筑和其他建筑高度大于 24m 的非单层建筑。我国称建筑高度超过 100m 的高层建筑为超高层建筑。

2. 消防设施的配置要求

建筑物应按照法律法规和消防技术标准的要求配置消防设施，基本配置要求如下。

① 按照国家工程建设消防技术标准需要进行消防设计的建设工程，应进行消防专项设计，并依法由住房和城乡建设主管部门进行消防设计审核、消防验收或备案抽查。

② 消防设施的施工单位应具备相应等级的专业施工资质，并按图施工，确保工程质量符合相关技术标准要求。

③ 消防设施产品应符合国家标准或行业标准，且应符合国家市场准入制度的要求，如 3C 认证和检测等。禁止生产、销售、配置不合格或国家明令淘汰的消防产品。

④ 建设单位，工程监理单位，消防设施的设计单位、施工单位，应依法对建筑消防设计和施工质量负责。

二、消防给水系统

水是最常用的一种天然灭火剂，在灭火中具有高效、经济、获取方便、使用简单的特点，因而得到了广泛的应用。水灭火的作用主要有冷却作用、窒息作用、对水溶性可燃液体的稀释作用、冲击乳化作用以及水力冲击作用等。

消防给水系统是指为建筑消火栓给水系统、自动喷水灭火系统等水灭火系统提供可靠的消防用水的供水系统。系统的关键参数是流量、水压及消防用水量，这些参数是保障各类水灭火系统实现相应功能的基本指标，在设计和应用时应合理确定这些参数，并能满足系统发挥作用的基本要求。

1. 消防给水系统分类

消防给水系统按水压区分，可以划分为高压消防给水系统、临时高压消防给水系统、低压消防给水系统；按位置区分，可以划分为室外消防给水系统、室内消防给水系统；按管网形式区分，可以划分为环状管网消防给水系统、枝状管网消防给水系统。消防给水系统的分类见表 3-2。

表3-2　消防给水系统的分类

分类方式	系统名称	特点
按水压	高压消防给水系统	最不利处消防用水点的水压和流量平时能满足灭火时的需要，系统中不设消防泵和消防传输泵
	临时高压消防给水系统	平时最不利处消防用水点的水压和流量不能满足灭火时的需要，在灭火时启动消防泵，使管网中最不利处消防用水点的水压和流量达到灭火的要求
	低压消防给水系统	平时最不利处消防用水点的水压和流量不能满足灭火时的需要，在灭火时靠消防车的消防泵来加压，以满足最不利处消防用水点的水压和流量达到灭火的要求
按位置	室外消防给水系统	由进水管、室外消防给水管网、室外消火栓等构成，在建筑物外部进行灭火并向室内消防给水系统供水的消防给水系统
	室内消防给水系统	由引入管、室内消防给水管网、室内消火栓、水泵接合器、消防水箱等构成，在建筑物内部进行灭火的消防给水系统
按管网形式	环状管网消防给水系统	消防给水管网构成闭合环形，双向供水
	枝状管网消防给水系统	消防给水管网似树枝状，单向供水

消防给水系统由消防水源、消防水泵、消防供水管道等组成，是火灾时向各类水灭火系统、防护冷却系统、防火分隔系统、消防车和其他移动式装备供水的基础设施。消防水源主要包括消防水池、市政给水、天然水源等。

2. 消防水池

（1）系统特点

为保证消防给水系统和水灭火系统在扑救火灾时有足够的水量并确保可靠用水，消防水池应储存火灾延续时间内所需的全部消防用水量，消防水池的有效容积和有效水位是确保消防水源充足和具有持续供水能力的重要指标，出水管的设置是消防水泵连续、安全运行的基本保障，必须加以保证。

（2）适用范围

① 在市政给水管道、进水管道或天然水源不能满足消防用水量，以及市政给水管道为枝状或只有一条进水管的情况下，且室外消火栓设计流量大于 20L/s 或建筑高度大于 50m 的建（构）筑物应设消防水池。

② 消防水池的有效容积应满足设计持续供水时间内的消防用水量要求，当消防水池采用两路消防供水且在火灾中连续补水能满足消防用水量要求时，在仅设置室内消火栓系统的情况下，有效容积应大于或等于 $50m^3$，其他情况下应大于或等于 $100m^3$。

③ 消防用水与其他用水共用的水池，应采取保证水池中的消防用水量不作他用的技术措施。

④ 消防水池的出水管应保证消防水池有效容积内的水能被全部利用，水池的最低有效水位或消防水泵吸水口的淹没深度应满足消防水泵在最低水位运行安全和实现设计出水量的要求。

⑤ 消防水池的水位应能就地和在消防控制室显示，消防水池应设置高低水位报警装置。

⑥ 消防水池应设置溢流水管和排水设施，并采用间接排水。

3. 消防水箱

（1）系统特点

消防水箱是一种在灭火救援活动中为灭火队伍提供水源的消防设施，根据用途分为循环消防水箱和非循环消防水箱两类。具有水质好、清洁无污染、强度高、重量轻等优点。消防水箱的作用，一是提供系统启动初期的消防用水量和水压，在消防泵出现故障的紧急情况下应急供水，确保喷头开放后立即喷水，以及时控制初起火灾，并为外援灭火争取时间；二是利用高位差为系统提供准工作状态下所需的水压，以达到管道内充水并保持一定压力的目的。其中，高位消防水箱具有在准工作状态时为消防给水系统和水灭火系统稳压，在发生火灾时提供初期消防用水量的双重作用，是保障水灭火系统扑救建筑初起火灾的重要设施。

（2）适用范围

室内使用临时高压消防给水系统时，高位消防水箱的设置应符合下列规定。

① 高层民用建筑、总建筑面积大于 10000m^2 且层数超过 2 层的公共建筑和其他重要建筑，须设置高位消防水箱。

② 其他建筑应设置高位消防水箱，但当设置高位消防水箱确有困难，且采用安全可靠的消防给水形式时，可不设置高位消防水箱，但应设稳压泵。

③ 当市政供水管网的供水能力在满足生产、生活最大小时用量后，仍能满足初起火灾所需的消防流量和压力时，市政直接供水可替代高位消防水箱。

4. 消防水泵

（1）系统特点

消防水泵是在火灾延续时间内向消防给水系统和水灭火系统提供所需流量和压力的关键设备，应确保其在火灾状态下持续运行和安全可靠，流量、压力、功率、吸水方式等关键参数应满足实际运行的需要，并在零流量、小流量、额定流量以及过载流量等工况下不会发生损坏和故障。消防水泵不得设置自动停泵功能，否则会显著削弱系统灭火能力，严重的会导致人员伤亡或更大的火灾事故，其停止方式应根据火灾扑救和消防水源等情况由具有管理权限的人员确定。

（2）适用范围

① 在临时高压消防给水系统、稳高压消防给水系统中均需设置消防水泵。消火栓给水系统与自动喷水灭火系统宜分别设置消防水泵。

② 设置消防水泵时均应设置备用水泵。备用水泵的工作能力不应小于最大一台消防工作泵的工作能力。自动喷水灭火系统可按“用一备一”或“用二备一”的比例设置备用水泵。

5. 消防供水管道

（1）系统特点

消防供水管道主要包括城市（市政）供水管道、室外消防给水管道和室内消防给水管道，是消防给水系统中负责输送消防用水和调整、控制水流的重要组成部分。

（2）适用范围

① 室外消防给水采用两路消防供水时，应布置成环状，但当采用一路消防供水时，可布置成枝状。

② 向环状管网输水的进水管不应少于两条，当其中一条发生故障时，其余进水管应仍能满足消防用水总量的供给要求。

③ 消防给水管道应采用阀门分成若干独立段，每段内室外消火栓的数量不宜超过5个。

④ 管道的直径应根据流量、流速和压力要求经计算确定，但不应小于DN100，有条件的不应小于DN150。

三、消火栓系统

消火栓系统是以水为介质，用于灭火、控火和冷却防护等功能的消防系统。消火栓系统分为室外消火栓系统和室内消火栓系统，是扑救、控制建筑物初起火灾最为有效的灭火设施，应用最为广泛，用量最大。

1. 室外消火栓系统

（1）系统特点

室外消火栓系统是设置在建筑外的供水设施，主要供消防车取水，经增压后向建筑内的供水管网供水或实施灭火，也可以直接连接水带、水枪出水灭火。室外消火栓系统主要由市政供水管网或室外消防给水管网、消防水池、消防水泵和室外消火栓组成。按安装形式不同，可分为地上式和地下式两种。地上消火栓适用于温度较高的地方，地下消火栓适用于寒冷地区。

（2）适用范围

① 在城市、居住区、工厂、仓库等的规划和建筑设计中，须同时设计消防给水系统；城镇（包括居住区、商业区、高新技术开发区、工业园区等）应沿可通行消防车的街道设置市政消火栓系统。

② 民用建筑、厂房（仓库）、储罐（区）、堆场周围应设室外消火栓。

③ 用于消防救援和消防车停靠的屋面上，应设置室外消火栓系统。

④ 耐火等级不低于二级，且建筑物体积小于或等于3000m^3的戊类厂房；或居住区人数不超过500人，且建筑物层数不超过两层的居住区，可不设置室外消防栓系统。

⑤ 室外消火栓的设置间距，室外消火栓与建（构）筑物外墙、外边缘和道路路沿的距离，应满足消防车在消防救援时安全、方便取水和供水的要求。

⑥ 室外消火栓的流量应满足相应建（构）筑物在火灾延续时间内灭火、控火、冷却和防火分隔的要求。

2. 室内消火栓系统

室内消火栓系统是建筑物应用最广泛的一种消防设施。它既可供火灾现场人员使用消火栓箱内的消防软管卷盘、水枪扑救初起火灾，又可供应急救援人员扑救建筑物的大火。室内消火栓实际上是室内消防给水管网向火灾现场供水的带有专用接口的阀门，其进水端与消防管道相连，出水端与水带相连。

（1）系统特点

室内消火栓系统由消防给水、管网、室内消火栓及系统附件等组成。其中，消防给水包括市政管网、室外消防给水管网、室外消火栓、消防水池、消防水泵、消防水箱、稳压泵、消防水泵接合器等，该设施的主要任务是为系统储存并提供灭火用水。消防给水管网包括进水管、水平干管、消防竖管等，其任务是向室内消火栓设备输送灭火用水。室内消火栓设备包括水带、水枪、消防软管卷盘等，是供应急救援人员灭火使用的主要工具。系统附件包括各种阀门、最不利点消火栓等。报警控制设备用于启动消防水泵。

（2）适用范围

下列建筑应设置室内消火栓系统。

① 建筑占地面积大于 300m^2 的甲、乙、丙类厂房（仓库）。

② 体积大于 5000m^3 的单、多层建筑，如车站、码头、机场的候车（船、机）楼以及展览建筑、商店建筑、旅馆建筑、医疗建筑和图书馆建筑等。

③ 特等、甲等剧场，超过 800 个座位的乙等剧场和电影院等，超过 1200 个座位的礼堂、体育馆等。

④ 建筑高度大于 15m 或体积大于 10000m^3 的办公建筑、教学建筑及其他单、多层民用建筑。

⑤ 高层公共建筑，建筑高度大于 21m 的住宅建筑。

⑥ 建筑面积大于 300m^2 的汽车库和修车库。

⑦ 建筑面积大于 300m^2 且平时使用的人民防空工程。

下列建筑可不设室内消火栓系统。

① 存有与水接触能引起燃烧、爆炸物品的建筑物和室内没有生产、生活给水管道，室外消防用水取自储水池且建筑体积不大于 5000m^3 的其他建筑。

② 耐火等级为一、二级且可燃物较少的单、多层丁、戊类厂房（仓库），耐火等级为三、四级且建筑体积小于或等于 3000m^3 的丁类厂房和建筑体积小于或等于 5000m^3 的戊类厂房（仓库）。

③ 粮食仓库、金库以及远离城镇且无人值班的独立建筑。

四、自动喷水灭火系统

自动喷水灭火系统是扑救、控制建筑物初起火灾的最为有效的自救灭火设施之一，是应用最为广泛、用量最大的自动灭火系统，据有关资料统计，自动喷水灭火系统控火、灭火的成功率高达 96.2%～99.6%。自动喷水灭火系统具有自动探测火灾、自动灭（控）火的双重效能，具有安全可靠、经济实用、灭火成功率高等优点。

自动喷水灭火系统由洒水喷头、报警阀组、水流报警装置（水流指示器或压力开关）等组件，以及管道、供水设施等组成，能在发生火灾时喷水的自动灭火系统。自动喷水灭火系统在保护人身和财产安全方面具有安全可靠、经济实用、灭火成功率高等优点，被广泛应用于工业建筑和民用建筑。

自动喷水灭火系统根据所使用的喷头类型，可分为闭式系统和开式系统两大类；根据系统的用途和配置状况，自动喷水灭火系统又可分为湿式系统、干式系统、预作用系统、防护冷却系统、雨淋系统、水幕系统（防火分隔水幕和防护冷却水幕）、自动喷水－泡沫联用系统等。不同类型的自动喷水灭火系统，其工作原理、控火效果等均有差异。因此，应根据设置场所的建筑特征、火灾特点、环境条件等来确定自动喷水灭火系统的选型。

1. 湿式自动喷水灭火系统

（1）系统特点

湿式自动喷水灭火系统（以下简称“湿式系统”）由闭式喷头，湿式报警阀组，水流指示器或压力开关，供水与配水管道以及供水设施等组成，在准工作状态下，管道内充满用于启动系统的有压水。湿式系统的优点主要有：结构简单、使用可靠、施工方便、灭火速度快、控火效率高、系统投资少、适用范围广。湿式系统如图 3–1 所示。

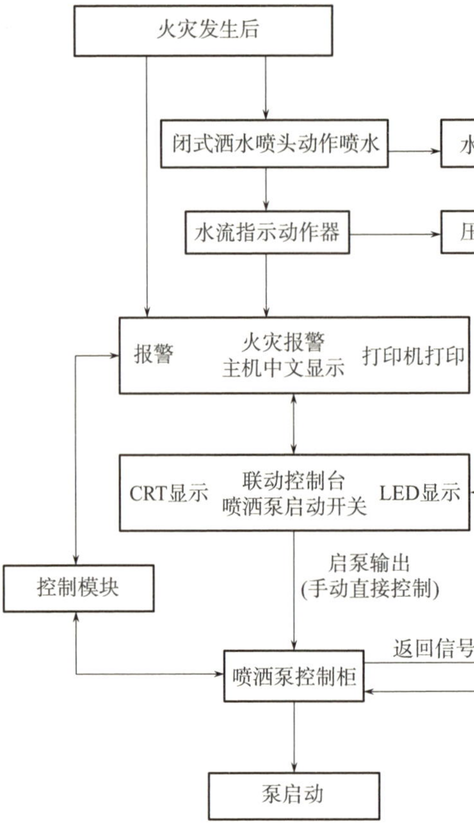

▲ 图 3-1　湿式系统示意图

（2）适用范围

湿式系统是应用最为广泛的自动喷水灭火系统之一，适合在温度不低于 4℃且不高于 70℃的环境中使用。

2. 干式自动喷水灭火系统

（1）系统特点

干式自动喷水灭火系统（以下简称“干式系统”）由闭式喷头，干式报警阀组，水流指示器或压力开关，供水与配水管道、充气设备以及供水设施等组成，在准工作状态下，配水管道内充满用于启动系统的有压气体。干式系统的启动原理与湿式系统相似，只是将传输喷头开放信号的介质由有压水改为有压气体。干式系统在报警阀后的管网内无水，故可避免冻结和水汽化的危险，不受环境温度的制约，可用于一些无法使用湿式系统的场所。但干式系统比湿式系统喷水灭火速度慢，因为喷头受热开启后，首先要排出管道中的气体，然后再出水。干式系统如图 3–2 所示。

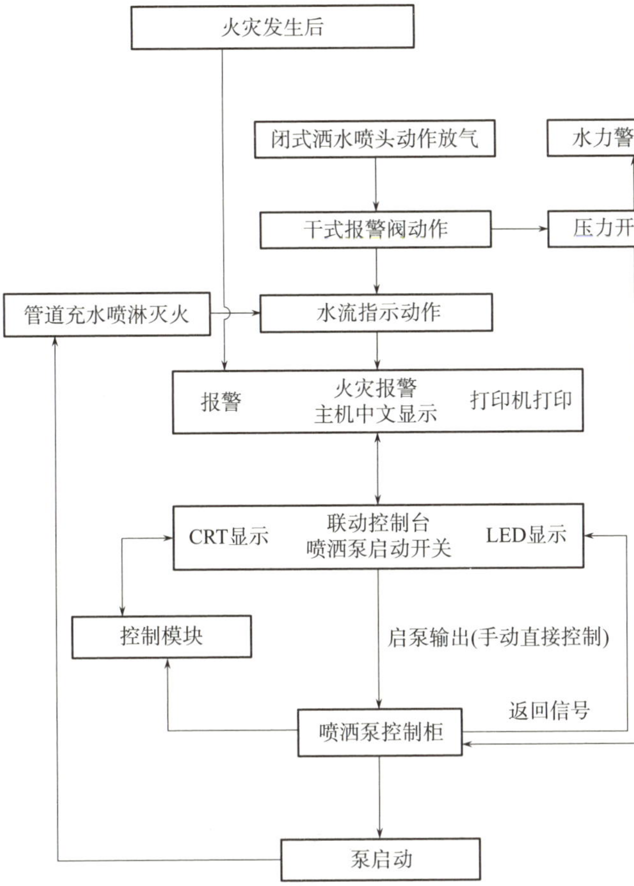

▲ 图 3-2 干式系统示意图

（2）适用范围

干式系统适用于环境温度低于 4℃或高于 70℃的场所。

3. 预作用系统

（1）系统特点

预作用自动喷水灭火系统（以下简称“预作用系统”）由闭式喷头、预作用阀组、水流报警装置、供水与配水管道、充气设备和供水设施等组成。在准工作状态下，配水管道内不充水，由火灾自动报警系统自动开启雨淋阀后，转换为湿式系统。预作用系统与湿式系统、干式系统的不同之处在于系统采用雨淋阀，并配套设置火灾自动报警系统。预作用系统如图 3–3 所示。

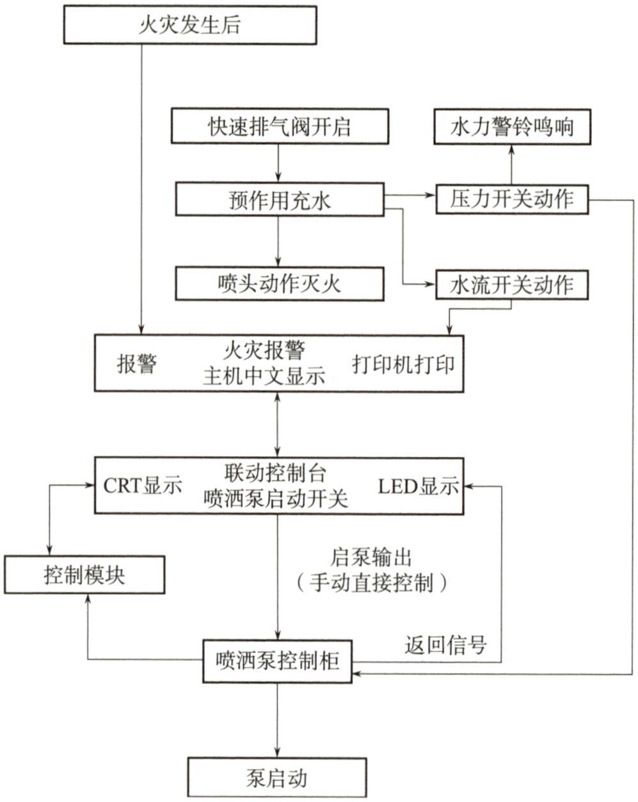

▲ 图 3-3 预作用系统示意图

（2）适用范围

预作用系统可消除干式系统在喷头开放后延迟喷水的弊病，因此其在低温和高温环境中可替代干式系统。系统处于准工作状态时，严禁管道充水、严禁系统误喷的忌水场所应采用预作用系统。

4. 雨淋系统

（1）系统特点

雨淋系统由开式喷头、雨淋阀组、水流报警装置、供水与配水管道以及供水设施等组成。它与前几种系统的不同之处在于，雨淋系统采用开式喷头，由雨淋阀控制喷水范围，由配套的火灾自动报警系统或传动管系统启动雨淋阀。

（2）适用范围

雨淋系统的喷水范围由雨淋阀控制，在系统启动后立即大面积喷水。因此，雨淋系统主要适用于需要大面积喷水以快速扑灭火灾的特别危险场所。火灾的水平蔓延速度快，闭式喷头的开放不能及时使喷水有效覆盖着火区域，或室内净空高度超过一定高度且须迅速扑救初起火灾，或火灾危险性等级属于严重危险级Ⅱ级的场所，应采用雨淋系统。

5. 防火分隔水幕

（1）系统特点

防火分隔水幕由开式洒水喷头或水幕喷头，雨淋报警阀组或感温雨淋阀，供水与配水管道，控制阀以及水流报警装置（水流指示器或压力开关）等组成。与前几种系统的不同之处在于，水幕系统不具备直接灭火的能力，而是用于挡烟阻火和冷却保护分隔物。

（2）适用范围

防火分隔水幕利用密集喷洒形成的水墙或多层水帘，可封堵防火分区处的孔洞，阻挡火灾和烟气的蔓延，因此适用于局部防火分隔处。防火冷却水幕则利用喷水在物体表面形成的水膜，控制防火分区处分隔物的温度，使分隔物的完整性和隔热性免遭火灾破坏，因此适用于对防火卷帘、防火玻璃墙等防火分隔设施的冷却保护。

五、气体灭火系统

气体灭火系统是以一种或多种气体作为灭火介质，通过这些气体在整个防护区内或保护对象周围的局部区域建立起灭火浓度实现灭火。气体灭火系统是传统的四大固定式灭火系统（水、气体、泡沫和干粉）之一，应用广泛，具有灭火效率高、灭火速度快、保护对象无污损等优点。气体灭火系统一般根据灭火介质命名，目前比较常用的气体灭火系统有二氧化碳灭火系统、七氟丙烷灭火系统、IG–541 混合气体灭火系统等。气体灭火系统如图 3–4 所示。

1. 二氧化碳灭火系统

（1）系统特点

二氧化碳灭火系统是以二氧化碳作为灭火介质的气体灭火系统。二氧化碳是一种惰性气体，对燃烧具有良好的窒息和冷却作用。

（2）适用范围

二氧化碳灭火系统可用于扑救灭火前可切断气源的气体火灾，液体火灾，石蜡、沥青等可熔化的固体火灾，固体表面火灾，棉、毛、织物、纸张等部分固体火灾及电气火灾。

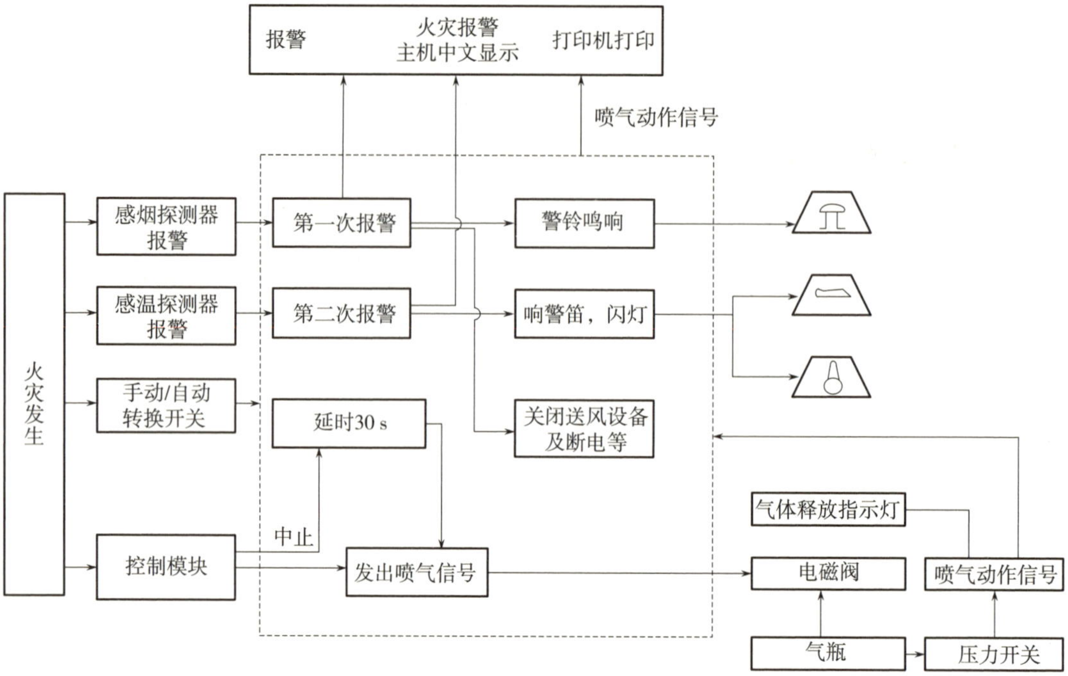

▲ 图 3-4 气体灭火系统示意图

该系统不得用于扑救下列火灾：硝化纤维、火药等含氧化剂的化学制品火灾，钾、钠、镁、钛、锆等活泼金属火灾，氢化钾、氢化钠等金属氢化物火灾。

2. 七氟丙烷灭火系统

（1）系统特点

七氟丙烷灭火系统是以七氟丙烷作为灭火介质的气体灭火系统。七氟丙烷灭火剂是一种无色无味、不导电的气体，其密度大约是空气密度的6倍，在一定压力下呈液态储存。该灭火剂为洁净药剂，释放后不含有粒子或油状的残余物，且不会污染环境和被保护的精密设备。

（2）适用范围

七氟丙烷灭火系统适用于扑救电气火灾、液体表面火灾、可熔化的固体火灾、固体表面火灾及灭火前可切断气源的气体火灾。

该系统不得用于扑救下列物质的火灾：含氧化剂的化学制品及混合物，如硝化纤维、硝酸钠等；活泼金属，如钾、钠、镁、钛、锆、铀等；金属氢化物，如氢化钾、氢化钠等；能自行分解的化学物质，如过氧化氢、联胺等。

3. IG-541 混合气体灭火系统

（1）系统特点

IG-541 混合气体灭火剂是由氮气、氩气和二氧化碳气体按一定比例混合而成的气体。混合气体无毒、无色、无味、无腐蚀性及不导电，既不支持燃烧，又不与大部分物质产生反应。从环保的角度来看，是一种较为理想的灭火剂。

（2）适用范围

IG-541 混合气体灭火系统适用于扑救电气火灾、固体表面火灾、液体火灾和灭火前能切断气源的气体火灾。

该系统不适用于扑救下列火灾：硝化纤维、硝酸钠等氧化剂或含氧化剂的化学制品火灾；钾、钠、镁、钛、锆、铀等活泼金属火灾；氢化钾、氢化钠等金属氢化物火灾；过氧化氢、联胺等能自行分解的化学物质火灾；可燃固体物质火灾。

六、火灾自动报警系统

火灾自动报警系统是火灾探测报警与消防联动控制系统的简称，是以实现火灾早期探测和报警、向各类消防设备发出控制信号并接收设备反馈信号，实现预定消防功能为基本任务的一种自动消防设施，火灾探测报警和消防联动控制是其最基本的功能。

火灾自动报警系统一般设置在工业与民用建筑内部及其他可对生命和财产造成危害的火灾危险场所，与自动灭火系统、防排烟系统以及防火分隔设施等其他消防设施一起构成完整的建筑消防系统。

火灾自动报警系统由火灾探测报警系统、消防联动控制系统、可燃气体探测报警系统、电气火灾监控系统等组成。

1. 火灾探测报警系统

火灾探测器是火灾探测报警系统的基础，它至少含有一个能够连续或以一定频率周期监视与火灾有关的适宜的物理或化学现象的传感器，并且至少能够向控制和指示设备提供一个合适的信号，是否报火警或操纵自动消防设备，可由火灾探测器或控制和指示设备做出判断。

（1）系统分类

火灾探测器按照探测火灾特征参数可分为感温火灾探测器、感烟火灾探测器、感光火灾探测器、气体火灾探测器、复合火灾探测器等，按照监视范围可分为点型火灾探测器和线型火灾探测器。火灾探测器的分类见表 3–3。

表3-3　火灾探测器的分类

分类方式	系统名称	特点
探测火灾特征参数	感温火灾探测器	即响应异常温度、温升速率和温差变化等参数的探测器
	感烟火灾探测器	即响应悬浮在大气中的燃烧或热解产生的固体或液体微粒的探测器，进一步可分为离子感烟、光电感烟、红外光束、吸气型等
	感光火灾探测器	即响应火焰发出的特定波段电磁辐射的探测器，又称火焰探测器，进一步可分为紫外、红外及复合式等类型
	气体火灾探测器	即响应燃烧或热解产生的气体的火灾探测器
	复合火灾探测器	即将多种探测原理集中于一身的探测器，它进一步又可分为烟温复合、红外紫外复合等火灾探测器
监视范围	点型火灾探测器	响应一个小型传感器附近的火灾特征参数的探测器
	线型火灾探测器	响应某一连续路线附近的火灾特征参数的探测器

（2）适用范围

在选择火灾探测器时，要根据探测区域内可能发生的初起火灾的形成和发展特征，房间高度，环境条件以及可能引起误报的原因等因素来综合确定。应根据保护场所可能发生火灾的部位和对燃烧材料的分析，以及火灾探测器的类型、灵敏度和响应时间等选择相应的火灾探测器。对火灾形成特征不可预料的场所，可根据模拟试验的结果选择火灾探测器。同一探测区域内设置多个火灾探测器时，可选择具有复合判断火灾功能的火灾探测器和火灾报警控制器。

① 对火灾初期有阴燃阶段，产生大量的烟和少量的热，很少或没有火焰辐射的场所，应选择感烟火灾探测器。

② 对火灾发展迅速，可产生大量热、烟和火焰辐射的场所，可选择感温火灾探测器、感烟火灾探测器、感光火灾探测器或其组合。

③ 对火灾发展迅速，有强烈的火焰辐射和少量的烟、热的场所，应选择感光火灾探测器。

④ 对火灾初期有阴燃阶段，需要早期探测的场所，宜增设一氧化碳火灾探测器。

⑤ 对使用、生产可燃气体或可燃蒸气的场所，应选择气体火灾探测器。

2. 消防联动控制系统

（1）系统特点

消防联动控制系统由消防联动控制器、消防控制室图形显示装置、消防应急广播、消防电话等设备和组件组成。在火灾发生时，消防联动控制器按设定的控制逻辑准确发出联动控制信号给消防泵、喷淋泵、防火门、防火阀、排烟阀等消防设备，完成对灭火系统、消防应急照明和疏散指示系统、防烟排烟系统及防火分隔系统等其他消防系统的控制功能，接收并显示受控消防设备的动作反馈信号。

（2）适用范围

① 消防联动控制是火灾自动报警系统在接收到火灾报警信号后进行自动灭火的重要功能，科学合理地设计控制逻辑，是发挥其联动控制功能的先决条件。

② 消防控制室图形显示装置用于接收并显示保护区域内的火灾探测报警及联动控制系统、消火栓系统、自动灭火系统、防排烟系统、防火门及卷帘系统、消防电源、消防应急照明和疏散指示系统、消防通信等各类消防系统及其运行的动态信息和消防安全管理信息，同时还具有信息传输和记录功能。

③ 消防应急广播由控制和指示装置、声频功率放大器、传声器、扬声器、广播分配装置、电源装置等部分组成，是在火灾或意外事故发生时通过控制功率放大器和扬声器进行应急广播的设备，它的主要功能是向现场人员通报火灾发生，指挥并引导现场人员疏散。民用建筑内扬声器应设置在走道和大厅等公共场所。

④ 消防电话是用于消防控制室与建筑物中各部位之间通话的电话系统。消防电话是与普通电话分开的专用独立系统，一般采用集中式对讲电话，消防电话的总机设在消防控制室，分机分设在其他各个部位。消防电话插孔安装在建筑物各处，通过插孔连接就可以和消防电话总机通信。

3. 可燃气体探测报警系统

（1）系统特点

可燃气体探测报警系统是一个独立的子系统，属于火灾预警系统，应独立组成。可燃气体探测报警系统由可燃气体报警控制器、可燃气体探测器和火灾声光警报器组成，能够在保护区域内泄漏可燃气体的浓度低于爆炸下限的条件下提前报警，从而预防由于可燃气体泄漏引发的火灾和爆炸事故的发生。

（2）适用范围

可燃气体探测报警系统适用于使用、生产或聚集可燃气体或可燃液体蒸气场所的可燃气体浓度探测，在泄漏或聚集可燃气体浓度达到爆炸下限前发出报警信号，提醒专业人员排除火灾、爆炸隐患，实现火灾的早期预防，避免火灾、爆炸事故的发生。

可燃气体探测器应接入可燃气体报警控制器，不应直接接入火灾报警控制器的探测器回路。

4. 电气火灾监控系统

（1）系统特点

电气火灾监控系统是专门对电气火灾进行检测和控制的一种消防类系统，其特点就在于对电气设备线路的漏电、短路等进行监控，避免火灾发生，属于先期的预报警系统。

（2）适用范围

电气火灾监控系统可用于具有电气火灾危险的场所。由电气火灾监控器、剩余电流式电气火灾监控探测器、测温式电气火灾监控探测器等组成。在设置消防控制室的场所，电气火灾监控器的报警信号和故障信号应在消防控制室图形显示装置或起集中控制功能的火灾报警控制器上显示。电气火灾监控系统的设置不应影响供电系统的正常工作，不宜自动切断供电电源。

七、防排烟系统

当建筑内发生火灾时，烟气的危害十分严重。建筑中设置防排烟系统的作用是将火灾产生的烟气及时排除，防止和延缓烟气扩散，保证疏散通道不受烟气侵害，确保建筑物内人员顺利疏散、安全避难。同时，将火灾现场的烟和热量及时排除，以减弱火势的蔓延，为火灾扑救创造有利条件。

建筑火灾烟气控制分为防烟和排烟两个方面。防烟采取自然通风和机械加压送风的形式，排烟包括自然排烟和机械排烟两种形式。设置防烟或排烟设施的具体方式多样，应结合建筑所处的环境条件和建筑自身特点，按照相关规范规定要求，进行合理的选择和组合。

1. 自然通风与自然排烟

自然通风与自然排烟，是建筑火灾烟气控制中防排烟的方式之一，都是经济适用且有效的防排烟方式。系统设计时，应根据使用性质、建筑高度及平面布置等，优先采用自然通风或自然排烟方式。

（1）自然通风

① 系统特点。自然通风是以热压和风压作用的、不消耗机械动力的、经济的通风方式。

② 适用范围。对于建筑高度小于或等于 50m 的公共建筑、工业建筑和建筑高度小于或等于 100m 的住宅建筑，由于这些建筑受风压作用影响较小，因此利用建筑本身的自然通风，也可基本起到防止烟气进一步进入安全区域的作用，因此，其防烟楼梯的楼梯间、独立前室、合用前室及消防电梯前室采用自然通风方式的防烟系统，简便易行。当加压送风口设置在独立前室、合用前室及消防电梯前室顶部或正对前室入口的墙面时，楼梯间可采用自然通风系统。

（2）自然排烟

① 系统特点。自然排烟是充分利用建筑物的构造，在自然力的作用下，即利用火灾产生的热烟气流的浮力和外部风力作用，通过建筑物房间或走道的开口把烟气排至室外的排烟方式。

② 适用范围。自然排烟是简单、不消耗动力的排烟方式，系统没有复杂的控制及控制过程，因此，对于满足自然排烟条件的建筑，首先应考虑采取自然排烟方式。单、多层建筑受外在条件影响较小，一般多采用自然排烟方式。高层建筑主要受自然条件（如室外风速、风压、风向等）的影响较大，许多场所无法满足自然排烟条件，故一般不采用自然排烟方式。

2. 机械加压送风系统

（1）系统特点

机械加压送风系统通过送风机所产生的气体流动和压力差来控制烟气流动，即在建筑内发生火灾时，对着火区以外的有关区域进行送风加压，使其保持一定正压，以防止烟气侵入。机械加压送风系统主要由送风口、送风管道、送风机和吸风口组成。

（2）适用范围

建筑高度大于 100m 的住宅建筑、建筑高度大于 50m 的公共建筑和工业建筑，受风压作用影响较大，利用建筑本身的自然通风条件难以起到有效阻止烟气进入人员疏散安全区域的作用，需要采用机械加压送风的方式维持防烟楼梯间、消防电梯间前室或合用前室内的正压，以阻止烟气侵入。在不具备自然通风条件时，机械加压送风系统是确保火灾中建筑疏散楼梯间及前室（合用前室）安全的主要措施。

3. 机械排烟系统

（1）系统特点

当建筑物内发生火灾时，可采用机械排烟系统，将房间、走道等空间的烟气排至建筑物外。机械排烟系统由挡烟垂壁（活动式或固定式挡烟垂壁，挡烟隔墙、挡烟梁）、排烟口（或带有排烟阀的排烟口）、排烟防火阀、排烟道、排烟风机和排烟出口组成。

（2）适用范围

① 排烟风机。排烟风机可采用离心式或轴流排烟风机，排烟风机入口处应设置280℃能自动关闭的排烟防火阀，该阀应与排烟风机连锁，当该阀关闭时，排烟风机应能停止运转。排烟风机宜设置在排烟系统的顶部，烟气出口宜朝上，并应高于加压送风机和补风机的进风口。

② 排烟防火阀。排烟系统竖向穿越防火分区时，垂直风管应设置在管井内，且与垂直风管连接的水平风管应设置 280℃排烟防火阀。排烟防火阀安装在排烟系统管道上，平时呈开启状态，火灾时当排烟管道内烟气温度达到 280℃时关闭，并在一定时间内能满足漏烟量和耐火完整性要求，起隔烟阻火作用。

③ 排烟口。排烟口应设在防烟分区所形成的储烟仓内，当用隔墙或挡烟垂壁划分防烟分区时，每个防烟分区应分别设置排烟口，排烟口宜设置在顶棚或靠近顶棚的墙面上，且防烟分区内任一点与最近的排烟口之间的水平距离不应大于 30m。每个排烟口的排烟量不应大于最大允许排烟量。

④ 排烟管道。排烟管道须采用不燃材料制作，且不应采用土建风道。

⑤ 挡烟垂壁。挡烟垂壁是为了阻止烟气沿水平方向流动而垂直向下吊装在顶棚上的挡烟构件，其有效高度不小于 500mm。挡烟垂壁可采用固定式或活动式，当建筑物耐火极限为 1 小时的排烟井道净空较高时可采用固定式，将挡烟垂壁长期固定在棚上；当建筑物净空较低时，宜采用活动式。挡烟垂壁应使用不燃烧材料制作，如钢板、防火玻璃、无机纤维织物、不燃无机复合板等。活动式的挡烟垂壁应由感烟探测器控制，或与排烟口联动，或受消防控制中心控制。

八、消防应急照明和疏散指示系统

消防应急照明和疏散指示系统是指在发生火灾时，为人员疏散、逃生、消防作业提供指示或照明的各类灯具，是建筑中不可缺少的重要消防设施。正确地选择消防应急灯具的种类，合理地设计、安装及科学地使用消防应急灯具对充分发挥系统的性能，保证消防应急照明和疏散指示系统在发生火灾时，能有效地指引人员疏散和协助消防人员的消防作业，具有十分重要的作用和意义。

1. 系统组成

消防应急灯具是为人员疏散、消防作业提供照明和标志的各类灯具，包括消防应急照明灯具、消防应急标志灯具以及消防应急照明标志复合灯具等。按照用途可分为消防应急疏散标志灯具、消防应急照明灯具、消防应急照明标志复合灯具；按照工作方式可分为持续型消防应急灯具、非持续型消防应急灯具。具体分类见表 3–4。

表3-4 消防应急灯具分类表

分类方式	系统名称	特点
按照用途分类	消防应急疏散标志灯具	用图形和 / 或文字提示安全出口、疏散出口、避难层（间），指示疏散方向，指示楼层，指示禁止入内的出入口、通道、场所及危险品存放处
	消防应急照明灯具	在火灾等紧急情况下，为人员疏散、消防作业提供照明的消防应急灯具；其中，发光部分为便携式的消防应急照明灯具也称为疏散用手电筒
	消防应急照明标志复合灯具	消防应急照明标志复合灯具同时具备应急照明和疏散指示两种功能
按照工作方式分类	持续型消防应急灯具	在正常工作状态下，光源处于节电点亮模式；在火灾等其他紧急情况下，控制光源转入应急点亮模式
	非持续型消防应急灯具	在正常工作状态下，光源处于熄灭模式；在火灾等其他紧急情况下，控制光源转入应急点亮模式

2. 适用范围

消防应急照明和疏散指示系统的组成和选择非常重要，适用的场所、引导疏散的效能各不相同，因此须根据建筑物的规模、使用性质和人员疏散难度等因素来确定。

系统的选择要遵循以下几个原则：

（1）专业性

消防应急灯具在产品性能、可靠性和防护等级等方面都优于普通的民用灯具，能够在火灾条件下更加可靠地提供照明和疏散指示，因此在工程使用中不能用民用灯具替代消防应急灯具。

（2）节能性

绿色、节能和环保是当今建筑设计的前提，因此，在选择系统和选用消防应急灯具时应选择应用成熟、运行可靠、节能环保的产品。

（3）安全性

疏散走道和楼梯间在火灾条件下，由于自动喷水灭火系统可能发生动作，为避免人身触电事故的发生，系统的供电电压应为安全电压。设置在距地面 8m 及以下的灯具的电压等级及供电方式应符合下列规定。

① 应选择 A 型灯具。

② 地面上设置的标志灯应选择集中电源 A 型灯具。

③ 未设置消防控制室的住宅建筑，其疏散走道、楼梯间等场所可选择自带电源 B 型灯具。

九、防火分隔设施

防火分隔设施是指能在一定时间内阻止火焰蔓延，把整个建筑内部空间划分成若干个较小防火间的物体。对建筑物进行防火分区须通过防火分隔设施来实现。防火分隔设施可分为两种：一种是固定式的，如建筑中的内外墙体、楼板、防火墙等；另一种是活动式、可启闭式的，如防火门、防火窗、防火卷帘等。防火卷帘、防火门、防火窗属于可启闭的防火分隔设施，在建筑中将内部空间分隔成较小部分，能在一定时间内阻止火焰蔓延。

1. 防火卷帘

防火卷帘是在一定时间内，连同框架能满足耐火稳定性和完整性要求的卷帘。

（1）系统组成

防火卷帘是指由帘板、导轨、座板、门楣、箱体并配以卷门机和控制箱组成，符合耐火完整性等要求的防火分隔物，它可以有效地阻止火势从门窗洞口蔓延。常见的防火卷帘有钢制防火卷帘、无机纤维复合防火卷帘、特级防火卷帘等几种。

（2）适用范围

防火卷帘主要用于需要进行防火分隔的墙体，特别是防火墙，防火隔墙上因生产、使用等需要开设较大开口而又无法设置防火门时的防火分隔。防火卷帘一般设置在电梯厅、自动扶梯周围，中庭与楼层走道、过厅相通的开口部位，生产车间中大面积工艺洞口以及设置防火墙有困难的部位等。

2. 防火门

防火门是指具有一定耐火极限，且在发生火灾时能自行关闭的门。

（1）系统组成

防火门是由门板、门框、锁具、闭门器、顺序器、五金件、防火密封件，以及电动控制装置等组成，符合耐火完整性和隔热性等要求的防火分隔物。

（2）适用范围

防火门按开启状态分为常闭防火门和常开防火门。对设置在建筑内经常有人通行处的防火门优先选用常开防火门，其他位置的均采用常闭防火门。常闭防火门在门扇的明显位置设置“保持防火门关闭”等提示标志。防火门耐火极限选择的正确与否需根据具体设置位置结合消防设计文件进行判断。

3. 防火窗

防火窗是指用钢窗框、钢窗扇、防火玻璃组成的，能起隔离和阻止火势蔓延的窗。常见防火窗分为无可开启窗扇的固定式防火窗、有可开启窗扇且装配有窗扇启闭控制装置的活动式防火窗。

（1）系统组成

防火窗由窗扇、窗框、五金件、防火密封件，以及窗扇启闭控制装置等组成。

（2）适用范围

一般设置在防火间距不足部位的建筑外墙上的开口或天窗，建筑内的防火墙或防火隔墙上需要观察等部位以及需要防止火灾竖向蔓延的外墙开口部位。

第二节 园区消防设施的检查与维护

一、消防给水系统的检查与维护

消防给水系统的检查与维护要求见表3-5。

表3-5 消防给水系统的检查与维护要求

种类	内容	周期
技术要求	消防水池水位应正常，最高、最低水位报警功能应正常，消防水池补水设施应正常，寒冷地区消防水池应采取防冻措施	每月
	高位消防水箱水位应正常，消防水箱补水设施应正常，寒冷地区的消防水箱应采取防冻措施，消防水箱出水管阀门应开启并有明显标志，出水管上的止回阀关闭时应当严密	每月
	稳压泵、气压水罐和控制柜安装应牢固，运行平稳，无锈蚀。稳压泵控制柜应处于自动工作状态；稳压泵启动、停止运行应正常，电接点压力表的压力设定值应符合设计要求；管网压力显示应正常。稳压泵进、出口阀门应开启，并有明显标志，应无跑、冒、滴、漏现象	每月
	消防水泵控制柜安装应牢固、外观完好；应有注明所属系统及编号的标志，应处于自动状态。手动启停消防水泵主泵和备用泵，应运行平稳，主、备消防泵应具有自动切换功能，消防控制室应能手动启动消防水泵并显示其工作状态	每月
	消防水泵及消防管道安装应牢固、外观完好、无锈蚀且铭牌清晰，消防水泵及消防管道有注明系统名称和编号的标识牌。进、出口阀门常开，启闭标识牌正确；消防水泵的进、出口应设压力表，显示正常	每月
	水泵接合器应设标明系统、范围和压力的明显标志，水泵接合器外观完好，控制阀应常开，且启闭灵活；组件应齐全完整，无锈蚀，地下水泵接合器井内无积水，周围无遮挡物	每月
	消防供水设施自动启动功能正常	每月

续表

种类	内容	周期
维护要求	检查稳压泵控制柜和消防水泵控制柜内电器元件有无松动、烧损现象，及时紧固或更换	每季度
	清洁稳压泵控制柜和消防水泵控制柜的内外机柜	每年
	清洁稳压泵、气压水罐、消防水泵及消防管道	每半年
	对消防水泵传动机构和阀门丝杆进行润滑处理	每年
	对水泵接合器闷盖和阀门丝杆加黄油润滑	每年
	对消防管网主要阀门进行一次开启和关闭操作	每年
	检查设备、管道及支架，存在锈蚀的应及时维护	每年

二、消火栓系统的检查与维护

消火栓系统的检查与维护要求见表 3–6。

表3-6　消火栓系统的检查与维护要求

种类	内容	周期
技术要求	室内消火栓箱安装应牢固，外观完好且有明显标志，箱内组件齐全完好，箱门开关灵活。室内消火栓不应被遮挡、圈占	每月
	消防炮安装应牢固，外观完好，无变形和机械损伤，回转与俯仰角度及定位机构灵活。电控消防炮控制装置状态正常	每月
	室内、外消火栓系统管网安装应牢固，外观完好，无变形、无渗漏、无锈蚀。管道阀门标识完整准确，寒冷地区管网应采取防冻措施	每季度
	室外消火栓安装应牢固，外观完好，无变形和机械损伤，组件齐全，开关灵活，地下消火栓标识应清晰，井内无积水	每月
	消火栓系统和消防炮功能应符合设计要求	每季度
维护要求	对地下消火栓闷盖和阀门丝杆加黄油润滑	每年
	对消防管网主要阀门进行一次开启和关闭操作	每年
	对旋转式消火栓的转动部位加机油或黄油润滑	每年
	清洁不少于 10% 的消火栓箱外部和箱内组件	每月
	检查设备、管道及支架，存在锈蚀的应及时维护	每年

三、自动喷水灭火系统的检查与维护

自动喷水灭火系统的检查与维护要求见表 3–7。

表3-7 自动喷水灭火系统的检查与维护要求

种类	内容	周期
技术要求	报警阀组安装应牢固，外观完好，无锈蚀且铭牌和标识牌清晰，压力表显示应正常。报警阀组进、出口的控制阀应采用信号阀，阀门应常开。报警阀组件应完整可靠，连接正确，阀门标识应正确，开闭状态正确。报警阀组位置应便于操作，应有排水设施。报警阀组功能应满足规范和设计要求	每月
	信号阀外观完好，无锈蚀，工作状态正常（常开），开 / 关动作应灵活，信号输出应正常	每月
	水流指示器外观完好，应有明显标志，火灾报警控制器能显示水流指示器动作信号，地址准确	每季度
	喷头安装应牢固，外观完好，无变形，无附着物和悬挂物，喷头周围无遮挡物	每月
	末端试水装置和试水阀安装应牢固，便于操作且有排水设施，压力应符合规范要求	每月
	自动喷水灭火系统功能应满足设计和规范要求	每年
维护要求	对消防管网主要阀门进行一次开启和关闭操作	每年
	对阀门丝杆加黄油润滑	每年
	对清洁报警阀及组件，对排水设施进行杂物清理	每半年
	检查设备、管道及支架，存在锈蚀的应及时维护	每年

四、气体灭火系统的检查与维护

气体灭火系统的检查与维护要求见表 3–8。

表3-8 气体灭火系统的检查与维护要求

种类	内容	周期
技术要求	气体灭火控制器、火灾探测器、紧急启停按钮、声光警报装置、气体释放灯等固定应牢固，外观完好，工作状态正常；防护区内泄压装置和事故排风装置应正常	每月
	气体灭火控制器功能应正常	每季度
	灭火剂储瓶和启动瓶安装应牢固，外观完好，铭牌和标志清晰。灭火剂储瓶和启动瓶的压力应符合要求，高压二氧化碳储瓶重量符合要求，称重装置监视功能应正常	每月

续表

种类	内容	周期
技术要求	启动电磁阀固定应牢固，外观完好，导线连接可靠，运输安全销应拆除	每月
	灭火剂储存容器及容器阀、集流管、选择阀、安全泄放装置和启动管路等固定应牢固，外观完好，标志清晰	每月
	灭火剂输送管道固定应牢固，无变形、锈蚀。喷头固定应牢固，喷头孔口无堵塞，喷头周围 1.5m 无遮挡物	每月
	低压二氧化碳储存装置制冷系统应工作正常	每月
	系统的模拟启动功能应正常	每年
维护要求	清洁气体灭火控制器内外机柜	每年
	清洁气体灭火剂储存容器和喷头等设备	每年
	检查设备、管道及支架，存在锈蚀的应及时维护	每年

五、火灾自动报警系统的检查与维护

火灾自动报警系统的检查与维护要求见表 3–9。

表3-9　火灾自动报警系统的检查与维护要求

种类	内容	周期
技术要求	火灾自动报警系统平时应处于正常的监视状态	每月
	火灾报警控制器、消防联动控制器、可燃气体报警控制器、电气火灾控制器等固定应牢固，外观完好，状态显示正常	每月
	火灾报警控制器的自检、消音、复位、故障报警、主备电自动转换、火灾报警、联动控制等功能正常，打印机工作正常	每月
	火灾探测器安装应牢固，报警功能应正常	每季度
	消防报警按钮安装应牢固，报警功能应正常	每季度
	消防应急广播工作状态应正常，火灾警报装置、消防应急广播扬声器安装应牢固，外观完好	每月
	火灾报警后，消防应急广播应按设定的控制程序自动启动，播音区域应正确，音质清晰	每半年
	消防电话总机工作状态应正常，消防控制室应能接收插孔电话和消防专用电话分机的呼叫，通话音质清晰	每月
	火灾自动报警系统的联动控制功能应正常	每季度

续表

种类	内容	周期
维护要求	对管路采样吸气式感烟火灾探测器的采样管道进行吹扫	每年
	清洁火灾报警控制器、联动控制器、端子箱、模块箱	每年
	对备用电源进行 1～2 次充放电试验	每季度
	清洁应急广播系统主机和不少于 50% 的扬声器	每半年
	清洁消防电话总机和消防专用电话分机	每半年
	检查设备、支架和紧固件，存在锈蚀的应及时维护	每年

六、防排烟系统的检查与维护

防排烟系统的检查与维护要求见表 3–10。

表3-10 防排烟系统的检查与维护要求

种类	内容	周期
技术要求	风机控制柜安装牢固，外观完好，有注明系统名称和编号的标志，工作状态正常	每月
	风机安装牢固，外观完好。手动启动风机，风机应正常运转，运转平稳，无异常振动与声响。测定风机的风量应与风机的铭牌相符。能在消防控制室手动启停风机，接收反馈信号	每月
	系统风管表面应平整，无破损、变形、锈蚀现象，风管固定应牢固，外观完好	每月
	挡烟垂壁外观完好。手动操作挡烟垂壁应灵敏、可靠地启动并在到位后停止。模拟火灾，挡烟垂壁应在 60s 以内联动下降到设计高度，状态信号应反馈到消防控制室	每月
	自动排烟窗外观完好。手动操作动作应灵敏、可靠。模拟火灾，排烟窗应能联动开启，状态信号应反馈到消防控制室	每月
	送风阀、排烟阀等固定应牢固，外观完好，标志明显清晰。手动开启、复位，动作应灵敏、可靠，关闭严密。模拟火灾，常闭送风口和排烟阀应联动开启；阀门状态信号应反馈到消防控制室；阀门开启后应能联动相应的风机启动	每月
	排烟防火阀外观应完好；手动启动排烟风机，关闭排烟风机入口总管上设置的 280℃排烟防火阀，排烟风机应自动关闭	每月
	防烟系统联动功能应符合要求：当任何一个常闭送风口开启时，相应的送风机均应能联动启动；当防火分区内火灾确认后，应在 15s 内启动相应的送风口、送风机，其状态信号应反馈到消防控制室	每年

续表

种类	内容	周期
技术要求	机械排烟系统的联动功能应符合要求：当任何一个常闭排烟阀或排烟口开启时，排烟风机均应能联动启动。当火灾自动报警系统发出火警信号后，机械排烟系统应启动有关部位的排烟阀、排烟口、排烟风机；启动的排烟阀、排烟口、排烟风机应与设计和标准要求一致，其状态信号应反馈到消防控制室。有补风要求的场所，火灾确认后，补风系统应启动	每年
维护要求	清洁防烟排烟风机控制柜	每年
	检查风机控制柜内电器元件有无松动、烧损现象，及时紧固或更换	每季度
	对风机传动机构、叶轮、风机轴承进行润滑处理	每半年
	清洁送风口、风机进风口和排烟口	每年
	对送风阀、排烟阀、排烟防火阀、防火阀等传动机构进行润滑处理	每年
	检查设备、管道及支架，存在锈蚀的应及时维护	每年

七、消防应急照明和疏散指示系统的检查与维护

消防应急照明和疏散指示系统的检查与维护要求见表 3–11。

表3-11 消防应急照明和疏散指示系统的检查与维护要求

种类	内容	周期
技术要求	消防应急照明灯具和疏散指示标志安装应牢固，外观完好，无遮挡，工作状态正常	每月
	消防应急照明灯具和疏散指示标志的手动应急启动功能应正常	每月
	消防应急照明灯具和疏散指示标志的自动应急启动功能应正常	每年
	应急工作持续时间应符合要求	每月
维护要求	对消防应急照明集中电源、消防应急照明灯具和疏散指示标志进行一次全面清洁	每年
	在灯具蓄电池电源供电状态下，应急工作持续时间不符合要求的应及时更换	每年

八、防火分隔设施的检查与维护

防火分隔设施的检查与维护要求见表 3-12。

表3-12 防火分隔设施的检查与维护要求

种类	内容	周期
技术要求	防火门安装应牢固，外观完好，应有“保持防火门关闭”标识。门框与墙体密封严密	每月
	防火门组件齐全完整，无缺失，状态正常	每月
	防火门应具有自行关闭功能，双扇防火门具有按顺序关闭功能，防火门关闭应严密，防火密封条应完好	每月
	常开防火门应能在火灾时自行关闭，具有反馈功能	每季度
	防火门周围不应有障碍物	每月
	防火卷帘门电控箱安装应牢固，外观完好，工作状态正常	每月
	防火卷帘外观完好，导轨牢固无机械损伤。防火卷帘组件应齐全完整，紧固件无松动，操作按钮完好	每月
	防火卷帘与楼板、梁、柱之间的空隙防火封堵应完好	每月
	防火卷帘应具有火灾时自动降落功能，并有反馈功能	每季度
	防火窗和电动防火阀外观完好，开启复位灵活，关闭应严密	每季度
维护要求	清洁防火卷帘控制箱，检查防火卷帘控制箱内电器元件有无松动、烧损现象，及时紧固或更换	每年
	对防火门合页加注润滑油一次	每年
	对关闭速度过慢的防火门，及时调整调节螺丝	每季度
	清理防火卷帘门导轨内杂物，并加涂黄油润滑一次	每季度
	对卷帘门传动链条、链轮等装置加注润滑油一次	每季度
	对电动防火阀、排烟窗的转动部位加注润滑油一次	每年
	对检查出现的不符合现象进行维护或更换	每年

第三节　园区灭火器的配置

一、灭火器的分类

灭火器是一种轻便的灭火工具，它由筒体、器头、喷嘴等部件组成，借助驱动压力可将所充装的灭火剂喷出，从而达到灭火目的。灭火器结构简单、操作方便、使用广泛，是扑救各类初起火灾的重要消防器材。

1. 常见灭火器的类型

不同种类的灭火器，适用于不同物质的火灾，其结构和使用方法也各不相同。灭火器的种类较多，按操作方法可分为手提式和推车式灭火器；按灭火剂类型又可分为水基型、干粉、二氧化碳、洁净气体灭火器等。具体分类见表 3–13。

表3-13　灭火器分类

分类方式	灭火器类型	特点
按操作方法分类	手提式灭火器	能在其内部压力作用下，将所装的灭火剂喷出以扑救火灾，并可手提移动的灭火器具
	推车式灭火器	装有轮子，可由一人推（或拉）至火灾现场，并能在其内部压力作用下，将所装的灭火剂喷出以扑救火灾的灭火器具

续表

分类方式	灭火器类型	特点
按灭火剂类型分类	水基型灭火器	内部充入的灭火剂是以水为基础的灭火器，一般由水、氟碳催渗剂、碳氢催渗剂、阻燃剂、稳定剂等多组分配合而成，以氮气（或二氧化碳）为驱动气体，是一种高效的灭火剂
	干粉灭火器	是利用氮气作为驱动动力，将筒内的干粉喷出灭火的灭火器
	二氧化碳灭火器	容器内充装二氧化碳气体，靠自身的压力驱动喷出进行灭火
	洁净气体灭火器	洁净气体（如 IG-541、七氟丙烷、三氟甲烷等）灭火剂直接加压充装在容器中，使用时，灭火剂从灭火器中排出形成气雾状射流射向燃烧物，当灭火剂与火焰接触时发生一系列物理化学反应，使燃烧中断，达到灭火目的

2. 常见灭火器的适用范围

国家标准《火灾分类》GB/T 4968—2008 根据可燃物的类型和燃烧特性将火灾分为六类，各种类型的火灾所适用的灭火器依据灭火剂的性质应有所不同。

（1）A 类火灾（固体物质火灾）

A 类火灾发生时，可使用水基型灭火器、干粉灭火器。

（2）B 类火灾（液体或可融化的固体物质火灾）

B 类火灾发生时，可使用水基型灭火器、干粉灭火器、洁净气体灭火器。

（3）C 类火灾（气体火灾）

C 类火灾发生时，可使用干粉灭火器、水基型灭火器、洁净气体灭火器、二氧化碳灭火器。

（4）D 类火灾（金属火灾）

D 类火灾发生时，可使用金属火灾专用灭火器，也可使用灭火沙。应注意，在扑救过程中须有专业人员指导，做好安全防护；严禁造成金属粉尘飞扬，防止发生粉尘爆炸。

（5）E 类火灾（带电火灾）

E 类火灾发生时，可使用二氧化碳灭火器或洁净气体灭火器，也可使用干粉灭火器和水基型灭火器扑救。应注意，为了防止短路或触电，不得选用装有金属喇叭喷筒的二氧化碳灭火器；如果电压超过600V，应先断电后灭火（600V以上电压可能会击穿二氧化碳，使其导电，危害人身安全）。

（6）F类火灾（烹饪器具内的烹饪物火灾）

F类火灾发生时，使用二氧化碳灭火器对F类火灾只能暂时扑灭火焰，容易复燃，因此可使用干粉灭火器、水基型灭火器等结合使用。

二、灭火器配置场所的危险等级

1. 工业建筑灭火器配置场所的危险等级

工业建筑灭火器配置场所的危险等级，应根据其生产、使用、储存物品的火灾危险性，可燃物数量，火灾蔓延速度，扑救难易程度等因素，划分为以下三级：

① 严重危险级。火灾危险性大，可燃物多，起火后蔓延迅速，扑救困难，容易造成重大财产损失的场所。

② 中危险级。火灾危险性较大，可燃物较多，起火后蔓延较迅速，扑救较难的场所。

③ 轻危险级。火灾危险性较小，可燃物较少，起火后蔓延较缓慢，扑救较易的场所。

2. 民用建筑灭火器配置场所的危险等级

应根据其使用性质、人员密集程度、用电用火情况、可燃物数量、火灾蔓延速度、扑救难易程度等因素，划分为三级。

① 严重危险级。使用性质重要、人员密集、用电用火多，起火后蔓延迅速，扑救困难，容易造成重大财产损失或人员群死群伤的场所。

② 中危险级。使用性质较重要，人员较密集，用电用火较多，起火后蔓延较迅速，扑救较难的场所。

③ 轻危险级。使用性质一般，人员不密集。用电用火较少，可燃物较少，起火后蔓延较缓慢，扑救较容易的场所。

三、灭火器的选择

1. 灭火器选型的基本原则

根据场所的火灾类型选择相适应的灭火器，既要保证灭火器能够发挥灭火作用，也要防止在同一场所内选配灭火剂不相容的灭火器，防止灭火剂与保护对象发生不利于灭火的逆化学反应。不同场所的灭火器选型具体应符合以下要求，如图 3–5 所示。

① A 类火灾场所应选择同时适用于 A 类、E 类火灾的灭火器。

② B 类火灾场所应选择适用于 B 类火灾的灭火器。B 类火灾场所存在水溶性可燃液体（极性溶剂）且选择水基型灭火器时，应选用抗溶性的灭火器。

③ C 类火灾场所应选择适用于 C 类火灾的灭火器。

④ D 类火灾场所应根据金属的种类、物态及其特性选择适用于特定金属的专用灭火器。

⑤ E 类火灾场所应选择适用于 E 类火灾的灭火器。带电设备电压超过 1kV 且灭火时不能断电的场所不得使用灭火器带电扑救。

⑥ F 类火灾场所应选择适用于 E 类、F 类火灾的灭火器。

⑦ 当配置场所存在多种火灾时，应选用能同时适用扑救该场所所有种类火灾的灭火器。

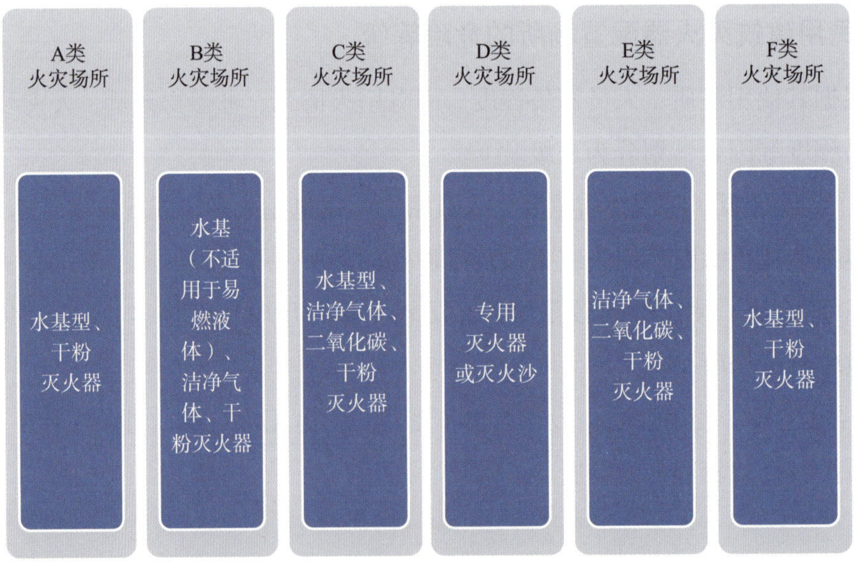

▲ 图 3-5　不同场所的灭火器选型

2. 灭火器选型的重点因素

（1）灭火器配置场所的火灾种类

根据灭火器配置场所的火灾种类，判断灭火器的选择类型。如果选择不合适的灭火器，不仅不能灭火，还有可能引起灭火剂对燃烧的逆化学反应，甚至会发生爆炸伤人事故。

另外，对碱金属（如钾、钠）火灾，不能使用水基型灭火器灭火。其原因之一是水与碱金属作用后，会生成大量的氢气，氢气与空气中的氧气混合后，容易形成爆炸性的气体混合物，从而有可能引起爆炸伤人事故。

（2）灭火器配置场所的危险等级

根据灭火器配置场所的危险等级和火灾种类等因素，可确定灭火器的保护距离和配置基准，这是着手建筑灭火器配置设计和计算的首要步骤。

（3）灭火器的灭火效能和通用性

虽然有几种类型的灭火器均适用于扑灭同一种类的火灾，但值得注意的是，它们在灭火有效程度（包括灭火能力即灭火级别的大小，以及扑灭同一灭火级别火试模型的灭火剂用量的多少，和灭火速度的快慢等）方面尚有明显的差异。例如，对于同一等级为 55B 的标准油盘火灾，需用 7kg 的二氧化碳灭火器才能灭火，而且速度较慢；而改用 4kg 的干粉灭火器，不但能成功灭火，而且其灭火时间较短，灭火速度也快得多。以上举例充分说明适用于扑救同一种类火灾的不同类型灭火器，在灭火剂用量和灭火速度上有较大的差异，即其灭火有效程度有较大差异。因此，在选择灭火器时应考虑灭火器的灭火效能和通用性。

（4）灭火剂对保护物品的污损程度

为了保护贵重物资与设备免受不必要的污渍损失，灭火器的选择应考虑其对被保护物品的污损程度。例如，在专用的电子计算机房内，要考虑被保护的对象是电子计算机等精密仪表设备，若使用干粉灭火器灭火，虽然能灭火，但其灭火后所残留的粉末状覆盖物对电子元器件有一定的腐蚀作用和粉尘污染，而且也难以清洁。水基型灭火器和泡沫灭火器也有相同的污损作用。而选用气体灭火器，灭火后不仅没有任何残迹，而且对贵重、精密设备也没有污损、腐蚀作用。

（5）灭火器设置点的环境温度

灭火器设置点的环境温度对灭火器的喷射性能和安全性能均有明显影响。若环境温度过低，则灭火器的喷射性能显著降低；若环境温度过高，则会导致灭火器筒体内压剧增，存在爆炸伤人的危险。因此灭火器设置点的环境温度应在灭火器使用温度范围之内。

（6）使用灭火器人员的体能要求

灭火器是靠人来操作的，要为某建筑场所配置适用的灭火器，也应对该场所中人员的体能（包括年龄、性别、体质和身手敏捷程度等）进行分析，然后正确地选择灭火器的类型、规格、形式。通常，在办公室、会议室、卧室、客房，以及学校、幼儿园、养老院的教室、活动室等场所内，中、小规格的手提式灭火器应用较广；而在工业建筑场所的大车间内，则可考虑选用大、中规格的手提式灭火器或推车式灭火器。

四、灭火器的设置

1. 灭火器的基本设置要求

① 灭火器应设置在位置明显和便于取用的地点，且不得影响人员安全疏散。当确需设置在有视线障碍的设置点时，应设置指示灭火器位置的醒目标志。

② 灭火器只有在符合其使用温度范围的场所才能实现相应的灭火效能。对于二氧化碳等储压式灭火器，环境温度超出使用温度范围时还可能会导致灭火器的内压升高而引发意外事故。

③ 在建筑中应合理确定灭火器设置点的位置和数量，并在每个设置点配置足够灭火级别和数量的灭火器，确保配置场所的灭火器保护范围全覆盖。

④ 灭火器设置点的位置和数量应根据被保护对象的情况和灭火器的最大保护距离确定，并应保证最不利点至少在 1 具灭火器的保护范围内。灭火器的最大保护距离和最低配置基准应与配置场所的火灾危险等级相适应。

⑤ 灭火器配置场所的火灾种类、危险等级、建筑总平面布局和平面布置是确定灭火器配置的关键因素，对灭火剂要求、灭火器类型、灭火器的配置基准等有较大影响，当这些因素发生变化时，应校核和调整灭火器的配置。

2. 灭火器配置数量的基本要求

① 灭火器的配置数量是实现相应防护目标的基本保障，计算单元中每个灭火器设置点的灭火器配置数量应根据配置场所内的可燃物分布情况确定，以满足所在计算单元的最小灭火级别。

② 一个计算单元内至少应配置 2 具灭火器，有利于迅速、有效地扑灭初起火灾；同时，2 具灭火器也可起到相互备用的作用。

③ 每个设置点的灭火器数量不宜多于 5 具。

五、灭火器的检查、维护和维修

建筑灭火器的维护管理包括日常管理、维修与报废、保养、建档等工作。定期维护和维修灭火器、到期报废灭火器是消防设施日常管理的基本要求，是保证灭火器安全使用、能够有效扑灭初起火灾的重要保障。

灭火器日常巡查、检查、保养、建档工作由园区的消防安全管理人员或建筑（场所）使用管理单位的消防安全管理人员负责，灭火器维修与报废由具有资质的专业单位组织实施。

1. 灭火器的检查

建筑灭火器日常检查分为巡查和检查两种情形。巡查是在规定周期内对灭火器直观属性的检查，检查是在规定期限内根据消防技术标准对灭火器配置和外观进行的全面检查。

（1）建立灭火器台账

根据管理职责，由园区消防工作主管部门或入驻单位消防工作主管部门建立“灭火器台账”，登记类型、配置数量、设置部位和维护管理的责任人。灭火器台账示例见表 3–14。

表3-14 灭火器台账示例

序号	楼层	配置位置	型号	数量	生产厂家	出厂时间	维修时间	保护范围	标志明码

（2）巡查

① 巡查内容。灭火器配置点状况、灭火器数量、外观、维修标识以及灭火器压力指示器等。

② 巡查周期。重点单位每天至少巡查 1 次，其他单位每周至少巡查 1 次。

③ 巡查要求。灭火器配置点符合安装配置图表要求，配置点及其灭火器箱上有符合规定要求的发光指示标识；灭火器数量符合配置安装要求，灭火器压力指示器指向绿区；灭火器外观无明显损伤和缺陷，保险装置的铅封（塑料带、线封）完好无损；经维修的灭火器，维修标识符合规定。

（3）检查

① 检查内容。分为配置检查和外观检查。配置检查主要是针对灭火器配置方式及其附件性能、灭火器基本配置要求、灭火器配置场所、灭火器配置点环境状况、灭火器维修与报废等方面的检查；外观检查主要是针对铭牌标志、保险装置、灭火器筒体外观、喷射软管、压力指示装置、其他零部件、使用状态等方面的检查。其检查内容详见表 3-15。

表3-15 建筑灭火器检查内容和要求

检查内容		检查要求
配置检查	灭火器配置方式及其附件性能	配置方式符合要求。手提式灭火器的挂钩、托架能够承受规定静载荷，无松动、脱落、断裂和明显变形；灭火器箱未上锁，箱内干燥、清洁；推车式灭火器未出现自行滑动
	灭火器基本配置要求	灭火器类型、规格、灭火级别和数量符合配置要求；灭火器放置，铭牌朝外，器头向上
	灭火器配置场所	配置场所的使用性质（可燃物种类、物态等）未发生变化；发生变化的，其灭火器进行了相应调整；特殊场所及室外配置的灭火器，设有防雨、防晒、防潮、防腐蚀等相应防护措施，且完好有效
	灭火器配置点环境状况	配置点周围无障碍物、遮挡、拴系等影响灭火器使用的状况
	灭火器维修与报废	符合规定维修条件、期限的已送修，维修标志符合规定；符合报废条件、报废期限的，已采用符合规定的灭火器等效替代

续表

检查内容		检查要求
外观检查	铭牌标志	灭火器铭牌清晰明了，无残缺；其灭火剂、驱动气体的种类、充装压力、总质量、灭火级别、制造厂名和生产日期（维修日期）等标志及操作说明齐全、清晰
	保险装置	保险装置的铅封、销闩等完好有效，未遗失
	灭火器筒体外观	无明显的损伤（磕伤、划伤）、缺陷、锈蚀（特别是筒底和焊缝）、泄漏
	喷射软管	完好，无明显龟裂，喷嘴不堵塞
	压力指示装置	灭火器压力指示器与灭火器类型匹配，指针指向绿区范围内；二氧化碳灭火器和储气瓶式灭火器称重符合要求
	其他零部件	其他零部件齐全，无松动、脱落或损伤
	使用状态	未开启、未喷射使用

② 检查要求。灭火器的检查要求见表 3-15，在灭火器检查时进行详细记录，并存档。

a）手提式灭火器的挂钩、托架能够承受规定静载荷，无松动、脱落、断裂和明显变形；灭火器箱未上锁，箱内干燥、清洁；推车式灭火器未出现自行滑动。

b）灭火器类型、规格、灭火级别和数量符合配置要求；灭火器放置，铭牌朝外，器头向上。

c）配置场所的使用性质（可燃物种类、物态等）未发生变化；发生变化的，其灭火器进行了相应调整；特殊场所及室外配置的灭火器，设有防雨、防晒、防潮、防腐蚀等相应防护措施，且完好有效。

d）配置点周围无障碍物、遮挡、拴系等影响灭火器使用的状况。

e）符合规定维修条件、期限的已送修，维修标志符合规定；符合报废条件、报废期限的，已采用符合规定的灭火器等效替代。

f）灭火器铭牌清晰明了，无残缺；其灭火剂、驱动气体的种类、充装压力、总质量、灭火级别、制造厂名和生产日期（维修日期）等标志及操作说明齐全、清晰。

g）保险装置的铅封、销闩等完好有效、未遗失；无明显的损伤（磕伤、划伤）、缺陷、锈蚀（特别是筒底和焊缝）、泄漏；喷射软管完好，无明显龟裂，喷嘴不堵塞；

灭火器压力指示器与灭火器类型匹配，指针指向绿区范围内；二氧化碳灭火器和储气瓶式灭火器称重符合要求；其他零部件齐全，无松动、脱落或损伤；灭火器未开启、未喷射使用。

③ 检查周期。灭火器的配置、外观等全面检查每月进行 1 次，歌舞娱乐放映游艺等人员密集的公共场所以及堆场、罐区、石油化工装置区、加油站、锅炉房、地下室等场所配置的灭火器每半月检查 1 次。

2. 灭火器的维护、维修、更换和报废

（1）灭火器的维护、维修

① 灭火器在运输和存放中，应避免倒放、雨淋、曝晒、强辐射和接触腐蚀性物质。

② 灭火器的使用温度范围应取下列规定的某一温度范围。

a）5～60℃。

b）-5～60℃。

c）-10～60℃。

d）-20～60℃。

e）-30～60℃。

f）-40～60℃。

g）-50～60℃。

③ 送修灭火器时，一次送修数量不得超过计算单元配置灭火器总数量的 1/4。超出时，需要选择相同类型、相同操作方法的灭火器替代，且其灭火级别不得小于原配置灭火器的灭火级别。

④ 手提式、推车式水基型灭火器出厂期满 3 年，首次维修以后每满 1 年检修一次。

⑤ 手提式、推车式干粉灭火器、洁净气体灭火器、二氧化碳灭火器出厂期满 5 年，首次维修以后每满 2 年检修一次。

（2）灭火器整件或零部件的更换

灭火器出现以下情况应及时更换灭火器整件或零部件。

① 灭火器的橡胶、塑料件不得用有机溶剂洗涤。变形、变色、老化或断裂的须更换。

② 压力表外表面不得有变形、损伤等缺陷。压力值的显示应正常，否则，应更换压力表。

③ 喷嘴有变形、开裂、损伤等缺陷的，须更换。防尘盖应保证灭火剂喷出时能够自行脱落或击碎。

④ 顶针不得有肉眼可见的缺陷，否则，须更换。

⑤ 灭火器的出气管不应有弯折、堵塞、损伤和裂纹等缺陷，否则，必须更换。

⑥ 器头不允许存在裂纹、螺纹失效等缺陷，否则须更换。

⑦ 塑料器头使用 2 年后须与筒体一起做水压试验检查，不合格者须更换。

⑧ 金属器头从出厂之日起，每隔 5 年须筒体一起做一次水压试验，不合格者须更换。

⑨ 灭火器的报废。符合下列情形之一的灭火器应报废。

a）筒体锈蚀面积大于或等于筒体总表面积的 1/3，表面有凹坑。

b）筒体明显变形，机械损伤严重。

c）存在筒体为平底等结构不合理现象。

d）没有间歇喷射机构的手提式灭火器。

e）不能确认生产单位名称和出厂时间，包括铭牌脱落、铭牌模糊，不能分辨生产单位名称，出厂时间钢印无法识别等。

f）筒体有锡焊、铜焊或补缀等修补痕迹。

g）被火烧过。

h）出厂时间达到或超过表 3-16 规定的最大报废期限。

表3-16　灭火器材报废期限统计表

<table>
<tr><th colspan="2">灭火器类型</th><th>报废期限</th></tr>
<tr><td rowspan="2">水基型灭火器</td><td>手提式水基型灭火器</td><td rowspan="2">6 年</td></tr>
<tr><td>推车式水基型灭火器</td></tr>
<tr><td rowspan="4">干粉灭火器</td><td>手提式（贮压式）干粉灭火器</td><td rowspan="4">10 年</td></tr>
<tr><td>手提式（储气瓶式）干粉灭火器</td></tr>
<tr><td>推车式（贮压式）干粉灭火器</td></tr>
<tr><td>推车式（储气瓶式）干粉灭火器</td></tr>
<tr><td rowspan="2">洁净气体灭火器</td><td>手提式洁净气体灭火器</td><td rowspan="2">10 年</td></tr>
<tr><td>推车式洁净气体灭火器</td></tr>
<tr><td rowspan="2">二氧化碳灭火器</td><td>手提式二氧化碳灭火器</td><td rowspan="2">12 年</td></tr>
<tr><td>推车式二氧化碳灭火器</td></tr>
</table>

第四节　园区消防安全标识的设置

本节以中国空间技术研究院消防安全标识建设为示例，介绍了航天园区在消防安全标识标准化建设方面进行的探索实践。

为进一步规范航天园区消防安全标识的设置和使用管理，传递正确的消防安全信息，弥补部分消防安全标识种类或内容的缺失，使人员迅速识别、掌握消防安全标识的信息，依据《消防法》《消防安全标志第 1 部分：标志》等要求，基于现有消防安全标识设计原则，通过将部分消防设备原型与图形相结合等方式，研究创新了一批消防安全标识，共 11 大类 76 种图形（见附录 1），规范了消防安全标识管理工作。

一、消防安全标识概述

消防安全标识是由几何形状、图形符号、文字、安全色等构成的传递特定消防安全信息的视觉形象，用于说明各类消防设施、设备，展示设备安装位置，并指导人们在发生事故时采取合理正确的行动。消防安全标识既可以在安全疏散中发挥良好的作用，指引人员及时识别疏散位置和方向，也可以在消防员扑救火灾时，标示设备安装的位置，协助消防员迅速采取有效控制措施，扑灭火灾。

消防设施种类多、系统复杂，现行的《消防安全标志第 1 部分：标志》GB 13495.1—2015 规定了 6 类 30 种图形，但由于厂家、生产批次不同，设置的标识内容、尺寸、颜色差别较大，甚至部分图形出现不准确信息。随着社会单位结构复杂的建筑物不断投入使用，与之配套的新型报警控制器、灭火设备得到广泛应用，这就要求设置的标识应更加具有针对性。前期，中国空间技术研究院对部分消防安全重点单位设置的消防安全标识开展了调研，调研发现各单位标识的内容、颜色、尺寸、位置“千差万别”，标识不清晰或不准确将直接影响扑救初起火灾和紧急逃生的效率。

为此，中国空间技术研究院基于现有消防安全标识设计原则，创新地将主标识、辅助标识、补充标识相结合，并进行简要文字解释，提醒消防安全事项，创新了11大类70种图形的消防安全标识，发布了《消防安全标识》（院标），形成了具有鲜明特色的消防安全标识。

二、消防安全标识设置要求

1. 标识内容

明确了标识的几何形状、安全色及对比色、图形符号色的含义，标识几何形状主要有正方形、矩形、圆形和等边三角形，安全色主要有红色、绿色和黄色，对比色主要有白色、蓝色和黑色，图形符号色主要有白色和黑色。标识的几何形状、安全色及对比色、图形符号色的含义见表3–17。标识的安全色、对比色、图形符号色示例如图3–6所示。

表3-17　标识几何形状、安全色及对比色、图形符号色的含义

几何形状	安全色	安全色的对比色	图形符号色	含义
正方形	红色	白色	白色	标示消防设施或表示禁止、提示安全状况等主要信息
矩形	红色	白色	白色	对几何形状的图形符号进行文字解释或提示消防安全事项
带斜杠的圆形	红色	白色	黑色	表示禁止
等边三角形	黄色	黑色	黑色	表示警告

▲ 图3-6　标识的安全色、对比色、图形符号色示例

2. 标识构成

标识由主标识、辅助标识、补充标识及边框和衬边组合构成。主标识边框为正方形，标示消防设施或表示禁止、提示安全状况等主要信息；辅助标识边框为矩形，从属于主标识，附设在主标识左侧，对主标识的图形符号进行文字解释；补充标识边框为矩形，从属于主标识，附设在主标识和辅助标识下方，用文字或图形传递附加信息，提示消防安全事项，标识示例如图 3-7 所示。

▲ 图 3-7　标识构成示例

3. 标识牌设置要求

标识牌应设在与消防安全有关的明亮环境和醒目位置，并设置在人眼视角范围内；每个标识牌规定了强制性设置要求、最小尺寸及固定方式，部分消防系统标识和要求见表 3-18。

表3-18　部分消防系统标识和要求

分类（节选）	标识	名称	要求
防烟、排烟系统标识和要求		送风风机	最小尺寸：28cm × 17.5cm 设置：标示送风风机的位置 固定：附着式或悬挂式
气体和泡沫灭火系统标识和要求		气体灭火控制器	最小尺寸：8.5cm × 5cm 设置：标示气体灭火控制器的位置 固定：附着式
消火栓和消防炮灭火系统标识和要求		地上消火栓	最小尺寸：40cm × 30cm 设置：标示地上消火栓的位置 固定：附着式或悬挂式

三、消防安全标识的种类

在国家标准的基础上，中国空间技术研究院进一步细化分解消防安全标识种类，按其应用分为火灾自动报警系统、消防供水设施、消火栓和消防炮灭火系统、自动喷水和细水雾灭火系统、气体和泡沫灭火系统、防烟和排烟系统、消防应急照明和疏散指示系统、消防电话和应急广播、防火分隔设施和电梯、灭火器材、其他标识等，共 11 大类 76 种图形。

1. 标识图形名称

根据标识分类，中国空间技术研究院自创多种主标识图形，完全覆盖本单位现有消防设施，在设计了主标识图形的基础上，辅助标识进一步解释了主标识图形含义，补充标识则提出了安全要求，三者遥相呼应，与所设置的环境高度吻合，能够达到标识编制原则的需求。为考虑未来发展，还将常开式防火门、泡沫灭火等未涉及的消防设施纳入主标识图形。

2. 标识的集合使用

为统筹整体环境的美观性，中国空间技术研究院将数量庞大的火灾探测器、喷头、消防应急广播扬声器等单独使用的标识牌集合到一个标识牌，并统一设置在显著公共区域，减少了部分非强制标识牌的重复使用，进一步突出管理重点。使用示例如图 3–8 所示。

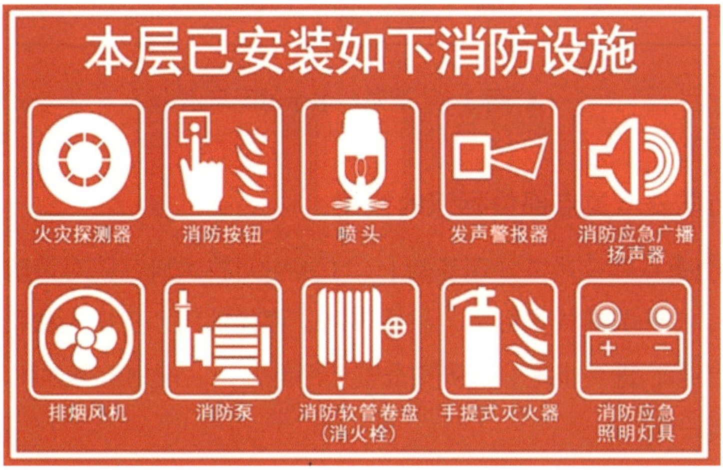

▲ 图 3-8　标识的集合使用

3. 疏散平面图标识的使用

在对标识提出管理要求的基础上，中国空间技术研究院为进一步提高人员疏散逃生能力，对消防疏散平面示意图的安全出口、疏散方向、消防按钮、灭火器、消防软管卷盘（消火栓）、观察者所在位置、楼梯位置等内容信息提出使用要求。使用示例如图 3–9 所示。

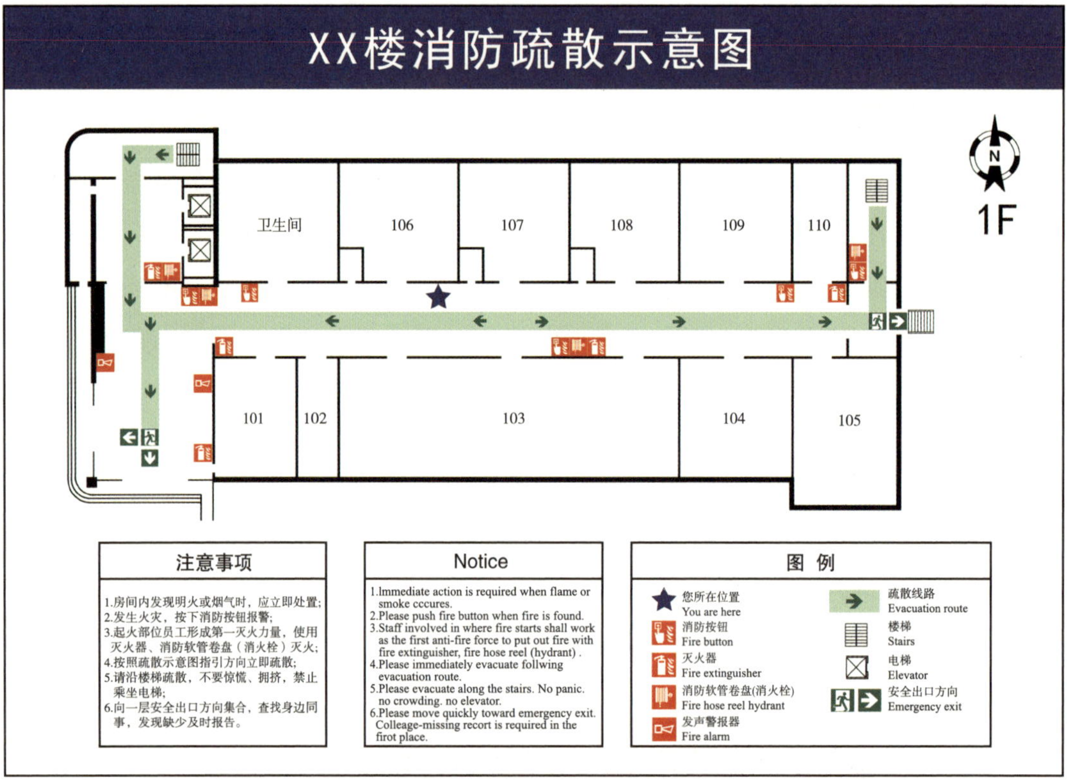

▲ 图 3-9　消防疏散示意图示例

4. 统一消防安全重点部位标识的使用

在消防安全重点部位严格管理基础上，中国空间技术研究院对消防安全重点部位标识牌的名称、禁止或警告类标志、注意事项、责任部门、责任人和联系电话等内容信息提出使用要求，进一步统一消防安全重点部位标识。使用示例如图 3–10 所示。

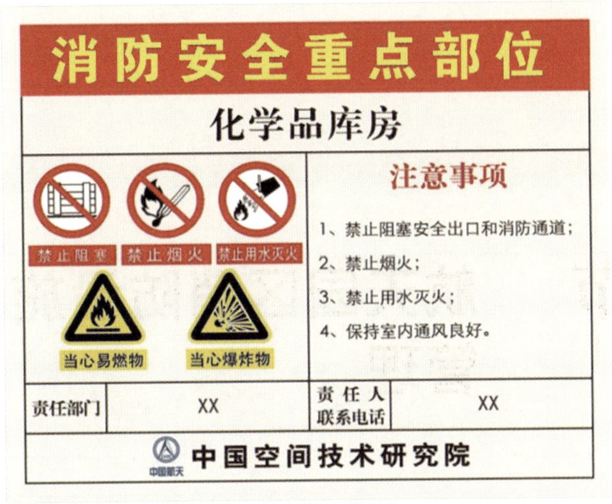

▲ 图 3-10 消防安全重点部位标识示例

四、消防安全标识的检查与维护

设置的消防安全标识牌及其消防应急照明灯具等至少半年检查一次，若发现变色、松动、脱落、丢失的情况，要做好记录并立即修复或更换；若发现存在标识牌被遮挡的情况，要做好记录并立即清理障碍物。

《消防安全标志》实施后，中国空间技术研究院新增设置约 3.5 万块国家标准空缺的消防安全标识，全面提升了消防安全标识的规范性、提示性、连续性，实现了消防安全标识的可视化管理，该标准已在中国航天科技集团有限公司进行推广应用，并在多家航天系统外中央企业、“国字号”事业单位采用，在消防领域获得高度好评。中国空间技术研究院消防安全标识建设情况如图 3–11 所示。

▲ 图 3-11 消防安全标识建设情况

第五节 航天园区消防设施的“五严”管理

本节以中国空间技术研究院航天器研制场所消防设施“五严”管理为示例，介绍了航天园区消防设施标准化工作的探索和实践。

近年来，国家对消防工作做出了一系列的部署调整，对消防设施操作员的职业技能提出了新的标准要求，对建设工程消防设计审核验收进行了调整，取消了社会消防技术服务机构消防设施维修、保养、检测和消防咨询的资质，并要求社会单位建立完善消防救援组织，其目的为简政放权，深入推行社会单位消防安全主体责任的落实。此外，随着近些年航天事业飞速发展，中国空间技术研究院负责航天器总装、部装，整星、船、器或重点部组件测试、试（实）验场所不断增多或调整，此类场所满负荷生产、消防设施种类多、使用年限跨度大、结构复杂、救援难度大。

面对上述国家消防工作的部署调整以及单位快速发展的实际情况，中国空间技术研究院从消防设施配置、防火巡查、消防设施的保养维修、消防设施台账管理和楼宇疏散门管控等方面进行自我约束，通过建立一套统一、适用于全院各单位、各类航天器研制场所的消防技术保障标准，严格消防设施配置、防火巡查、消防设施维保、消防设施台账管理、楼宇疏散门管控等技术规范要求。

一、消防设施“五严”管理的特点

一是严“打”：铁腕整治，密织执法“监管网”，严格依法依规整治，督促相关单位落实消防安全主体责任。

二是严“管”：管控材料，密织管理“防护网”，严格管控外墙外保温材料，全面杜绝火灾隐患。

三是严“查”：完善设施，密织检查“保障网”，完善消防设施，强化安全保障。

四是严“控”：提升能力，密织防控“预警网”，提高火灾防控能力，降低火灾发生几率。

五是严“教”：巩固宣传，密织舆论“监督网”，营造舆论宣传氛围，提升全员消防安全意识。

针对航天器研制场所部分建筑和消防设施老旧、防范薄弱等难点，根据航天器研制场所科研生产任务特点，同时为了适应国家对建筑消防设计审核验收行政许可制度的调整变化，中国空间技术研究院结合多年消防安全管理经验，创新监管措施，从消防设施配置、防火巡查、消防设施维修保养和灭火救援等多个角度，制定了《航天器研制场所消防技术保障要求》，凝练总结出航天器研制场所各阶段须采取的消防“五严”措施，即：消防设施设置要求严、防火巡查要求严、消防设施维保要求严、消防设施台账管理要求严、楼宇疏散门管控要求严，这已成为中国空间技术研究院顶层消防技术标准。

二、消防设施设置原则和配置要求

1. 设置原则

消防设施设置是指依据场所改造、装修等工程项目设计方案，在消防设计阶段将缺少的消防设施补充齐全并监督实施和验收的过程。由于航天器研制的周期性、批量性等特点，航天器研制场所内产品经常发生动态调整，相关入驻单位会及时对该场所或该工位火灾危险源重新进行识别，消防设施也相应重新进行调整设置。因此，航天器研制场所内消防设施配置的范围和原则应具备冗余性、可拓展性、兼容性，且满足原有消防设施或航天园区系统集成的需求。此外，选用消防设备以及联网方式还应兼顾考虑保密要求。

2. 通用消防设施配置要求

针对场所空间结构和试验任务的不同，中国空间技术研究院结合航天园区实际运行管理经验，在火灾自动报警系统、自动喷水灭火系统、消火栓系统、气体灭火系统、灭火器材、消防应急照明和疏散指示标志、消防电话和应急广播、防火防烟分隔设施、其他配置等 9 个方面细化并高于国家标准提出相关要求，建立了普通建筑的通用消防设施配置要求。

3. 特殊消防设施配置要求

对于特殊需求的场所，中国空间技术研究院根据产品装配、产品存放、产品测试、试（实）验等功能所承担的科研任务特点，提出了特殊的消防设施配置要求，例如，高大空间场所配置火灾自动报警系统灵敏度要求，使用气体灭火系统的场所配置氧气浓度探测报警装置的要求等。

三、防火巡查要求

防火巡查是指对场所的消防设施、疏散通道、安全出口、消防车通道等进行直观属性的检查，防火巡查人员应取得相应国家职业技能资格，由单位消防工作主管部门或经授权的物业、安保（微型消防站等）等保障服务相关方组织实施。通过防火巡查可以及时发现火险隐患，并通过一定的管理流程予以解决，因此防火巡查是保障航天器研制场所消防安全的重要手段，其不仅包含公共区域的消防设施巡查，还包括对部位的防火巡查，重点在于预防和及时发现火险隐患。

1. 防火巡查人员技能要求

结合中国空间技术研究院巡查要求，对巡查人员开展巡查和操作的能力水平提出以下要求。

防火巡查人员技能要求示例见表 3–19。

（1）巡查技能

① 具备判断区域火灾报警控制器工作状态的能力。

② 具备判断区域火灾报警控制器主、备电源工作状态的能力。

③ 具备判断灭火器、消火栓、气体灭火系统有效性的能力。

④ 具备判断疏散门、防火门、防火卷帘工作状态的能力。

⑤ 具备判断消防供水管道阀门工作状态的能力。

⑥ 具备判断消防水池、消防水箱水位和消防供水管道压力的能力。

⑦ 具备判断疏散通道、安全出口、消防车通道通畅情况的能力。

⑧ 具备判断消防安全标识规范使用情况的能力。

⑨ 具备判断火警火情的能力。

（2）操作技能

① 具备使用消火栓、消防软管卷盘灭火的能力。

② 具备手动启 / 停、切换消火栓、自动喷水泵组的能力。

③ 具备选择灭火器灭火的能力。

④ 具备使用正压式消防空气呼吸器的能力。

⑤ 具备使用消防电话的能力。

⑥ 具备手动启 / 停、切换风机的能力。

⑦ 具备通过手动、机械方式释放防火卷帘的能力。

⑧ 具备调整防火门监控器工作状态，并手动关闭常开型防火门的能力。

⑨ 具备调整消防应急照明及疏散指示系统控制器工作状态，并手动操作使其进入应急工作状态的能力。

⑩ 具备操作“紧急迫降”按钮迫降电梯的能力。

表3-19 防火巡查人员技能要求

工作内容	技能要求
巡检	1. 能判断区域火灾报警控制器工作状态； 2. 能判断区域火灾报警控制器主、备电源的工作状态； 3. 能判断灭火器、消火栓、气体灭火系统的有效性； 4. 能判断疏散门、防火门、防火卷帘的工作状态； 5. 能判断消防供水管道阀门的工作状态； 6. 能判断消防水池、消防水箱水位和消防供水管道压力； 7. 能判断疏散通道、安全出口、消防车通道畅通情况； 8. 能判断消防安全标识规范使用情况； 9. 能判断火警火情
操作	1. 能使用消火栓、消防软管卷盘灭火； 2. 能手动启 / 停、切换消火栓、自动喷水泵组； 3. 能根据火灾种类选择灭火器灭火； 4. 能使用正压式消防空气呼吸器； 5. 能使用消防电话； 6. 能手动启 / 停、切换风机； 7. 能通过手动、机械方式释放防火卷帘； 8. 能调整防火门监控器工作状态，并手动关闭常开型防火门； 9. 能调整消防应急照明及疏散指示系统控制器工作状态，并手动操作使其进入应急工作状态； 10. 能操作“紧急迫降”按钮迫降电梯

2. 防火巡查内容

防火巡查主要分为常规防火巡查和试验任务特殊时期防火巡查，其中常规防火巡查主要对消防设施和防火开展日常巡查，对防火巡查频次、路线、内容及要求进行了明确；而试验任务特殊时期防火巡查则根据不同研制场所的环境特点，分为产品装配、产品试（实）验场所，采用加强试验期间巡查等措施。对于存在施工、动火作业的情况，要对施工和动火部位进行定期检查，对作业现场检查的内容和要求、频次和路线进行阐述，通过防火巡查以达到保障航天器研制任务的目的。常规防火巡查内容和要求见表3–20。

表3-20 常规防火巡查内容和要求

序号	防火巡查内容	防火巡查要求
1	区域火灾报警控制器工作状态	区域火灾报警控制器运行正常
2	区域火灾报警控制器主、备电源的工作状态	区域火灾报警控制器主、备电源供电正常
3	灭火器、消火栓、气体灭火系统的有效性	气体灭火系统正常，灭火器、消火栓数量完整
4	疏散门、防火门、防火卷帘的工作状态	疏散门、防火门、防火卷帘开 / 闭位置正常
5	消防供水管道阀门的工作状态	阀门开 / 闭位置正常
6	消防水池、消防水箱的水位和消防供水管道压力	消防供水正常、水压正常
7	消防应急标志灯具和消防应急照明灯具的工作状态	灯具工作正常
8	消防通道、安全出口、消防车通道管理情况	消防通道、安全出口、消防车通道正常
9	消防安全标识管理情况	消防安全标识正常
10	正确处置火警、火情	熟练掌握灭火救援处置程序

四、消防设施维修、保养要求

消防设施维修、保养是消防安全管理的重要环节，中国空间技术研究院在研习《建筑消防设施的维护管理》GB 25201—2010的基础上，对各项内容进行了细化和完善，高于国家标准，规范了航天器研制场所消防设施常规维修和特殊时期维修的响应时间、处置方法等要求。针对消防设施的技术改造等措施要求，重点建立了项目立项、施工监管、交接验收、培训和质保等管理程序，确保消防设施技术改造得到全面管控。

1. 消防设施的保养要求

（1）消防设施常规保养

① 从事消防设施维修、保养的人员，应取得国家职业技能四级 / 中级工以上资格证书。

② 消防设施应定期进行保养，应明确各类消防产品的名称、数量、保养内容、周期。

③ 承担消防设施维护的相关方应储备一定数量的易损件和关键备件。

④ 凡依法需要计量检定的消防设施所用称重、测压、测流量等计量仪表及安全阀等，应按有关规定进行定期校验。

⑤ 易污染、易腐蚀生锈的消防产品应及时清洁、除锈、注润滑剂。

⑥ 储存灭火剂和驱动气体的压力容器应按规定进行定期检验，保证压力容器在检验有效期内使用。

⑦ 火灾探测器应定期清洗、标定或更换。

（2）试验任务特殊时期保养

在试验任务开始前，对涉及使用的报警系统、灭火系统、灭火器材、疏散指示、应急广播、防火防烟等重要消防设施进行一次保养或功能测试。

2. 消防设施的维修要求

（1）消防设施常规维修

消防设施出现故障，消防设施操作员应及时组织处置，维修人员应在 1 小时内到达现场，短期内故障不能解决的，应在 8 小时内提出解决方案。维修期间应采取有效防护措施，确保消防安全。

（2）试验任务特殊时期维修

① 消防设施出现故障，维修人员应立即到达现场，短期内故障不能解决的，应立即提出解决方案。维修期间应采取有效防护措施，确保消防安全。

② 维修人员还应遵守试验任务特殊时期安全管理要求。

五、消防设施台账的管理要求

消防产品是指专门用于火灾预防、灭火救援和火灾防护、避难、逃生的产品，主要包括消防设施、灭火器材、呼吸器等。为加强消防产品质量监督和监管，在中国境内获得市场准入的消防产品须建立消防产品信息管理系统，获得认证的消防产品生产单位应准确上报消防产品的身份和流向信息，并且消防产品上应贴有唯一编码的消防产品身份信息标志。每组消防产品身份信息标志都具有 14 位标志明码信息，具有唯一性、防伪性、防转移性。

入驻单位可通过扫描二维码或登录国家消防救援局官网（消防产品合格评定中心）→点击消防产品信息查询栏→输入消防产品 14 位标志明码，即可查询消防产品身份信息（型号、出厂时间）。

中国空间技术研究院建立健全了消防设施台账管理制度，明确了消防设施、灭火器材的台账管理要求，做到消防产品稳定运行，做到消防产品可追溯，形成全生命周期管理。

1. 消防设施台账管理要求

（1）建立消防设施台账

消防设施台账主要有《建筑消防设施统计表》《建筑消防设施维护保养统计表》《建筑消防设施分布平面图》等，明确消防设施的生产厂家、型号、标志明码、配置位置、数量、生产时间、维修时间等内容，同时还要规定消防设施的分布区域和部位，且账物相符。

（2）开展消防设施技术检测和维护保养

入驻单位对消防设施每年进行一次全面的技术检测，明确消防设施维护保养内容和周期，发现消防设施故障，应立即维修。对超过产品说明书规定使用年限或国家明令淘汰的消防设施，严格落实报废处理。

2. 灭火器材台账管理要求

（1）建立灭火器材台账

灭火器材台账主要包括：灭火器材的生产厂家、型号、标志明码、配置位置、数量、生产时间、维修时间等内容。

（2）开展灭火器材检测和维护保养

入驻单位定期对灭火器材进行检测和维护保养。每次送修的灭火器数量不得超过计算单元配置灭火器总数量的 1/4，超出时，应选择相同类型和操作方法的灭火器替代。通过查验灭火器材台账、灭火器材产品说明书等证明材料，对超过产品说明书规定使用年限或国家明令淘汰的灭火器材，应严格落实报废处理，具体内容见表 3-16。

六、楼宇疏散门管控要求

由于保密单位特点，航天园区主要楼宇首层疏散门须符合国家《安全防范工程技术规范》GB50348—2018、《国防科技工业安全防范系统技术要求》，既要防止未授权人员进入，还要保证火灾等突发事件发生后人员及时疏散。在此之前，航天园区在保密防范、治安防盗和消防疏散逃生方面难以做到三者完全兼顾。此类情况也在其他同行业单位广泛存在。

2013 年 6 月，吉林宝源丰禽业公司发生特别重大火灾爆炸事故，共造成 121 人遇难。经过调查，发生事故的车间 6 扇疏散门锁闭了 5 扇，车间内大量人员未能及时疏散到室外导致惨剧发生。

为了汲取事故教训，中国空间技术研究院对航天园区各建筑物疏散门进行了专题调研，按照安全（平时能防，与紧急疏散不冲突）、适用（锁闭的疏散门在紧急情况下能够方便、快捷地开启）、经济、稳定（可靠、稳定运行）的原则，研究开发了一套消防疏散门控制系统。

1. 研发电磁锁控制、视频监控管理系统

开发电磁锁控制管理软件，实现紧急情况下现场开门、授时开门、一键全开等多种开锁方式。通过在疏散门附近安装监控摄像机，将疏散门监控图像上传到消防控制室，具备非紧急情况下开启疏散门的违规通行报警、违规画面优先弹出等人机对话功能，通过存储设备记录实时画面。如确属紧急情况疏散逃生，消防控制室值班人员则立即查看相关情况，并组织人员疏散；如属违规开启，消防控制室值班人员则立即制止违规行为。疏散门管理系统示意图如图 3–12 所示。

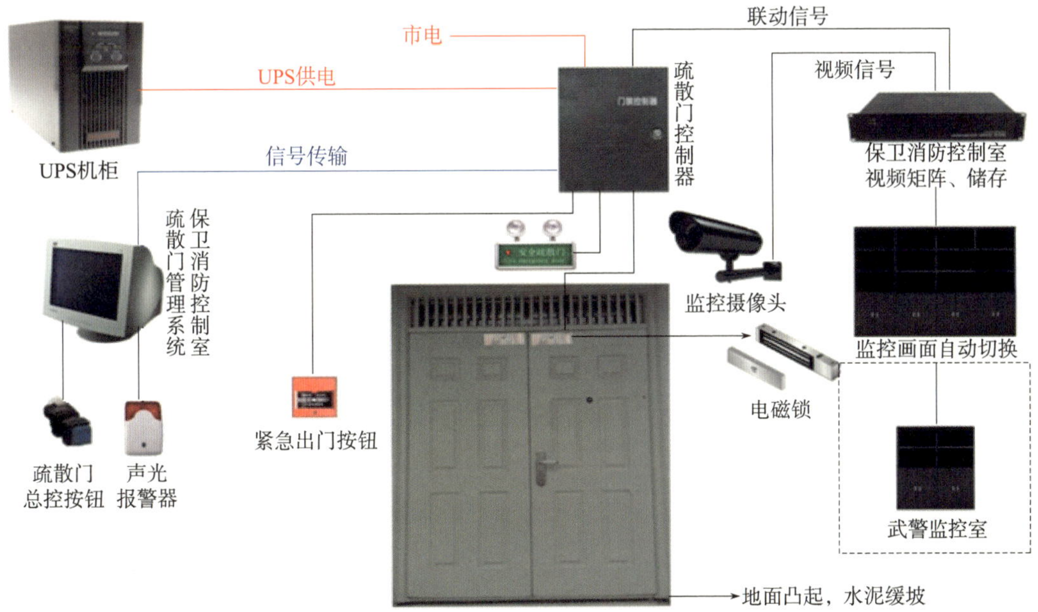

▲图 3-12　疏散门管理系统示意图

2. 建设电子化控制系统

在疏散门一侧安装紧急出门按钮、电磁锁控制器，在疏散门框上部安装疏散门开闭状态显示器，在消防控制室安装声光报警器、电磁锁控制管理软件、紧急开门总控按钮，通过线缆连接，经调试后实现所有功能。

3. 排查整治疏散门隐患

拆除影响疏散逃生的各类门，保留具备疏散功能的门，确保疏散门的开启方向与疏散方向一致，拆除疏散门插销及机械锁具，对存在的门槛突变台阶改造为缓坡，解决疏散通道不满足相关规范的问题。

中国空间技术研究院在航天园区启用了消防疏散门控制系统，对千余樘疏散门进行了技改创新，不仅使楼宇疏散门具备基本的治安和保密功能，更具备紧急疏散、报警反馈、快速响应、视频追踪等功能，实现了楼宇疏散门在关得住的同时，又能在关键时刻打得开，同时满足了治安、保密和消防三个安全管理的要求，开创性地破解了疏散门管理的难题。该成果还获得 2 项国家实用新型专利，创新成果得到了北京市消防救援总队和中国航天科技集团有限公司的高度认可，已应用到多家消防安全重点单位，并成为多家军工单位的建设标配。

附录 1 :《消防安全标识示例》

附录1：

消防安全标识示例

表1　火灾自动报警系统标识和要求

编号	标识构成	名称	要求
a-01		火灾报警控制器	最小尺寸：8.5cm×5cm 设置：标示火灾报警控制器的位置 固定：附着式
a-02		火灾显示盘	最小尺寸：15cm×9cm 设置：标示火灾显示盘的位置 固定：附着式
a-03		消防远程传输装置	最小尺寸：8.5cm×5cm 设置：标示消防远程传输装置的位置 固定：附着式
a-04		消防联动控制器	最小尺寸：8.5cm×5cm 设置：标示消防联动控制器的位置 固定：附着式
a-05		消防控制中心图形显示装置	最小尺寸：8.5cm×5cm 设置：标示现场各类消防设备在建筑中布局、工作状态及其他消防安全信息的显示装置的位置 固定：附着式
a-06		消防主电源	最小尺寸：8.5cm×5cm 设置：标示消防主电源的位置 固定：附着式

续表

编号	标识构成	名称	要求
a-07		消防备用电源	最小尺寸：15cm×9cm 设置：标示消防备用电源的位置 固定：附着式
a-08		空气采样探测设备	最小尺寸：8.5cm×5cm 设置：标示空气采样探测设备的位置 固定：附着式
a-09		空气采样探测管路	最小尺寸：15cm×9cm 设置：标示空气采样探测管路的位置 固定：附着式或悬挂式
a-10		消防按钮	最小尺寸：15cm×9cm 设置：标示手动火灾报警按钮、消火栓按钮的位置 固定：附着式 备注：如遇火警，按下按钮报火警，需手动复位
a-11		火灾探测器	最小尺寸：15cm×9cm 设置：标示火灾探测器、火焰探测器、可燃气体探测器、电气火灾监控探测器的位置 固定：附着式
a-12		发声警报器	最小尺寸：15cm×9cm 设置：标示发声警报器的位置 固定：附着式

续表

编号	标识构成	名称	要求
a-13		电气火灾 监控设备	最小尺寸：8.5cm×5cm 设置：标示电气火灾监控设备的位置 固定：附着式
a-14		可燃气体 报警控制器	最小尺寸：15cm×9cm 设置：标示可燃气体报警控制器的位置 固定：附着式
a-15		消防控制室	最小尺寸：28cm×20.5cm 设置：标示消防控制室的位置 固定：附着式
a-16		消防电源间	最小尺寸：28cm×20.5cm 设置：标示消防电源间的位置 固定：附着式
a-17		细水雾设备间	最小尺寸：28cm×20.5cm 设置：标示细水雾设备间的位置 固定：附着式

表2　消防供水设施标识和要求

编号	标识构成	名称	要求
b-01		水泵控制柜	最小尺寸：28cm × 17.5cm 设置：标示水泵控制柜的位置 固定：附着式
b-02		消防泵	最小尺寸：28cm × 17.5cm 设置：标示消防泵的位置 固定：附着式或悬挂式
b-03		消火栓泵	最小尺寸：28cm × 17.5cm 设置：标示消火栓泵的位置 固定：附着式或悬挂式
b-04		喷淋泵	最小尺寸：28cm × 17.5cm 设置：标示喷淋泵的位置 固定：附着式或悬挂式
b-05		稳压泵	最小尺寸：28cm × 17.5cm 设置：标示稳压泵的位置 固定：附着式或悬挂式
b-06		增压泵	最小尺寸：28cm × 17.5cm 设置：标示增压泵的位置 固定：附着式或悬挂式

续表

编号	标识构成	名称	要求
b-07		气压水罐	最小尺寸：28cm × 17.5cm 设置：标示气压水罐的位置 固定：附着式或悬挂式
b-08	 	消防水泵接合器	最小尺寸：40cm × 30cm 设置：标示消防水泵接合器的位置 固定：附着式或柱式
b-09		消防水池	最小尺寸：40cm × 30cm 设置：标示消防水池的位置和容积 固定：附着式 备注：应按照最大容积进行标示
b-10		消防水箱	最小尺寸：40cm × 30cm 设置：标示消防水箱的位置和容积 固定：附着式 备注：应按照最大容积进行标示

续表

编号	标识构成	名称	要求
b-11		室内消防阀门	最小尺寸：15cm × 9cm 设置：标示消防供水管网室内阀门的位置 固定：附着式或悬挂式
b-12		室外消防阀门	最小尺寸：40cm × 30cm 设置：标示消防供水管网室外阀门的位置 固定：附着式或柱式
b-13		消防水泵房	最小尺寸：28cm × 20.5cm 设置：标示消防水泵房的位置 固定：附着式
b-14		消防水箱间	最小尺寸：28cm × 20.5cm 设置：标示消防水箱间的位置 固定：附着式

表3 消火栓和消防炮灭火系统标识和要求

编号	标识构成	名称	要求
c-01		消防炮控制器	最小尺寸：8.5cm × 5cm 设置：标示消防炮控制器的位置 固定：附着式
c-02		消防炮	最小尺寸：28cm × 17.5cm 设置：标示消防炮的位置 固定：附着式
c-03		消防软管卷盘（消火栓）	最小尺寸：15cm × 9cm 设置：标示消防软管卷盘（消火栓）的位置 固定：附着式
c-04		地上消火栓	最小尺寸：40cm × 30cm 设置：标示地上消火栓的位置 固定：附着式或悬挂式
c-05		地下消火栓	最小尺寸：40cm × 30cm 设置：标示地下消火栓的位置 固定：附着式或柱式

表4　自动喷水和细水雾灭火系统标识和要求

编号	标识构成	名称	要求
d-01		湿式报警阀	最小尺寸：28cm × 17.5cm 设置：标示湿式报警阀的位置 固定：附着式或悬挂式
d-02		雨淋报警阀	最小尺寸：28cm × 17.5cm 设置：标示雨淋报警阀的位置 固定：附着式或悬挂式
d-03		预作用报警阀	最小尺寸：28cm × 17.5cm 设置：标示预作用报警阀的位置 固定：附着式或悬挂式
d-04		空气压缩机	最小尺寸：15cm × 9cm 设置：标示空气压缩机的位置 固定：附着式或悬挂式
d-05		快速排气阀	最小尺寸：15cm × 9cm 设置：标示快速排气阀的位置 固定：附着式或悬挂式
d-06		末端试水装置	最小尺寸：15cm × 9cm 设置：标示末端试水装置的位置 固定：附着式或悬挂式

续表

编号	标识构成	名称	要求
d-07		喷头	最小尺寸：15cm × 9cm 设置：标示闭式、开式（洒水）喷头的位置 固定：附着式
d-08		细水雾灭火控制器	最小尺寸：8.5cm × 5cm 设置：标示细水雾灭火控制器的位置 固定：附着式
d-09		水力警铃	最小尺寸：15cm × 9cm 设置：标示水力警铃的位置 固定：附着式
d-10		灶台灭火装置	最小尺寸：15cm × 9cm 设置：标示灶台灭火装置的位置 固定：附着式
d-11		灶台灭火装置手动拉环	最小尺寸：15cm × 9cm 设置：标示灶台灭火装置手动拉环的位置 固定：附着式
d-12		消防阀组间	最小尺寸：28cm × 20.5cm 设置：标示消防阀组间的位置 固定：附着式

表5 气体和泡沫灭火系统标识和要求

编号	标识构成	名称	要求
e-01		气体灭火 控制器	最小尺寸：8.5cm×5cm 设置：标示气体灭火控制器的位置 固定：附着式
e-02	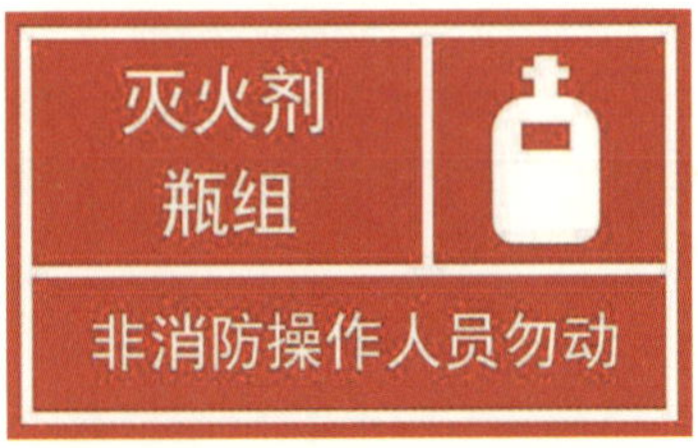	灭火剂瓶组	最小尺寸：15cm×9cm 设置：标示灭火剂瓶组的位置 固定：附着式或悬挂式
e-03		驱动气瓶	最小尺寸：15cm×9cm 设置：标示驱动气瓶的位置 固定：附着式或悬挂式
e-04		气体灭火 启停按钮	最小尺寸：15cm×9cm 设置：标示气体灭火启停按钮的位置 固定：附着式 备注：按下启动按钮30秒内，再次按下按钮可停止灭火
e-05		气体灭火 喷放指示灯	最小尺寸：15cm×9cm 设置：标示气体灭火喷放指示灯的位置 固定：附着式
e-06		气体灭火 释放喷嘴	最小尺寸：15cm×9cm 设置：标示气体灭火释放喷嘴的位置 固定：附着式

续表

编号	标识构成	名称	要求
e-07		泡沫灭火 控制器	最小尺寸：8.5cm × 5cm 设置：标示泡沫灭火控制器的位置 固定：附着式
e-08	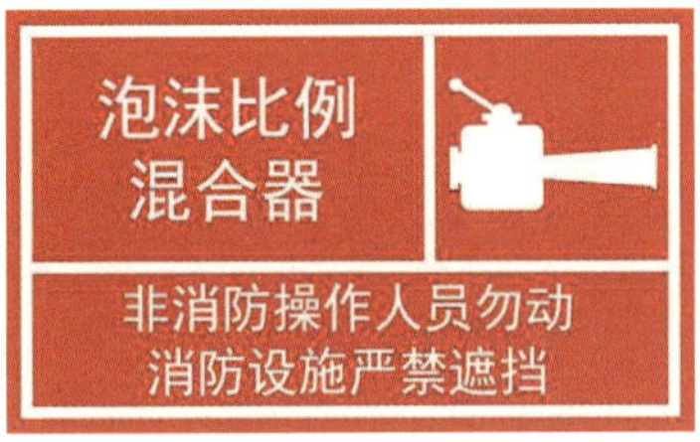	泡沫比例 混合器	最小尺寸：15cm × 9cm 设置：标示泡沫比例混合器的位置 固定：附着式
e-09		气体灭火 瓶组间	最小尺寸：28cm × 20.5cm 设置：标示气体灭火瓶组间的位置 固定：附着式

表6 防烟和排烟系统标识和要求

编号	标识构成	名称	要求
f-01		防烟风机	最小尺寸：28cm × 17.5cm 设置：标示防烟风机的位置 固定：附着式或悬挂式
f-02		排烟风机	最小尺寸：28cm × 17.5cm 设置：标示排烟风机的位置 固定：附着式或悬挂式

续表

编号	标识构成	名称	要求
f-03		防火阀	最小尺寸：15cm × 9cm 设置：标示防火阀的位置 固定：附着式 备注：平时常开，当烟气温度达到动作温度或收到火警信号后防火阀自动关闭，防火阀需手动复位
f-04		防烟阀 开启按钮	最小尺寸：15cm × 9cm 设置：标示防烟阀开启按钮的位置 固定：附着式 备注：平时常闭，需要防烟时，可按下开启按钮防烟，防烟阀需手动复位
f-05	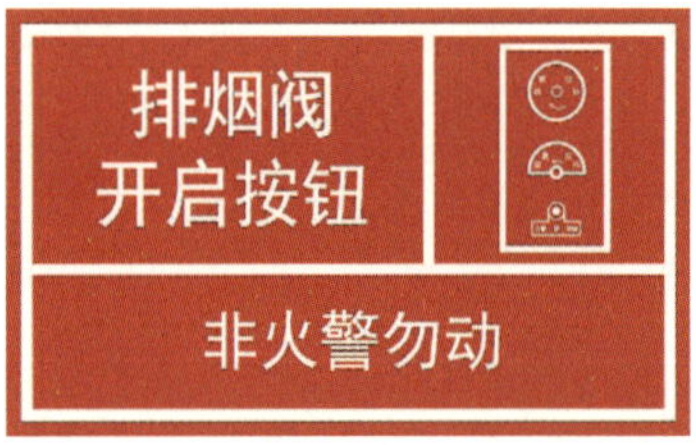	排烟阀 开启按钮	最小尺寸：15cm × 9cm 设置：标示排烟阀开启按钮的位置 固定：附着式 备注：平时常闭，需要排烟时，可按下开启按钮排烟，排烟阀需手动复位
f-06		排烟口	最小尺寸：28cm × 17.5cm 设置：标示排烟口的位置 固定：附着式 备注：带有装饰口或进行过装饰处理的排烟阀称为排烟口
f-07		送风口	最小尺寸：28cm × 17.5cm 设置：标示送风口的位置 固定：附着式

续表

编号	标识构成	名称	要求
f-08		挡烟垂壁	最小尺寸：28cm × 17.5cm 设置：标示挡烟垂壁的位置 固定：附着式
f-09		消防风机房	最小尺寸：28cm × 20.5cm 设置：标示消防风机房的位置 固定：附着式

表7　消防应急照明和疏散指示标识和要求

编号	标识构成	名称	要求
g-01		消防应急照明灯具	最小尺寸：15cm × 9cm 设置：标示消防应急照明灯具的位置 固定：附着式
g-02		疏散门开启按钮	最小尺寸：15cm × 9cm 设置：标示疏散门开启按钮的位置 固定：附着式 备注：疏散逃生时，按下按钮可开启疏散门，需手动复位
g-03		禁止阻塞	最小尺寸：28cm × 17.5cm 设置：标示疏散通道的位置 固定：附着式 备注：设在禁止阻塞通道的两端，如通道较长可重复设置

表8　消防电话和应急广播标识和要求

编号	标识构成	名称	要求
h-01		消防电话主机	最小尺寸：8.5cm×5cm 设置：标示消防电话主机的位置 固定：附着式
h-02		消防应急 广播设备	最小尺寸：8.5cm×5cm 设置：标示消防应急广播设备的位置 固定：附着式
h-03		消防应急 广播扬声器	最小尺寸：15cm×9cm 设置：标示消防应急广播扬声器的位置 固定：附着式

表9　防火分隔设施标识和要求

编号	标识构成	名称	要求
i-01		防火卷帘 升降按钮	最小尺寸：15cm×9cm 设置：标示防火卷帘升降按钮的位置 固定：附着式 备注：提示按下按钮降下或提升防火卷帘
i-02		防火卷帘 熔断器	最小尺寸：15cm×9cm 设置：标示防火卷帘熔断器的位置 固定：附着式

表10　灭火器材标识和要求

编号	标识构成	名称	要求
j-01		悬挂式干粉灭火装置	最小尺寸：28cm × 17.5cm 设置：标示悬挂式干粉灭火装置的位置 固定：附着式

表11　其他标识和要求

编号	标识构成	名称	要求
k-01	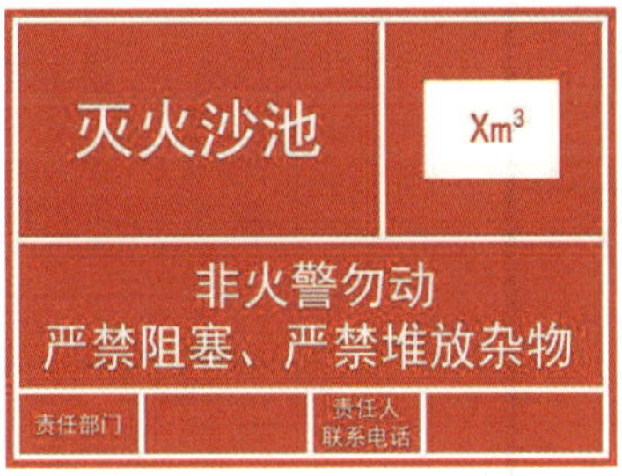	灭火沙池	最小尺寸：28cm × 20.5cm 设置：标示灭火沙池的位置 固定：附着式 备注：应按照最大容积进行标示

表12 标识在疏散通道的使用示例

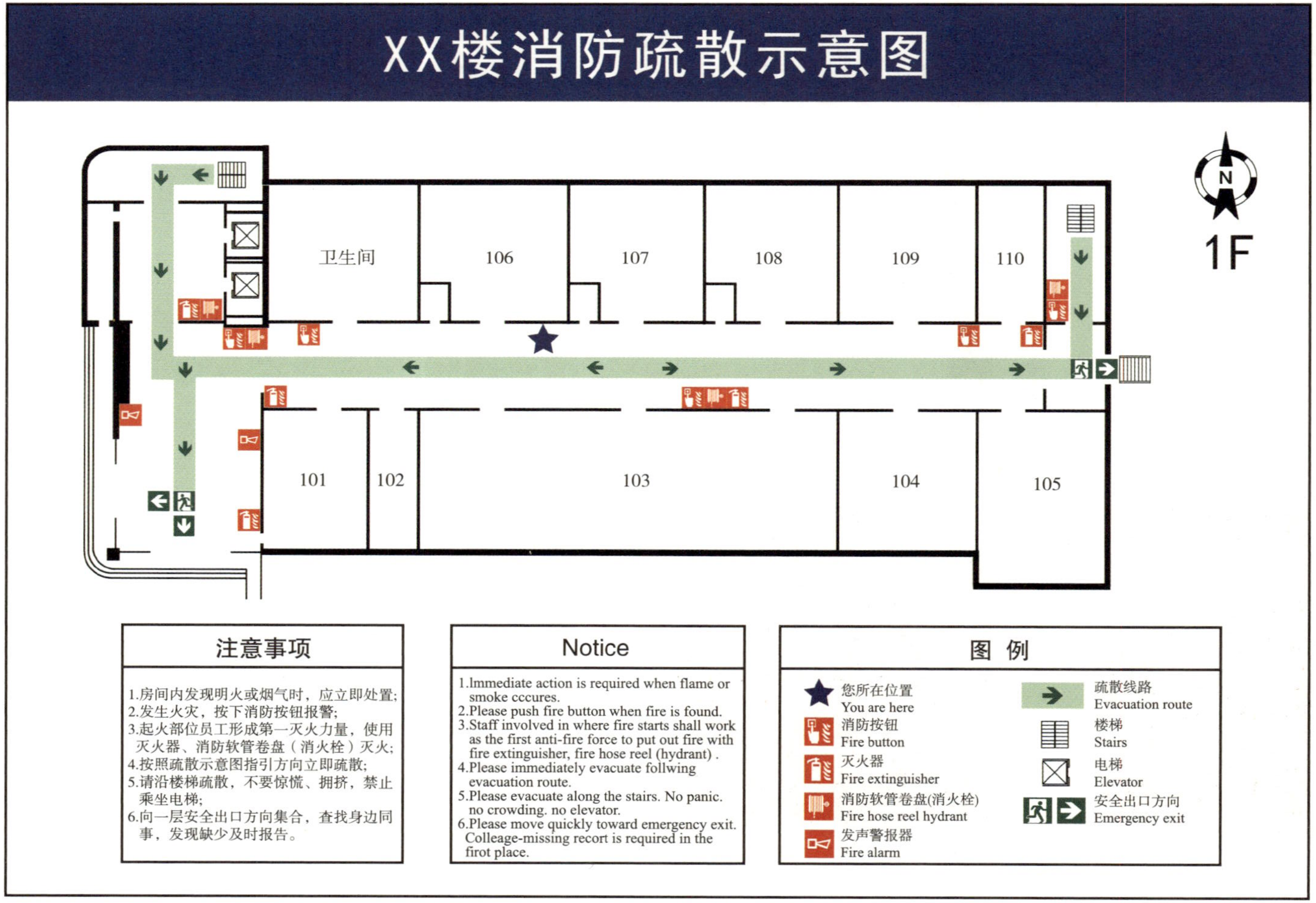

表13　标识在消防疏散平面图的使用示例

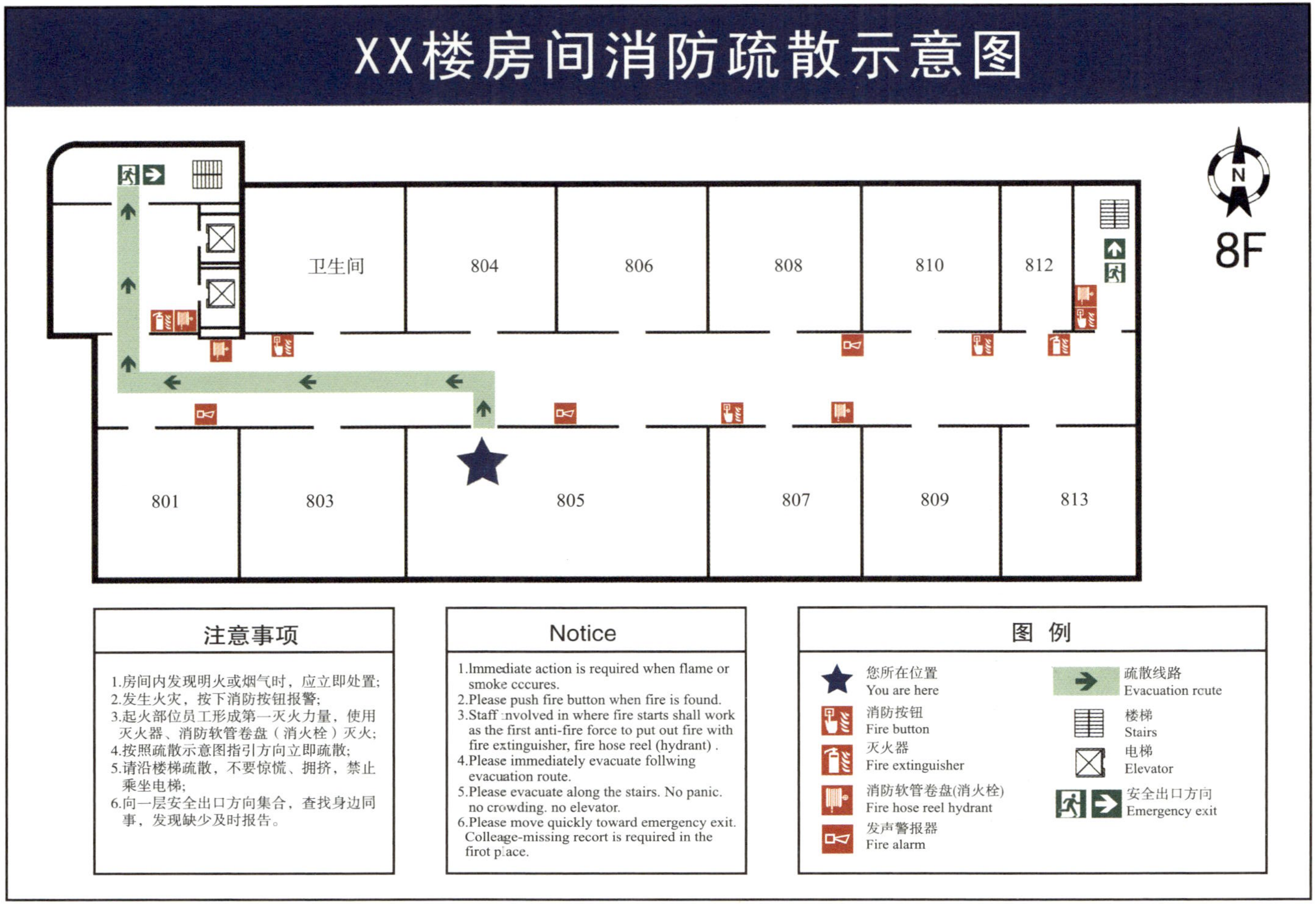

表14　标识在消防重点部位的使用示例

<table>
<tr><th>示例</th><th>要求</th></tr>
<tr><td>
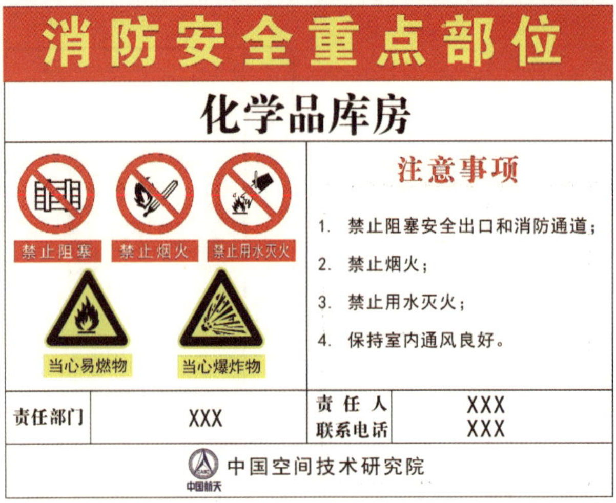

</td><td>最小尺寸：60cm × 50cm
设置：标识消防安全重点部位的位置
固定：附着式</td></tr>
</table>

04

第四章

园区消防安全管理

消防安全管理是指对各类消防事务的管理，其具体含义通常是指依照法律法规及规章制度，遵循火灾发生、发展的规律及国民经济发展的规律，运用管理科学的原理和方法，通过行使各种消防安全管理职能，合理有效地利用各种管理资源，为实现消防安全目标所进行的各种活动的总和。

园区消防安全管理是其中重要的一项内容，做好园区消防安全管理工作，要明晰消防安全管理要素，建立健全消防安全管理制度，强化消防安全重点部位管理，规范消防控制室运行等，不断提升火灾防控和灭火救援能力，不断提高园区消防安全管理水平，有效预防和减少火灾事故隐患，为园区经济社会发展、园区员工安居乐业创造良好的消防安全环境。

本章重点介绍园区消防安全管理的要素，园区消防安全管理制度及规程的制定和落实，园区消防安全重点部位的管理，以及园区消防控制室的管理。

第一节 园区消防安全管理的要素

园区消防安全管理的要素大致包括消防安全管理的主体（谁来管）、消防安全管理的对象（管什么）、消防安全管理的依据（凭什么管）、消防安全管理的原则（怎么管好）、消防安全管理的方法（怎么管）、消防安全管理的目标（为什么管）六大方面。

一、消防安全管理的主体

《消防法》规定了我国消防工作的原则："政府统一领导、部门依法监管、单位全面负责、公民积极参与"，政府、部门、单位、公民四者都是消防工作的主体，是消防安全管理活动的主体。

1. 政府

消防安全管理是政府社会管理和公共服务的重要内容，是社会稳定、经济发展的重要保证。各级地方政府应将当地的消防工作纳入国民经济和社会发展计划，保障消防工作与经济建设和社会发展相适应，提高公民消防安全意识，消除消防安全隐患，建立和管理各种形式的消防队伍，规划和建设各类公共消防基础设施等。

2. 部门

政府有关部门对消防工作齐抓共管，这是由消防工作的社会属性决定的。《消防法》在明确应急管理部门及消防救援机构职责的同时，也规定了住房城乡建设、产品质量监督、教育、人力资源和社会保障等部门应依据有关法律法规和政策规定，履行相应的消防安全管理职责。

根据《消防安全责任制实施办法》(国办发〔2017〕第 87 号)第十条规定，“开发区管理机构、工业园区管理机构等地方政府的派出机关，负责管理区域内的消防工作，按照本办法履行同级别政府的消防工作职责”，明确了由政府出资成立的园区由政府派驻机构进行管理，成立园区管理委员会。其领导和部分骨干由政府人员兼职，其余人员由社会人员招聘组成。园区管理委员会在园区内发挥着协调、监督、自律、服务的作用。

3. 单位

单位是社会的基本单元，也是社会消防安全管理的基本单元。单位对消防安全和致灾因素的管理能力，反映了社会公共消防安全管理水平，也在很大程度上决定了一个城市、一个地区的消防安全形势，各类社会单位是本单位消防安全管理工作的具体执行者，须全面负责和落实消防安全管理职责。

企业或社会出资的园区管理主体，一般设立统一的管理组织，即园区内业主代表组成的业委会，代表业主的利益，向社会各方反映业主意愿和要求，并监督管理园区内单位管理运作的民间组织。

4. 公民

公民是消防工作的最小单元，是各项消防安全管理工作的重要参与者和监督者，没有广大人民群众的参与，消防工作就不会发展进步，全社会抗御火灾风险的能力就不会提高。公民在日常的社会生活中须履行相应的消防义务。

二、消防安全管理的对象

消防安全管理的对象，或消防安全管理资源，主要包括人、财、物、信息、时间、事务等六个方面。

1. 人

即消防安全管理系统中被管理的人员。任何管理活动和消防工作都需要人的参与和实施。人在发现火灾隐患、整改火灾隐患中发挥着主体作用，在日常生产、经营等活动和消防安全宣传中，均肩负着重要的消防安全职责。因此，在消防安全管理活动中，需要规范和管理人的不安全行为。

2. 财

即开展消防安全管理的经费开支。开展和维持正常消防安全管理活动，必然需要正常的经费开支，尤其在消防设施建设与维护管理、消防安全管理制度落实、火灾隐患排查整治等各个关键环节，都需要有大量的经费投入，才能保证消防安全管理工作的正常开展。

消防安全管理经费的投入程度，直接影响着消防安全管理工作的保障程度。经费的安排使用须符合园区发展的方向、规模和重点，做到“量入为出，收支平衡”，按照“先急后缓，保障重点”的原则安排经费开支，集中财力办大事，最大限度地将经费投入到园区急需的安全事项，减少不必要的支出，为完成园区消防安全管理提供有效的经费保障。

3. 物

即消防安全管理的建筑设施、机器设备、物质材料、能源等。物是消防安全管理中需要严格控制的对象，也是消防技术标准所要调整和规范的对象。

各种消防装备、器材、物资在灭火救援战斗中发挥着日益重要的作用，应科学合理地确定储备物资的结构、类别、数量，逐步实行模块式储备方式，充分满足园区灭火救援装备物资保障需要，正确把握常用易损与特殊备用抢险救援器材储备的比例，确保通用物资与专用物资储备合理。

4. 信息

即开展消防安全管理活动的文件、资料、数据等。信息流是消防安全管理系统正常运转的流动介质，应充分利用系统中的安全信息流，发挥它们在消防安全管理中的作用。

5. 时间

即消防安全管理的各个关键控制时段，如建筑物耐火时间、消防救援队伍的响应时间、自动喷水灭火系统出水时间等。

6. 事务

即消防安全管理活动的工作任务、职责、指标等。消防安全管理应明确工作岗位，确定岗位工作职责，建立健全逐级岗位责任制。

三、消防安全管理的依据

消防安全管理的依据主要包括法律政策依据和单位规章制度依据两大类。

1. 法律政策依据

法律政策依据是指在消防安全管理活动中运用的各种法律法规、规章以及消防技术标准等文件。主要包括：

（1）法律

消防法律是指由全国人大及其常委会制定颁布的与消防有关的各类法律的总称，其中最重要的是《消防法》，它规定了我国消防工作的宗旨、方针政策、组织机构、职责权限、活动原则和管理程序等，用以调整国家各级行政机关、企业事业单位、社会团体和公民之间消防关系的行为规范。除《消防法》之外，我国有关消防安全管理的法律规范条款还散见于各类法律中。例如，《刑法》中规定了与消防安全管理有关的失火罪、消防责任事故罪等。此外，《治安管理处罚法》《产品质量法》等也有涉及公共安全、消防产品质量的条款。

（2）行政法规

行政法规是国务院根据宪法和法律，为领导和管理国家各项行政工作，按照法定程序制定的法律文件。与消防有关的行政法规主要有《消防安全责任制实施办法》《危险化学品安全管理条例》《大型群众性活动安全管理条例》等。

（3）地方性法规

地方性法规是由省、自治区、直辖市，省、自治区的政府所在地的市，经济特区所在的市和国务院批准的较大市的人大及其常委会，根据本地的具体情况和实际需要，在不与宪法、法律和行政法规相抵触的前提下，制定的法律文件，例如，《北京市消防条例》《河南省消防条例》等，这些也是消防工作的重要依据。

（4）部门规章

部门规章是国务院各部、委、局在本部门职权范围内，根据法律和国务院的行政法规、决定、命令制定，并以部门首长签署命令的形式颁布的规范性文件，这是消防工作常用的依据，例如，《机关、团体、企业、事业单位消防安全管理规定》《消防监督检查规定》等。这些规定是为了更好地贯彻消防法律、行政法规，结合消防工作的需要而制定的，也是社会各单位和公民应自觉遵守的。

（5）政府规章

政府规章是省、自治区、直辖市和设区的市、自治州的政府在自己的职权范围内，依据法律、行政法规、地方性法规，并以政府令的形式颁布的规范性文件，例如，《北京市建设工程施工现场消防安全管理规定》《河南省消防安全责任制实施办法》等，这也是消防工作的依据。

（6）消防技术标准

消防技术标准是我国各部委或各地方部门依据《中华人民共和国标准化法》的有关法定程序单独或联合制定颁发的，用以规范消防技术领域中人与自然、科学技术关系的准则或标准。这些消防技术标准是消防科学管理的重要技术基础，是建设、设计、施工、工程监理单位、生产单位、行政机关开展工程建设、产品生产、消防监督工作的重要依据，都具有法律效力，都须遵照执行，例如，国家标准《建筑防火通用规范》《消防设施通用规范》等。

2. 单位规章制度依据

《消防法》规定，机关、团体、企业、事业等单位应当落实消防安全责任制，明确消防安全责任人。为了将消防安全责任制落到实处，园区及入驻单位开展和实施消防安全管理活动时，需要制定适合自身单位实际情况的各项规章制度。例如，单位内部的消防安全管理制度、消防安全操作规程、消防安全标准化管理细则等。

四、消防安全管理的原则

园区消防安全管理原则共包括以下五个方面的内容。

1. “谁主管谁负责”的原则

“谁主管谁负责”即一个园区、一个入驻单位的消防工作应由本园区、本单位负责；园区、入驻单位的法定代表人或主要负责人要对本单位的消防安全管理工作全面负责，是园区、入驻单位的消防安全责任人；分管领导和各业务部门领导，要对分管业务范围内的消防工作负责；车间、班组责任人，要对本车间、班组的消防工作负责。

2. 依靠群众的原则

消防工作是一项具有广泛群众性的工作，只有依靠群众，调动广大群众的积极性，才能使消防工作社会化。园区消防安全管理工作的基础是做好群众工作。要采取各种方式、方法，向园区员工普及消防知识，提升全员消防安全意识和防灾抗灾能力；要组织建立志愿消防组织，开展群众性防火、灭火工作。

3. 依法管理的原则

依法管理，就是园区、入驻单位的领导或业务部门依照法律、法规、规章，对园区、入驻单位消防安全进行管理。要依法办事，加强对员工的遵纪守法教育，对违反消防安全管理规定的行为和火灾事故责任者严肃追责、认真处理。

法律法规不仅具有引导、教育、评价、调整人们行为的规范作用，还具有制裁、惩治违法犯罪行为的强制作用。因此，任何园区、入驻单位都要组织学习消防法律法规，从本单位的实际出发，依照消防法律法规的基本要求，制定相应的消防安全管理制度、消防安全操作规程、消防安全标准化管理细则等，并严格执行，做到有法必依、违法必究，使消防安全管理走上法治的轨道。

4. 科学管理的原则

科学管理，就是运用管理科学的理论，规范管理机构设置、管理程序、规章制度、工作方法等，从而有效地实施管理，提高管理效率。消防安全管理要实行科学管理，使之科学化、规范化。一方面，消防安全管理要依照客观规律办事，才能富有成效。消防安全管理须遵循火灾发生、发展的规律，火灾发生的因素是随着社会、经济的发展，以及生产、技术领域的创新和物质生活的提高而变化，要认识到这一客观规律：火灾成因与人们心理和行为相关，火灾的发生与行业、季节、时间等相关。另一方面，消防安全管理要学习和运用管理科学的理论和方法提高工作效率和管理水平，并与实践经验有机地结合起来，逐步采用现代化的技术手段和管理手段，以取得最佳的管理效果。

5. 综合治理的原则

消防安全管理在其管理方式、管理手段、管理要素以及管理内容上都表现出较强的综合性质。消防安全管理不能单靠哪一个部门，也不能只使用某一种手段，要与行业、单位的整体管理统一起来；管理中不仅要运用行政手段，还要运用法律、经济、技术和思想教育的手段进行治理；管理中要考虑各种有关安全的因素，进行综合治理。

五、消防安全管理的方法

消防安全管理的方法是指消防安全管理主体对消防安全管理对象施加作用的基本方法，是消防安全管理主体行使消防安全管理职能的基本手段，可分为基本方法和技术方法两大类。

1. 基本方法

主要包括法律方法、行政方法、行为激励方法、咨询顾问方法、经济奖励方法、宣传教育方法、舆论监督方法等。

（1）法律方法

法律方法主要是指以国家制定的法律法规等所规定的强制性手段，来处理、调解、制裁一切违反消防安全行为的管理方法。

（2）行政方法

行政方法主要是依靠行政（包括国家行政和内部行政）机构及其领导者的职权，通过强制性的行政命令，直接对管理对象产生影响，按照行政组织系统来进行消防安全管理的方法。采用行政方法有利于统一领导、统一步调，但行政管理机构的层级不能过多。行政方法通常与法律方法、宣传教育方法、行为激励方法等结合起来使用。

（3）行为激励方法

主要是指设置一定的条件和刺激，把人的行为动机激发起来，有效地达到行为目标，并应用于消防安全管理活动中，激励消防安全管理活动的参与者更好地从事管理活动，或深入应用于消除人的不安全行为等领域。

（4）咨询顾问方法

主要是指消防安全管理者借助专家顾问的智慧进行分析、论证和决策的管理方法。

（5）经济奖励方法

主要是指利用经济利益去推动消防安全管理对象自觉自愿地开展消防工作的管理方法。实施时应注意奖励和惩罚并用，幅度应当适宜，同其他管理方法一同使用。

（6）宣传教育方法

主要是指利用各种信息传播手段，向被管理者传播法律法规、方针、政策、任务和消防安全知识以及技能，使被管理者树立消防安全意识和观念，激发正确的行为，去实现消防安全管理目标的方法。

（7）舆论监督方法

主要是指针对被管理者的消防安全违法违规行为，利用各种舆论媒介进行曝光和揭露，制止违法行为，并通过反面教育达到警醒世人的消防安全管理目标的方法。

2. 技术方法

主要包括安全检查表分析方法、因果分析方法、事故树分析方法、消防安全状况评估方法等。

（1）安全检查表分析方法

主要是将消防安全管理的全部内容按照一定的分类划分为若干个子项，对各子项进行分析，并根据有关规定以及经验，查出容易发生火灾的各种危险因素，并将这些危险因素作为所需检查项目，编制成表后以备在安全检查时使用。

（2）因果分析方法

主要是指用因果分析图分析各种问题产生的原因和由此原因可能导致后果的一种管理方法。

（3）事故树分析方法

主要是一种从结果到原因描绘火灾事故发生的树形模型图，利用这种事故树图可以对火灾事故因果关系进行逻辑推理分析。应包括三项内容：

① 系统可能发生火灾事故，即终端事件。

② 系统内固有的或潜在的危险因素。

③ 系统可能发生的灾害事故与各种危险因素之间的逻辑因果关系。

（4）消防安全状况评估方法

通常应首先确定将社会上公认或允许的防火安全指标作为防火安全评价的衡量标准，将自身的结果同安全指标进行比较，从而发现自身工作的优势和不足，以采取相应的技术或管理措施予以加强。

六、消防安全管理的目标

世界上不存在绝对安全的园区、单位、场所，也不能完全避免火灾事故的发生。因此，消防安全管理的目标，就是园区、单位、场所在使用功能、运转时间等方面正常的的情况下，通过消防安全管理活动，将火灾发生的频率降到最低、火灾造成的损失减少到最低限度或达到社会公众所容许的限度。

第二节 园区消防安全管理制度及规程的制定与落实

消防安全管理制度是园区、入驻单位在消防安全管理和生产、经营等活动中为保障消防安全所制定的各项制度、程序、办法和措施，是全体人员做好消防工作须遵守的规范和准则。建立和完善消防安全管理制度是园区、入驻单位落实消防安全责任制的重要保证。

一、消防安全管理制度及规程的种类和主要内容

根据《消防法》和《机关、团体、企业、事业单位消防安全管理规定》(公安部令第 61 号）等的规定，单位的消防安全管理制度主要包括以下内容：消防安全责任制；消防安全教育、培训制度；消防安全检查制度；安全疏散设施管理制度；消防设施器材维护管理制度；消防（控制室）值班制度；火灾隐患整改制度；用火、用电安全管理制度；灭火和应急疏散预案演练制度；易燃易爆危险品和场所防火防爆管理制度；专职消防队、微型消防站组织管理制度；消防工作考评和奖惩制度等。单位的消防安全操作规程主要包括以下内容：消防设施操作和维护保养规程；电气焊和动火作业操作规程；火灾处置规程，包括火灾确认、报警、应急预案启动、火灾扑救等内容；火灾事故善后处理规程，包括火灾现场保护、火灾原因协助调查、火灾事故总结等内容。

1. 消防安全责任制

消防安全责任制是园区、入驻单位消防安全管理制度中最根本的制度。消防安全责任制需要明确单位消防安全责任人、消防安全管理人以及全体人员应履行的消防安

全职责，确定各级、各岗位的消防安全责任人，签订消防安全责任书，落实消防安全责任。消防安全责任制的主要内容包括：

① 确定园区、入驻单位消防安全委员会（消防工作领导小组）领导机构及其责任人的消防安全职责。

② 明确消防安全管理归口部门和消防安全管理人的消防安全职责。

③ 明确园区、入驻单位各个部门、岗位消防安全责任人以及专兼职消防安全管理人员的职责。

④ 明确园区专职消防队、微型消防站的组成及其人员职责。

⑤ 明确各个岗位员工的岗位消防安全职责。

2. 消防安全教育、培训制度

消防安全教育、培训制度是提高员工的消防安全素质，使其遵循消防安全方针、消防安全管理要求，落实消防安全管理的制度。园区、入驻单位要明确消防安全教育和培训的责任部门和责任人，通过多种形式开展经常性的消防安全宣传与培训，确定消防安全教育的频次、主要内容，制定考核奖惩措施。

3. 消防安全检查制度

园区要明确消防安全检查的时间、频次和方法，确定消防安全检查的内容，如实记录参加人员、检查部位、内容，发现的火灾隐患，整改意见和防范措施等，并由相关人员签字确认，建档备查。

4. 安全疏散设施管理制度

园区、入驻单位要严格按照法律法规和消防技术标准的要求配置消防安全疏散设施，并建立消防安全疏散设施管理制度。安全疏散设施管理制度的内容要明确消防安全疏散设施管理的责任部门和责任人，明确定期维护、检查的要求，明确安全疏散设施的管理要求，以确保消防安全通道、安全出口畅通，设施完好有效。

5. 消防设施器材维护管理制度

园区、入驻单位要明确按照有关规定定期对消防设施进行维护保养和维修检查的要求，明确消防设施器材维护保养的社会消防技术服务机构，制定每日检查、月（季）度试验检查和年度检查内容和方法，做好检查记录，填写消防设施维护保养报告备案表。

6. 消防（控制室）值班制度

园区、入驻单位要明确消防（控制室）管理部门、管理人员以及操作人员的职责，明确值班制度、突发事件处置程序、报告程序、工作交接等内容。

7. 火灾隐患整改制度

园区、入驻单位对存在的火灾隐患应该及时予以消除，要明确和落实各级领导和各有关方面的责任，确定整改措施，落实整改资金和负责整改的部门、人员和期限，积极进行整改，以确保单位的消防安全。对不能确保其消防安全，随时可能引发火灾或一旦发生火灾会严重危及人身安全的火灾隐患和危险部位，应自行采取有效措施——停产停业停工整改。在火灾隐患未消除之前，单位应落实防范措施，保障消防安全。

8. 用火、用电安全管理制度

园区、入驻单位要明确安全用电、动火管理部门，明确用电、动火的审批范围、程序和要求，电焊、气焊人员的岗位资格及其职责要求等内容。

9. 灭火和应急疏散预案演练制度

园区、入驻单位要明确灭火和应急疏散预案的编制、演练部门和负责人，确定演练范围、演练频次、演练程序、注意事项，并填写演练情况记录、演练后的总结和自评以及预案修订等内容。

10. 易燃易爆危险品和场所防火防爆管理制度

园区、入驻单位要明确危险品的储存方法、防火措施和灭火方法，配备足够的消防器材，性质与灭火方法相抵触的物品不得混存。按照储存易燃易爆危险品的仓库要求，定期进行检查。

11. 专职消防队、微型消防站组织管理制度

园区、入驻单位根据相关要求建立专职消防队、微型消防站，并明确专职消防队、微型消防站的人员组成、归口管理、培训内容、频次、实施方法和要求，并严格落实。定期对专职消防队、微型消防站人员进行业务考核演练，明确奖惩措施，并根据人员变化情况对专职消防队、微型消防站人员及时进行调整、补充。

12. 消防工作考评和奖惩制度

园区、入驻单位要确定消防工作考评和奖惩实施的部门，确定考评频次、考评内容（包括执行规章制度和操作规程的情况、履行岗位职责的情况等），明确考评办法、奖励和惩罚的具体行为，并根据行为的程度区别奖惩等级。

13. 消防安全操作规程

园区、入驻单位要建立完善消防设施操作和维护保养规程（包括室内消火栓系统、自动灭火系统、火灾自动报警系统、防排烟系统、防火分隔设施等操作和维护保养规程）、电气焊和动火作业操作规程（包括操作人员资格、作业条件、作业审批程序、现场监护、防范措施、应急处置程序等内容）、火灾处置规程（包括火灾确认、报警、应急预案启动、火灾扑救等内容）、火灾事故善后处理规程（包括火灾现场保护、火灾原因协助调查、火灾事故总结等内容）。

二、消防安全管理制度及操作规程的落实

提升园区的消防安全管理，是实现单位“安全自查、隐患自除、责任自负”，有效控制和减少火灾危害的重要途径。

1. 落实消防安全责任

全面落实单位的消防安全主体责任是提高单位消防安全管理能力和水平的根本。单位应建立纵向到底、横向到边的全员消防安全责任制，确保消防工作人人有责、各负其责。

消防安全责任人是对单位的消防工作全面负责的人。一般法人单位的法定代表人或非法人单位的主要负责人是单位的消防安全责任人。园区主要负责人为所辖园区消防安全责任人。园区、入驻单位应根据内部组织构成、岗位设置，逐级、逐岗位确定相应的消防安全责任人，明确各部门的负责人是本部门业务范围内的消防安全责任人，各岗位工作人员对其所在岗位的消防安全负责，建立内容全面、要求清晰、操作方便的各级、各岗位消防安全责任清单。人员调整、岗位变动的，应及时对消防安全责任内容作出相应修改，以适应园区、入驻单位消防安全管理的需要。

2. 制定消防安全管理制度、操作规程及预案

园区、入驻单位的消防安全管理制度、消防安全操作规程、灭火和应急疏散预案

是保证园区、入驻单位正常运行，以及发生火灾事故后，及时开展救援，防止事故扩大，最大限度减少人员伤亡的基本制度和有效手段。

园区或规模较大，功能业态复杂，有两个以上业主、使用人的公共建筑，应编制总体预案，各单位或职能部门应根据场所、功能分区、岗位实际制定分预案、灭火方案。

3. 开展灭火和疏散逃生演练

预案只是为实战提供了一个方案，单位要保证在火灾发生时能够及时协调、有序开展灭火和应急疏散工作，需要通过经常性的全要素演练，提高实战能力和水平。通过演练，使人员了解、熟悉预案，按照预案制定的组织体系、人员分工，各司其职、各负其责，有序地组织火灾扑救和人员疏散。

① 消防安全责任人和管理人应熟悉本单位灭火力量和扑救初起火灾的组织指挥程序。入驻单位员工应熟悉或掌握以下内容：本单位的消防设施、器材位置和使用方法；初起火灾的处置程序和扑救初起火灾的基本方法；灭火和应急疏散预案。

② 消防控制室值班人员通过火灾自动报警系统确认火情，通知报警点位就近人员在 1 分钟内到场确认，形成首批灭火力量，在第一时间采取如下措施：灭火器材和设施附近的员工利用现场灭火器、消火栓等器材、设施灭火；火情附近员工通过电话或按下“消防按钮”等形式通知消防控制室或单位值班人员；消防控制室值班人员通过视频监控系统同步确认火情；安全出口或通道附近的员工负责引导人员疏散。

③ 消防控制室值班人员或单位值班员立即报警，并调集本单位应急处置力量，通知微型消防站、处置队等消防自救力量携带器材装备在 3 分钟内到岗处置，形成第二批灭火力量，及时采取如下措施：通信联络组按照灭火和应急疏散预案要求通知预案涉及的员工赶赴火灾现场，向消防救援机构报告火灾发展情况，向灭火和应急疏散领导小组报告火灾情况，并将指令下达有关员工；灭火行动组根据火灾情况利用本单位的消防器材、设施扑救初起火灾，控制火势蔓延；疏散引导组按分工组织现场中被困人员的正确引导、撤离；安全保卫组负责设立火灾现场警戒线，控制火灾现场秩序，阻止无关人员进入火灾现场；后勤医疗保障组负责组织对伤员进行救护，对重伤员及时护送至医院救治，负责抢险物资、器材器具的供应及后勤保障。

④ 入驻单位消防安全责任人、消防安全管理人和员工应熟悉本单位疏散逃生路线以及引导人员疏散程序，掌握避难逃生设施的使用方法，具备火灾现场自救逃生的基本技能。

⑤ 人员密集场所的员工在火灾发生时应通过喊话、消防应急广播等方式稳定火灾现场人员情绪，消除恐慌心理，积极引导群众采取正确的逃生方法，向安全出口、疏散楼梯、避难层（间）楼顶等安全地点疏散逃生，并防止拥堵踩踏。

根据相关规定，一般单位应每年至少组织开展一次全要素演练，消防安全重点单位应每半年至少组织开展一次，火灾高危单位应每季度至少组织开展一次。

4. 定期进行消防安全检查、防火巡查

（1）消防安全检查

是指园区、入驻单位组织对消防安全状况进行的检查，是园区、入驻单位在消防安全管理方面进行自我管理、自我约束的一种主要形式。

① 园区、入驻单位应至少每月进行一次消防安全检查。消防安全责任人、消防安全管理人组织制定本单位消防安全管理制度、消防安全管理措施和消防安全操作规程等，并对其落实情况开展监督检查。

② 园区、入驻单位实行逐级消防安全检查制度和火灾隐患整改责任制度。单位定期组织开展防火巡查、检查，及时发现并消除火灾隐患；消防安全责任人对火灾隐患整改负总责，消防安全管理人和消防安全管理归口职能部门具体负责组织火灾隐患整改工作，消防安全管理人、有关部门、员工应认真履行火灾隐患整改责任。

③ 消防安全检查主要包括下列内容：火灾隐患的整改情况以及防范措施的落实情况；安全疏散通道、疏散指示标志、消防应急照明和安全出口情况；消防车通道、消防水源情况；灭火器材配置及有效情况；用火、用电有无违章情况；重点工种人员以及其他员工消防知识的掌握情况；消防安全重点部位的管理情况；易燃易爆危险物品和场所防火防爆措施的落实情况以及其他重要物资的消防安全情况；消防（控制室）值班情况和设施运行、记录情况；防火巡查情况；消防安全标识的设置情况和完好、有效情况；其他需要检查的内容。

消防安全检查应填写检查记录。检查人员和被检查部门负责人应在检查记录上签名。

（2）防火巡查

是指园区、入驻单位消防安全的值班、安保人员根据单位的实际情况所开展的，按照一定的频次和路线，对人员遵守消防安全管理制度、安全操作规程以及消防安全重点部位的火灾防范措施落实情况进行的巡视检查，以便及时发现火灾隐患和火灾苗头，扑救初起火灾。

① 园区内消防安全重点单位应进行每日防火巡查，并确定防火巡查的人员、内容、部位和频次。其他单位可以根据需要组织防火巡查。

a）公众聚集场所在营业期间的防火巡查应至少每 2 小时一次；营业结束时应对营业现场进行检查，消除遗留火种。医院、养老院、寄宿制的学校、托儿所、幼儿园应加强夜间防火巡查，其他消防安全重点单位可以结合实际组织夜间防火巡查。

b）防火巡查人员应及时纠正违章行为，妥善处置火灾危险，无法当场处置的，应立即报告。发现初起火灾应立即报警并及时扑救。

② 防火巡查主要包括下列内容：用火、用电有无违章情况；安全出口、疏散通道是否畅通，疏散指示标志、消防应急照明是否完好；消防设施、器材和消防安全标识是否完整；常闭式防火门是否处于关闭状态；防火卷帘下是否堆放物品影响使用；消防安全重点部位的人员在岗情况；其他消防安全情况。

5. 组织消防安全知识宣传教育培训

① 入驻单位应确定专兼职消防宣传教育培训人员。消防宣传教育培训人员应经过专业培训，具备宣传教育培训能力。

② 入驻单位应购置书籍、报刊、杂志等消防宣传教育培训资料，悬挂或张贴消防宣传标语，利用展板、专栏、广播、电视、网络等形式开展消防宣传教育培训。

③ 员工上岗、转岗前，应通过消防安全培训考核；对在岗人员每半年进行一次消防安全教育培训。

④ 入驻单位消防安全责任人、消防安全管理人和员工通过消防安全教育培训应掌握以下内容：法律法规、消防安全管理制度、消防安全操作规程等；本单位、本岗位的火灾危险性和防火措施；消防设施、灭火器材的性能、使用方法和操作规程；报火警、扑救初起火灾、应急疏散和自救逃生的知识和技能；本单位安全疏散路线，引导人员疏散的程序和方法；灭火和应急疏散预案的内容和操作程序。

6. 建立健全消防档案

消防档案是消防安全重点单位在消防安全管理工作中，直接形成的文字、图表、声像记录。建立健全消防档案是园区、入驻单位做好消防安全管理工作的一项重要内容，是保障园区、入驻单位消防安全管理工作以及各项消防安全措施的基础工作。

消防档案主要包括两方面的内容，即消防安全基本情况和消防安全管理情况，并附有必要的图表。

（1）消防安全基本情况

消防安全基本情况是消防档案的主要内容，包含消防安全重点单位与消防安全有关的内容，是单位自身实行规范化消防安全管理的基本要求，是单位落实消防安全责任制的具体体现。

消防安全基本情况的内容有：单位基本概况和消防安全重点部位情况；建筑物或场所消防设计审查、消防验收以及消防安全检查的文件、资料；消防安全管理组织机构和各级消防安全责任人；消防安全管理制度；消防设施、灭火器材情况；专职消防队、微型消防站队员及其消防装备配备情况；与消防安全有关的重点工种人员情况；新增消防产品、防火材料的合格证明材料；灭火和应急疏散预案。

（2）消防安全管理情况

消防安全管理情况主要有两项内容：一是消防救援机构依法填写制作的各类法律文书，主要有《消防监督检查记录表》《责令改正通知书》以及涉及消防行政处罚的有关法律文书。二是有关工作记录，主要有：

① 消防设施定期检查记录、自动消防设施检查检测报告以及维修保养记录。

② 火灾隐患及其整改情况记录。

③ 消防安全检查、防火巡查记录。

④ 有关燃气、电气设备检测等记录。

⑤ 消防安全培训记录。

⑥ 灭火和应急疏散预案的演练记录。

⑦ 火灾情况记录。

⑧ 消防奖惩情况记录。

上述第①～④项记录要填写检查人员的姓名、时间、部位、内容、发现的火灾隐患以及处理措施等；第⑤项记录应填写培训的时间、参加人员、内容等；第⑥项记录应填写演练的时间、地点、内容、参加部门以及人员等。

非消防安全重点单位可以不建立消防档案，但也应将本单位的基本情况、消防救援机构填写的各种法律文书、与消防工作有关的材料和记录等统一保管、备查。

第三节 园区消防安全重点部位的管理

消防安全重点部位是指容易发生火灾且一旦发生火灾会严重危及人身和财产安全，或对消防安全有重大影响的部位。园区应根据《机关、团体、企业、事业单位消防安全管理规定》（公安部令第61号）第十九条规定，确定消防安全重点部位，设置明确的防火标志，实行严格管理。本章以航天园区消防安全重点部位管理举措为例，详细介绍了中国空间技术研究院航天园区消防安全重点部位的划定范围、程序审核、动态管控等管理要素。

一、消防安全重点部位的范围

1. 一般单位消防安全重点部位确定的范围

消防安全重点部位不仅要根据火灾危险源的辨识来确定，还应根据园区的实际，即物品贮存的多少、价值的大小、人员的集中量以及隐患的存在和火灾的危险程度等情况而定，通常可以从以下几个方面来考虑：

① 容易发生火灾的部位，如喷漆、电焊气割操作间、厨房；危险化学品仓库；可燃、助燃气体钢瓶仓库和储罐（氧气瓶、乙炔瓶）；易燃的建筑材料等。

② 发生火灾后对消防安全有重大影响的部位，如与火灾扑救密切相关的变配电（室）、消防控制室、消防水泵房等。

③ 性质重要、发生事故影响全局的部位，如变配电室、资料室等。

④ 财产集中的部位，如储存原料、成品的仓库等。

⑤ 人员集中的部位，如员工集体宿舍等。

2. 航天单位消防安全重点部位的确定范围

按部位重要性、物品储存价值、人员密集性等火灾危险程度确定消防安全重点部位，并符合下列条件。

① 航天器总装、部装，整星、船、器或重要分系统测试、试（实）验场所。

② 通信站，建筑面积在 100m² （含本数）以上的计算机网络中心机房。

③ 图书馆、大宗储存仓库，建筑面积在 200m² 以上的档案库房、资料库房。

④ 易燃易爆危险物品储存库房、供配电站（枢纽）、燃气锅炉房。

⑤ 建筑面积在 2000m² 以上的食堂，50 间以上的员工宿舍，460 张以上固定座椅的礼堂、会议室等人员密集场所。

⑥ 加油站、地下车库。

⑦ 其他发生火灾可能性较大，能造成航天器产品受损、重大人员伤亡或重大财产损失的部位和场所。

二、消防安全重点部位的核定

中国空间技术研究院建立了航天园区消防安全重点部位内部核定程序。

① 制定《消防安全重点部位现场审核细则》，明确了消防责任、组织管理、技术防护措施等要求，建立了制度依据。

② 入驻单位根据实际，对照消防安全重点部位范围，认定本单位消防安全重点部位，并向航天园区消防工作主管部门提出申请。

③ 航天园区消防工作主管部门组织专门人员，按照《消防安全重点部位现场审核细则》，对拟认定的消防安全重点部位技术防护措施和管理措施进行逐条审核。

④ 航天园区消防工作主管部门对于满足要求的消防安全重点部位进行批准备案，对不符合的，督促相关入驻单位进行整改落实。

三、消防安全重点部位的动态管控

航天园区消防安全重点部位的管理包括制度管理、警示管理、教育管理、档案管理、日常管理。

1. 制度管理

明确消防安全重点部位，使消防安全重点部位员工都能了解消防安全重点部位的火灾危险性以及应遵守的有关规定。同时，根据各消防安全重点部位的性质、特点和火灾危险性，制定相应的消防安全制度，明确责任部门和责任人，采取必要的防火措施上墙公布，并落实到班组及个人。

2. 警示管理

① 航天园区消防安全重点部位设置禁烟禁火等各种文字、符号的警示标志，配备相应的灭火器材和个人防护装备。

② 每个消防安全重点部位应设立“消防安全重点部位”标识牌、禁止烟火警示牌和消防安全管理牌（相关标志见第三章附录 1），做到“消防安全重点部位明确、禁止烟火明确”和“防火负责人落实、志愿消防员落实、消防安全制度落实、消防器材落实、灭火和应急疏散预案落实”（即两明确、五落实）。

3. 教育管理

加强对消防安全重点部位员工的消防教育，提高其自防自救的能力。开展教育可采取新人入职、重点工种上岗前的必训教育；板报专栏、播放录像、订阅资料的常规教育；举办志愿消防员、重点工种人员消防安全培训班；举办消防运动会，进行实战演练教育等形式。

4. 档案管理

消防安全重点部位档案的建立须在进行调查、统计、核实的基础上加以认真填写，并不断加以完善，做到“四个一”，即一制度：消防安全重点部位消防安全制度和预案；一表：消防安全重点部位工作人员登记表；一图：消防安全重点部位基本情况照片成册图；一计划：消防安全重点部位灭火施救计划。

5. 日常管理

开展消防安全检查是重点部位日常管理的一个重要环节，可采取“六查、六结合”的方法，“六查”即：单位组织每月查，所属部门每周查，班组每日查，专职（兼）消防员巡回查，部门之间相互抽查，节日期间重点查。“六结合”即：检查与宣传相结合，检查与整改相结合，检查与复查相结合，检查与记录相结合，检查与考核相结合，检查与奖惩相结合。

第四节　园区消防控制室的管理

一、背景

消防控制室是指设有火灾报警控制器、自动喷水灭火系统、气体灭火系统、消防联动控制器、消防控制室图形显示装置、消防电话总机、消防应急广播控制装置、消防应急照明和疏散指示系统控制装置、消防电源监控器等设备，或具有相应功能的组合设备，用于接收、显示、处理火灾报警信号，控制相关消防设施的专门场所。

消防控制室既是消防设施运行管理的监控中心，也是单位日常消防工作的管理实施中心，还是扑救初起火灾的应急指挥中心，对于保证建筑物的消防安全具有十分重要的作用。本节以中国空间技术研究院消防控制室的管理为例，详细介绍了航天园区消防控制室管理的特色做法以及取得的实效。

《建筑防火通用规范》GB 55037—2022 对设置火灾自动报警系统和需要联动控制的消防设备的建筑应设置消防控制室提出了严格要求，《消防控制室通用技术要求》GB 25506—2010 对消防控制室提出了资料和管理要求、控制和显示要求、图形显示装置的信息记录要求和信息传输要求。

早在 1992 年，中国空间技术研究院在北京唐家岭村第一次征地以及规划建设阶段，就严格落实法律法规和标准，所有建筑均按要求设置了消防控制室，但随着航天园区消防安全管理经验不断丰富，部分消防控制室设置得不太合理。消防控制室的设置虽然符合法律法规和消防技术标准要求，但有的消防控制室负责安保的管理面积仅为 1000～2000m^2，而有的高达 30000～40000m^2，这就造成了消防资源配置不均衡，甚至增加了人力资源管理成本。

因消防控制室值班人员操作不当导致火灾初期不能及时处置，造成火势蔓延扩大的情况时有发生。中国空间技术研究院充分认清规范消防控制室处置规程的重要意义，站在维护航天器研制任务安全和保障员工生命财产安全的高度，统筹研究航天园区消防控制室管理的新方法、新手段。

二、主要做法

在充分认识到航天园区消防控制室设置重要性的基础上，2007 年在北京唐家岭村第二次征地以及规划阶段，编制了《航天城二期弱电规划实施方案》，统筹未来建设项目，谋划消防控制室设置和职责，不断提升安全保障能力，确保航天园区消防资源结构合理且高效运行。

建立功能强大、设施先进的指挥管理系统是实施航天园区安全管理的重中之重，是安保指挥的中枢核心。

1. 构建航天园区安保指挥系统

设总指挥中心，对所有建筑物的公共区域、所有园区大门、园区主要通道、园区围墙周界进行视频监控。发布最高级指令，总协调各有关部门、人员，调动武警、安保人员，快速处理所有安保报警事件。对所有消防控制室（第二级控制中心）进行监测，随时掌握火警信息，随时对发生火情部位进行指挥调度。

2. 合理调整消防控制室布局

北京唐家岭村第二次征地以及规划阶段，消防工作主管部门提前介入，将使用功能相近、建筑面积相当的建筑物划为一个安保区，采取多个建筑合用一个消防控制室的策略，将航天园区约 50 座建筑物，浓缩调整为十余个消防控制室（第二级控制中心），并通过了消防设计审查、验收。消防控制室（第二级控制中心）职责是接受总指挥中心指挥、监督，负责本区域内接收、处理火灾报警信号，控制灭火设施、消防应急广播、消防应急照明和疏散指示系统，承担扑救初起火灾的职责。

3. 形成安保值班运行的制约监督机制

依托各建筑安防设备联网、在线运行的能力，总指挥中心发挥监督职能，可调取消防控制室（第二级控制中心）实时图像，随时监督相关人员履职尽责情况，并通过人工核查、电话语音的方式提醒在岗人员，有效保障了稳定运行状况。流程示例如图 4–1 所示。

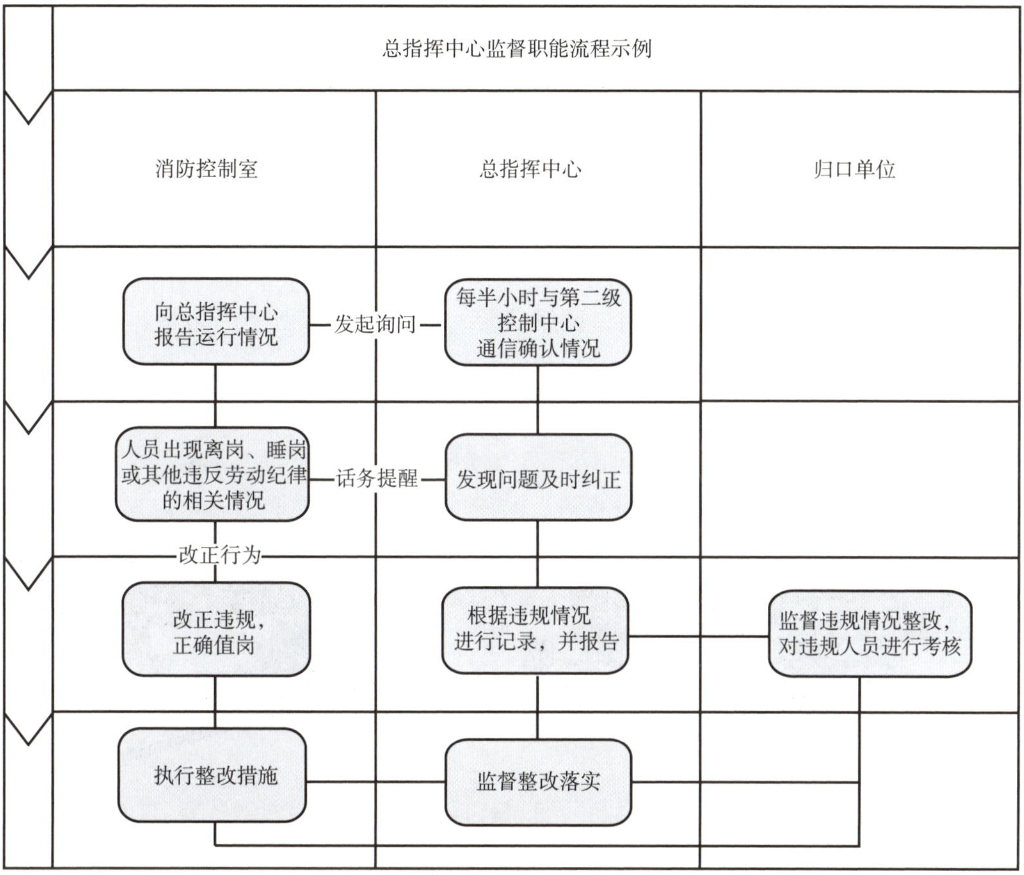

▲ 图 4-1　消防控制室总指挥中心监督职能流程示例

三、取得效果

1. 实现灭火处置综合能力的提升

以“快确认、快调集、快启动、快疏散”为目标，围绕消防控制室建设、火灾报警信号与视频监控画面联动建设，确保收到火灾报警信号后能够及时查看报警区域视频画面，辅助早期火灾确认，进一步提高火情确认效率。充分发挥航天园区安保指挥系统、消防控制室作用，为微型消防站、处置队提供火情决策信息，搭建起航天园区应急调度平台，提升快速高效响应的综合灭火处置能力。

2. 优化资源，节约成本

将航天园区安防视频监控室与消防控制室合并设置，将单体建筑设置的消防控制室重新规划调整为多个建筑合用一个消防控制室，在满足消防设计审查、验收的基础上，利用火灾自动报警系统、视频监控系统确认火灾报警信息，减少了消防控制室数量和人员投入，最大化地发挥消防控制室作用。

3. 处置突发事件，全力保障航天园区安全

依托航天园区总指挥中心（如图 4–2 所示）在反恐防暴应急处突事件、治安刑事案件、火灾等事故上发挥核心作用，调派武警、安保人员、微型消防站、处置队等参与处置与救援，维护航天园区安全稳定，努力将损失降到最低。

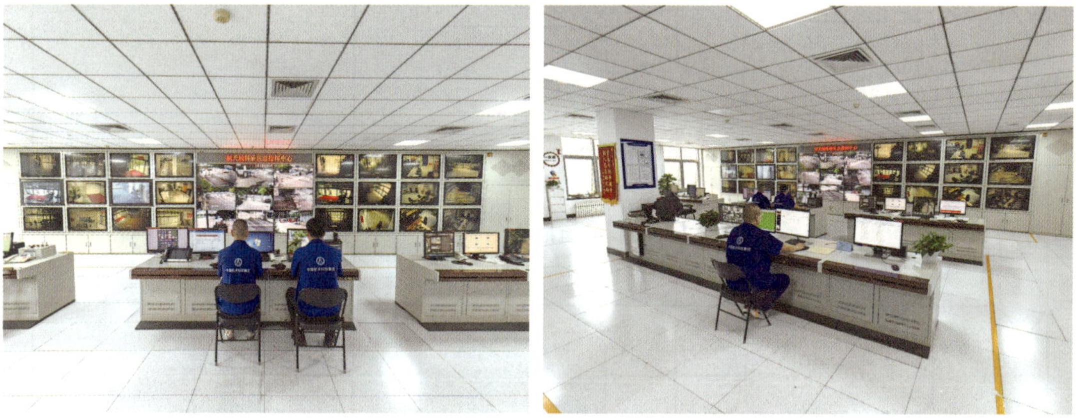

▲ 图 4-2　园区总指挥中心

05

第五章

园区消防安全检查与火灾隐患整改

第一节 园区消防安全检查的目的和形式

一、消防安全检查的目的与意义

入驻单位通过对本单位消防安全管理制度、操作规程的落实和遵守情况进行检查，以督促规章制度、措施的贯彻落实，这是单位落实消防工作责任，建立消防安全管理体系，提高消防安全管理能力，完善自我管理、自我约束机制的一种重要手段，是及时发现火灾隐患、预防火灾发生的重要措施。

1. 消防安全检查的目的

消防安全检查是为了确保建筑物或场所的消防设施和消防安全管理制度符合要求，预防火灾事故的发生，保障人员生命财产安全。通过开展消防安全检查，可以发现和排除火灾隐患，提高消防安全意识和应急处置能力，促进社会稳定和经济发展。

2. 消防安全检查的意义

消防安全检查的意义在于体现单位对消防工作的重视程度和对员工生命、财产负责任的态度。消防安全检查，一方面可以督促法律法规、消防技术标准要求的贯彻落实；另一方面，可以将执行情况及时反馈给制定规章的消防工作主管部门，使消防工作主管部门可以根据执行情况指定改进、推广或总结提高的措施。通过开展消防安全检查，能够及时发现生产、经营等活动中存在的火灾隐患，可以督促有关部门或员工按照要求进行整改，从而消除火灾隐患，避免火灾事故的发生。

消防安全检查还有监督、检验或考查的作用。在消防安全检查过程中，将法律法规和消防技术标准与单位的实际情况相对照，贯彻较好的可总结推广，贯彻不力的提出改进意见。消防安全检查的过程，就是结合实际情况宣传贯彻法律法规和消防技术标准的过程。

二、消防安全检查的形式

消防安全检查不是一项临时性措施，而是一项长期的、经常性的工作。因此要坚持专项检查和常规检查相结合、突击检查和季节性检查相结合、自查和消防工作主管部门抽查相结合的形式。

1. 专项检查或季节性检查

一般由消防安全责任人、消防安全管理人带队，应提前策划好检查内容，组织好检查行程，突出检查重点，通过检查进一步明确责任，补齐短板，确保消防安全各项措施落实见效。

2. 常规检查或突击检查

一般由消防工作主管部门或联合相关主管部门组织开展，采取定期或不定期的方式，围绕各类火灾隐患和检查重点制定计划，携带必要的专业工具、相机、检查记录表等进行。通过检查，有效防范化解火灾风险。

3. 日常防火自查

单位应根据实际，在消防安全重点部位、人员密集场所等部位以及职能部门、车间、中心、生产线等开展日常防火自查。各部门应指定专人，依据相关火灾隐患和检查重点制定检查表格，开展本部门、部位的每日防火自查工作，及时上报无法当场整改的火灾隐患。

4. 开展 24 小时防火巡查

防火巡查应由本单位消防工作主管部门或经授权的物业、安保（微型消防站等）等保障服务相关方组织实施。防火巡查应明确室内外各类消防设施、疏散通道、安全出口、消防车通道的巡查部位、频次和内容。防火巡查内容应包括巡查人员姓名、时间、地点、消防设施的工作状态和有效性、消防供水压力、现场发现的问题及处理方法等。防火巡查发现的火灾隐患应按照一般或重大问题分别处理，火灾隐患未消除前，应采取立即纠正、立即制止、立即上报、立即报修、做好记录等有效防护措施。

第二节 园区消防安全检查的主要内容和重点

一、消防安全检查的主要内容

① 检查单位是否建立消防安全组织。

② 检查单位是否建立、健全消防安全管理制度和操作规程。

③ 检查单位是否制定年度消防工作计划和落实消防经费预算。

④ 检查单位是否及时、有效组织开展消防安全宣传教育和培训工作。

⑤ 检查单位是否组织制定符合实际的火灾救援处置预案，建立志愿消防组织并定期组织预案演练。

⑥ 检查单位是否制定消防安全重点部位的管理措施。

⑦ 检查单位是否建立微型消防站、处置队，是否组织或参与管理。

⑧ 检查单位是否定期组织实施对消防设施的维护保养和检测。

⑨ 检查单位是否定期组织消防安全检查，是否督促落实火灾隐患整改措施，监督和上报消防安全重大问题。

⑩ 检查单位是否监督建设工程、装修等项目按要求配置消防设施，开展审查和验收。

⑪ 检查单位是否监督动用明火的管理。

⑫ 检查单位是否监督经营场所的管理。

⑬ 检查单位是否建立和完善消防档案。

二、消防安全检查的重点

1. 查验消防资料、档案

消防档案是消防安全重点单位的“户口簿”。消防档案记载着单位的基本情况和有关消防安全管理的各种文献、资料，便于单位领导、有关部门、消防机构以及与消防安全管理工作有关的人员熟悉情况，为领导决策和日常工作服务。日常工作中，可以把消防档案与现场检查结合起来，作为上级机关、主管单位、消防机构考核单位开展消防安全管理工作的重要依据；发生火灾时，可以为调查火灾原因、分清事故责任、处理责任者提供佐证材料。此外，消防档案还可以为研究防火、灭火材料，修改消防技术标准，修订消防操作规程等工作提供第一手资料。

消防档案是单位检查相关岗位人员履行消防安全职责的实施情况，评判专兼职消防（防火）管理人员业务水平及工作能力的一种凭据，有利于强化单位消防安全管理工作的责任意识，推动单位的消防安全管理工作朝着规范化、制度化的方向发展。其检查内容如下。

① 检查消防安全责任人、消防安全管理人及其消防安全职责是否明确，多产权、多使用单位或承包、租赁、委托经营单位消防安全责任是否明确。

② 检查消防安全管理制度是否健全，消防工作档案是否齐全，火灾隐患自知自查自改以及承诺公示制度是否建立。

③ 检查特殊消防设计管理制度是否建立，是否按照专家意见落实针对性技术防范和加强性消防安全管理措施。

④ 检查员工上岗前消防安全培训制度是否建立，员工在职期间是否至少每半年接受一次培训。

⑤ 检查消防安全管理体系是否建立，是否明确各责任区域消防安全管理要求以及奖惩管理办法。

⑥ 检查单位是否与园区建立消防安全联动管理机制，单位与近邻单位之间是否建立消防安全合作、火灾联动应急疏散等工作机制。

⑦ 检查单位消防行政审批文书以及消防救援机构下达的消防监督执法文书是否齐全，整改落实记录是否齐全；单位自身消防安全管理的各类检查、整改、奖惩记录是否齐全。

⑧ 检查消防安全管理人是否取得注册消防工程师执业资格或取得中级以上专业技

术职称；消防控制室消防设施操作人员是否取得职业技能四级 / 中级及以上资格证书；电工是否持有特种作业操作证、电工进网作业许可证、职业资格证书或建筑施工特种操作资格证等证件；电焊、气焊等操作人员是否持有相应的操作资格证。核对资格证明文件及有效期限。

⑨ 检查电器产品、燃气用具的安装、使用及其线路、管路的设计、敷设、维护保养、检测是否由具备资质的机构实施；防雷防静电设施是否由具备资质的检测机构进行检测；消防设施的维护保养、检测是否由具备从业条件的机构和执业人员实施。核对资格证明文件，查看相关维保记录和检测报告。

2. 询问相关人员

询问是消防安全管理人员实施消防安全检查时最常用的检查方法之一，通过沟通、交流，掌握被检查对象的消防安全状况，在有限的时间之内获取需要的信息，达到确认事实真相的目的。其询问的内容如下。

① 询问消防安全责任人、消防安全管理人是否知晓自身消防安全职责，是否掌握单位主要火灾风险。现场抽查场所部位时核查其承诺履职情况。

② 询问单位消防工作主管部门业态变更情况，生产、经营等活动布置情况，防火间距、防火分隔是否满足要求。

③ 询问单位消防工作主管部门、动力保障部门等负责人消防安全联动管理工作开展情况。现场抽查场所部位时核查其承诺管理情况。

④ 询问相关负责人是否掌握单位消防工作主管部门对其消防安全管理的要求，是否受到过奖惩。

⑤ 询问员工和工勤人员是否掌握本场所火灾风险，是否掌握“四个能力”等消防安全知识。

⑥ 询问消防安全重点部位员工是否清楚本部位火灾风险，是否掌握消防安全管理制度和操作规程。

⑦ 询问消防设施操作人员，水、电、空调、电梯、燃气等专业人员是否会根据相关仪器仪表显示内容分析判断故障，是否带病运行、超期使用。

⑧ 询问微型消防站或处置队是否熟知自身职责要求，是否建立值班值守制度，是否定期开展联勤联动演练。

3. 查验现场实际

现场的消防查验工作意义十分重大。第一查领导，看其对消防工作的重视程度；第二查思想，看其对消防工作的认识；第三查组织，看其对消防活动情况和发挥的作用；第四查制度，看其对消防安全管理制度是否落到实处；第五查火源，看用火、用电是否符合要求；第六查物资，看存储的数量、环境是否恰当；第七查建筑，看设计是否符合消防技术标准要求；第八查问题或隐患，看是否进行了整改或已采取有效安全措施；第九查消防设施，看设备是否齐全，装备是否完好；第十查火灾事故，看是否做出了处理或处理是否妥当。对一个园区来说，具体查验的现场实际内容有：

① 抽查单位建筑总平面布局图、消防设施平面布置图、消防设施系统图以及重要部位布置平面图，核对是否落实特殊消防设计要求，是否擅自改变原设计要求。

② 抽查防火巡查记录是否如实登记问题或隐患，消防救援机构监督抽查以及单位自查发现的火灾问题或隐患是否做到“闭环”，有关责任人是否签字确认。

③ 抽查单位的防火分隔、安全疏散等设施是否符合要求，是否存在火灾相互蔓延、影响人员安全疏散的风险。

④ 抽查单位消防设施维护保养记录、消防技术检测报告内容是否与实际一致。

⑤ 抽查单位用电、用火、用气等现场，是否存在消防安全操作规程未制定或未公示情况，是否存在违章操作等问题或隐患。

⑥ 抽查单位疏散通道、安全出口是否存在占用、堵塞、封闭等问题或隐患。

⑦ 抽查单位消防应急照明灯具、疏散指示标志，通过“试验按钮”，测试转换功能以及转换时间是否满足要求。

⑧ 抽查单位顶棚、墙面、地面等是否违规采用聚氨酯、聚苯乙烯、海绵、毛毯、木板等易燃可燃材料装修装饰。

⑨ 抽查单位施工现场焊接、切割、烘烤或加热等明火作业前，是否对周边可燃物进行清理，是否封堵作业周边孔洞、缝隙，是否明确现场监护人员、落实现场监护措施。

⑩ 核实消防控制设备是否正常运行，消防设施平面布置图、系统图、灭火救援等资料是否完整。

⑪核实单位消防控制室是否落实双人值班及持证上岗制度。

⑫ 核实火灾报警控制器历史记录，根据记录火警、故障等信息，核实值班记录填

写的准确性、及时性，核实单位开展消防设施维护保养情况。

4. 拉动或测试

使用专业设备测试消防设施工况时，要求检查人员具备相应资格，并熟悉各类消防设施的组成和工作原理、检测方法。拉动或测试之前，应与被检查单位充分沟通，制定可行方案，确保生产、经营等活动的正常开展。具体内容如下。

① 现场模拟火警，测试消防控制室消防设施操作人员是否掌握报警要求，是否熟悉消防设施操作，是否掌握火灾救援和疏散处置程序要求，是否熟练使用消防应急广播通知人员疏散。

② 现场模拟火警并拉动演练，测试单位微型消防站或专职消防队、处置队以及各楼层区域志愿消防员、疏散引导员是否能快速响应，是否建立高效的通信联络机制，是否满足“1 分钟响应启动、3 分钟到场扑救、5 分钟协同作战”要求，联勤联动协助开展灭火救援工作。

③ 现场模拟火警，测试建筑物内或建筑物相互之间通信联络是否畅通，是否能联动响应，快速扑救初起火灾，组织人员疏散。

④ 核对厨灶间、锅炉房等使用燃气场所是否设置可燃气体探测报警系统，测试是否能够联动控制燃气速断阀、供气管道的燃气紧急切断和机械通风装置。

⑤ 测试防爆型灯具、机械通风装置是否存在故障。

⑥ 测试防火分区的防火门、防火卷帘等防火分隔设施，分隔是否完整，信号反馈是否正常。

⑦ 测试消防设备应急电源切换功能，声光提示信号是否正常，是否能在规定的时间内自动切换。

⑧ 测试消防应急照明集中供电电源应急启动、持续供电功能是否满足要求，测试集中控制器自检、显示和控制功能是否满足要求。

⑨ 测试消防设施联动控制功能时，使用消火栓测压装置测试栓口的静压和出水动压；使用声级计测试铃声强级；使用感烟、感温探测器试验器，测试感烟探测器和感温探测器的反馈信号；使用风速计测量排烟口进风速度和送风口出风速度；使用微压计测量防烟楼梯间、前室的余压值是否满足要求。

⑩ 测试自动喷水灭火系统任一报警阀组的末端试验装置，查看报警阀组的联动启泵功能是否正常，消防控制室是否收到压力开关报警信号、喷淋泵组启动反馈信号等。

⑪测试湿式报警阀组，核查压力开关是否动作，喷淋泵是否启动，水力警铃是否动作，管网压力是否满足要求。

⑫ 测试火灾自动报警系统的手动以及联动控制功能，触发启动信号后，联动设备是否正常启动。

⑬ 测试防火阀、排烟防火阀以及送风机、排烟风机是否能手动、联动启动，消防控制室反馈信号及联动信号是否满足要求。

⑭ 测试排烟设施的手动、自动开启装置是否完好有效，开启面积以及信号反馈是否满足要求。

⑮ 测试气体灭火系统的延时功能、联动控制功能、选择驱动功能是否正常，相关联动设备是否满足要求。

⑯ 测试消防控制室是否与消防安全重点部位、人员密集场所建立通信联络，设有多个消防控制室时，各消防控制室是否实现有效联系。

第三节 园区常见火灾隐患和整改对策

在开展园区消防安全监督检查过程中，本书识别了常见火灾隐患，并对其火灾隐患着重列举出整改措施。除采取立即纠正、立即恢复、立即整改等措施外，还应要求火灾隐患所在单位进一步统一思想、提高认识、落实责任、举一反三，努力查找在火灾隐患排查整治工作的短板，从规章制度、宣传教育培训、消防设施的维护保养、动用明火施工管理、监督与检查、责任追究等方面，提高单位精细化管理水平和员工的安全意识，不断提高园区的本质安全。

一、常见消防设施的火灾隐患和整改对策

1. 安全疏散设施

（1）消防车通道、疏散通道、安全出口

【火灾隐患】存在被占用、堵塞、封闭等现象。

【整改对策】立即恢复。严格处罚，确保消防车通道、疏散通道、安全出口畅通，无影响人员疏散的突出物和障碍物，设置消防安全标识。

（2）消防应急照明集中电源、防火门监控等消防设施

【火灾隐患】存在损坏、监控主机被屏蔽等现象。

【整改对策】立即整改。检查工作状态，确保自检、联动控制等功能正常，监控系统无故障运行。

（3）消防应急照明灯具

【火灾隐患】存在主电、备电转换功能或转换时间不满足要求现象。

【整改对策】立即整改。切断正常供电，测试消防应急照明主电、备电转换功能，确保照明灯具应急点亮时间不大于5秒，高危险场所不大于0.25秒。

（4）疏散门

【火灾隐患】存在被锁闭、开启方向与疏散方向不一致现象。

【整改对策】立即整改。严格处罚，确保疏散门不被锁闭，门扇开启方向与疏散方向一致，设置消防安全标识。

2. 消防供水设施

（1）消防水池、消防水箱

【火灾隐患】存在储水量不符合要求现象。

【整改对策】立即补充消防水。检查消防水池、消防水箱储水液位，储水液位应处于最低值（下限）和最高值（上限）之间，当发现储水液位低于最低值应立即补充消防水并查找缺水原因。此外，液位计应确保刻度清晰、外观良好。

（2）消防水泵电气控制柜

【火灾隐患】存在未设置在“自动”工作状态，消防供水管路上阀门未处于正常工作状态现象。

【整改对策】立即恢复。检查消防水泵控制柜启泵方式应处于“自动”状态，严禁处于“手动或停止”状态，消防供水管路上的阀门应按照实际处于开启状态，重要的阀门应设置“开/关”标识。

（3）消火栓泵、喷淋泵

【火灾隐患】存在现场手动启动、远程启动、机械应急启动消火栓水泵、喷淋水泵失效现象。

【整改对策】立即整改。测试手动启动或远程启动功能，确保从接到启泵信号到水泵正常运转不大于2分钟；测试机械应急启动，水泵在报警后5分钟内正常工作。

（4）室内消火栓、室外消火栓、室外消防管网供水系统

【火灾隐患】存在室内消火栓被遮挡、配件损坏，室外消火栓被埋压、圈占、严重锈蚀，室外消防管网阀门井内积水、开启阀门扳手等配件不齐全现象。

【整改对策】立即整改。室内消火栓箱体上应设有直观醒目的操作规程，检查消火栓箱体周围无遮挡，箱门开启的手动机构灵活、可靠、无卡阻，开启角度不小于120°；室外消火栓不被埋压、圈占，消火栓无严重锈蚀；室外消防管网阀门井内无积水、开启阀门扳手等配件齐全。

（5）水泵接合器

【火灾隐患】存在无明显标志、未标明供水区域，相关组件有缺损、严重锈蚀现象。

【整改对策】立即整改。水泵接合器应设置直观醒目的消防安全标识，并标明供水范围和供水方向；安全阀、止回阀等齐备完好、无严重锈蚀；连接到室内供水管网上所有阀门处于开启状态。

3. 消防供电设施

（1）发电机、启动电瓶及充电装置

【火灾隐患】存在未处于正常待机工作状态现象。

【整改对策】立即整改。检查发电机、启动电瓶及充电装置工作状态，确保处于正常待机工作状态。

（2）发电机储油量

【火灾隐患】存在储油量不满足要求现象。

【整改对策】立即补充燃油。检查储油量液位，液位应处于最低值（下限）和最高值（上限）之间，当发现储油液位低于最低值应立即补充燃油并查找缺油原因。此外，液位计应确保刻度清晰、外观良好。

（3）消防设备应急电源

【火灾隐患】存在未处于正常工作状态现象。

【整改对策】立即整改。应急电源仪表、指示灯应显示正常工作状态。

（4）双电源切换装置

【火灾隐患】存在未设置在“自动”工作状态现象。

【整改对策】立即恢复。检查双电源切换装置应处于“自动”状态，严禁处于“手动或停止”状态。

（5）发电机

【火灾隐患】存在未在规定时间内启动、未达到额定输出功率现象。

【整改对策】立即整改。加强发电机维护保养和操作人员技能培训，发电机应满足产品说明书列出的输出功率等技术参数。

4. 消防联动控制

（1）火灾自动报警设施

【火灾隐患】存在联动功能不正常现象。

【整改对策】立即整改。火灾报警控制器、消防联动控制器各项功能应正常，制定联动控制器测试方案，定期进行联动测试。

（2）自动喷水灭火系统、防排烟系统和防火卷帘等消防设施

【火灾隐患】存在未设置在“自动”工作状态现象。

【整改对策】立即恢复。自动喷水灭火系统、防排烟系统和防火卷帘等消防设施应处于“自动”状态，严禁处于“手动或停止状态”。

（3）消防炮（自动跟踪定位射流灭火系统）

【火灾隐患】存在未设置在“自动”工作状态，视频监控系统未处于正常监控状态现象。

【整改对策】立即恢复。消防炮应处于“自动”状态，严禁处于“手动或停止”状态，视频监控系统应准确地识别被保护区域影像和热源。

二、消防控制室的火灾隐患和整改对策

1. 消防控制室管理能力

（1）消防控制室管理制度要求

【火灾隐患】存在未形成完善的管理制度或管理制度未有效落实现象。

【整改对策】限期整改。单位应制修订消防控制室管理制度、操作规程、灭火和应急疏散预案，并将管理制度、消防设施操作员职业技能资格证书，以及承担消防设施技术检测和维护保养的社会消防技术服务企业信息等予以公示。

（2）消防控制室消防设施操作员上岗资格

【火灾隐患】存在消防设施操作员未依法获得职业技能资格证书、未持证上岗现象。

【整改对策】立即整改。单位消防设施操作员应符合《消防设施操作员》（GZB4-07-05-04）相关要求，依法取得职业技能资格证书，持证上岗。

（3）消防控制室消防设施操作员工作要求

【火灾隐患】存在消防设施操作员未实行每日 24 小时值班制度、每班人数小于 2 人、每班工作时间大于 8 小时现象。

【整改对策】立即整改。单位消防控制室实行每日 24 小时值班制度、每班人数不少于 2 人、每班工作时间不大于 8 小时。消防设施操作员应履职尽责，熟练掌握消防

设施操作及使用方法，熟悉辖区重要保护目标和消防设施分布，并严格遵守下列要求。

① 禁止发生火警后不核实、不处置。

② 禁止迟报、瞒报、谎报火情。

③ 禁止睡岗、脱岗，私自替、换岗。

④ 禁止擅自更改设备参数或运行状态。

⑤ 禁止提前填写、代写工作记录。

⑥ 禁止因私占用值班电话。

⑦ 禁止随意移动消防设施、救援装备。

⑧ 禁止在操作台摆放与工作无关的物品。

⑨ 禁止从事影响履职的行为。

（4）消防控制室消防设施操作员火警信息处置

【火灾隐患】存在消防控制室消防设施操作员接到火警信息后，未以最快方式确认火警、未报“119”火警电话、未以最快方式调集应急救援人员、未以最快方式启动消防设施、未以最快方式组织人员疏散等现象。

【整改对策】立即整改。加强消防设施操作员培训、考核，确保在 1 分钟内确认火警信息，确保 3 分钟内调集自防自救力量携带器材装备到场处置，确保消防控制室主副班消防设施操作人员快速启动灭火系统，确保第一时间利用消防应急广播和视频监控系统，配合现场救援力量引导人员快速、有序疏散。

（5）消防设施的消防技术检测、维护

【火灾隐患】存在消防设施未进行年度消防设施检测、定期维护不及时，火灾报警装置、灭火装置等消防设施未处于良好的工作状态等现象。

【整改对策】立即整改。委托符合从业条件的社会消防技术机构，实施全面的消防设施检测和维护保养，确保消防设施稳定运行。

2. 消防控制室硬件配备

（1）消防控制室位置

【火灾隐患】存在消防控制室设置在建筑物一层以上或地下一层以下等现象。

【整改对策】限期整改。依据《建筑防火通用规范》GB 55037—2022，消防控制室应设置在建筑物的首层或地下一层，且布置在靠外墙部位。

（2）消防控制室信号被干扰

【火灾隐患】存在消防控制室受到电磁等信号干扰现象。

【整改对策】限期整改。将产生电磁信号场所搬离或做好隔离防护措施，确保不影响消防控制设备正常运行。

（3）消防控制室安全出口

【火灾隐患】存在设置在建筑物首层的消防控制室未设置直通室外的安全出口现象。

【整改对策】限期整改。依据《建筑防火通用规范》GB 55037—2022，消防控制室疏散门应直通室外或安全出口。

（4）消防控制室消防专用电话总机及分机

【火灾隐患】存在消防控制室未设置消防专用电话总机，消防水泵房、发电机房、配电室、计算机网络机房、空调机房、防排烟机房、消防电梯机房及其他与消防联动控制有关的且有人值班的重要机房未设置消防专用电话分机等现象。

【整改对策】限期整改。消防控制室应设置消防专用电话总机，各重要机房应设置消防专用电话分机，应确保消防电话总机与各分机之间通信正常。

（5）消防控制室外线电话

【火灾隐患】存在消防控制室未设置可直接报“119”火警电话的外线电话现象。

【整改对策】限期整改。消防控制室应设置可直接报“119”火警电话的外线电话，应确保外线电话使用功能正常。

三、用火行为的火灾隐患和整改对策

提升园区全员火险隐患防范意识，提高员工识别、发现、化解火险隐患的能力和水平，营造园区员工参与、群防群治火灾防控的浓厚氛围，就要对人员的用火行为进行识别和管控。对于园区来说，其用火行为火灾隐患和整改对策如下。

1. 吸烟行为

【火灾隐患】存在未在指定区域吸烟，随意丢弃烟头现象。

【整改对策】立即纠正。严格处罚，批评教育，设置消防安全标识，确保遵守单位规章制度。

2. 使用明火行为

【火灾隐患】存在室内点香薰、点蜡烛、点蚊香、烧纸或在园区内焚烧物品等使用明火行为现象。

【整改对策】立即纠正。严格处罚，批评教育，确保遵守单位规章制度。

3. 燃放烟花爆竹，施放孔明灯

【火灾隐患】存在园区内燃放烟花爆竹，施放孔明灯现象。

【整改对策】立即纠正。严格处罚，批评教育，设置消防安全标识，确保遵守单位规章制度。

4. 点火器具随意放置

【火灾隐患】存在打火机、火柴等点火器具随意放置，在阳光或高温物体周边长时间放置现象。

【整改对策】立即纠正。批评教育，确保遵守单位规章制度。

5. 动用明火作业

【火灾隐患】存在监控不健全的条件下，进行切割、焊接、拆除、防水等施工明火作业现象。

【整改对策】立即纠正。制定健全的安全管理措施，按规定办理动用明火审批手续，落实现场监护人，配备消防器材，清除易燃可燃物，采取防火隔离措施。

6. 违规动用明火

【火灾隐患】存在动用明火作业人员无证操作或违反操作规程动用明火，动用明火作业人员未按审批的时间和范围动用明火现象。

【整改对策】立即纠正。作业人员依法持证上岗，严格遵守消防安全规定，清除周围及下方易燃可燃物，采取防火隔离措施，在审批的时间和范围内动用明火；作业完毕后，进行全面检查，消除遗留火种。

7. 用火安全管理制度或操作规程

【火灾隐患】存在用火安全管理制度或操作规程未制定，未组织宣贯落实现象。

【整改对策】限期整改。应依据法律法规，制定本单位用火安全管理制度和操作规程，加强宣贯与培训。

四、用电行为的火灾隐患和整改对策

据有关文献统计，我国每年发生的火灾中，有近三分之一的火灾是因为电气引起的，其所占比重几乎是最大的，更有甚者，其造成的损失竟然占全部损失的半数以上。一般来说，引起火灾的主要原因有：过负荷、线路发生短路、漏电、电气设备的使用不规范、违规操作等。对于园区来说，其用电行为火灾隐患和整改对策如下。

1. 安全用电管理制度

【火灾隐患】存在安全用电管理制度或操作规程未制定，未组织宣贯落实现象。

【整改对策】限期整改。应依据法律法规，制修订本单位安全用电管理制度和操作规程，加强宣贯与培训。

2. 违规使用大功率电器

【火灾隐患】存在违规使用电磁炉、热水器、微波炉、电饭煲等大功率电器现象。

【整改对策】立即纠正。严格处罚，批评教育，确保遵守单位规章制度。

3. 电器产品未取得国家强制性产品认证

【火灾隐患】存在使用的电器产品（如电动自行车、电源插座、微波炉、电冰箱、电风扇、电暖气、咖啡机、充电宝、电吹风、电水壶等），未取得国家强制性产品认证现象。

【整改对策】立即纠正。应购买正规厂家生产的电器产品，并按照使用说明书的规定安装和使用。

4. 电器产品长时间充电

【火灾隐患】存在手机、充电宝等产品长时间充电或边充电、边使用的现象。

【整改对策】立即纠正。应确保在具备安全防控的条件下使用电器产品，并做到人走断电。

5. 超过额定功率、超负荷使用电器产品

【火灾隐患】存在超过额定功率、超负荷使用电器产品，电暖气、空调等大功率电器设备未单独供电，电线未独立敷设现象。

【整改对策】立即停止使用，限期整改。禁止超负荷使用电器设备，电暖气、空调等大功率用电设备应单独供电，并具备电路（短路）保护功能。

6. 大功率用电设备与易燃物过近

【火灾隐患】存在大功率用电设备、照明灯具与易燃物、可燃物距离过近现象。

【整改对策】立即停止使用，限期整改。禁止将大功率用电设备、照明灯具安装在易燃物、可燃物物体表面，及时清除大功率用电设备、照明灯具周边易燃物、可燃物，确保防火间距。

7. 电源插头与电源插座接触不实

【火灾隐患】存在电源插头与电源插座接触不实、松动，移动式电源插座老化或串接、超负荷使用现象。

【整改对策】立即停止使用，限期整改。禁止移动式电源插座串接、超负荷使用，电源插头与电源插座、移动式电源插座应定期检查，发现接触不实、松动、老化应立即更换。

8. 电气线路老化、绝缘层破损

【火灾隐患】存在电气线路老化、绝缘层破损出现漏电、短路、过热等现象。

【整改对策】立即停止使用，限期整改。及时更换老化、绝缘层破损的电气线路，并定期对电气线路进行维护和检测。

9. 电气维修人员不具备资格

【火灾隐患】存在自行或聘请不具备专业资质人员维修电气线路、电气设备现象。

【整改对策】立即纠正。应聘请具备专业资质人员维修、改造电气线路，维修保养电气设备，并留存相关记录。

10. 备用电源未定期维护保养

【火灾隐患】存在 UPS 蓄电池等备用电源未定期维护保养现象。

【整改对策】限期整改。制定安全管理措施，制定维护保养计划，应定期对 UPS 蓄电池等备用电源进行维护保养，并留存相关记录。

11. 广告灯箱管理不到位

【火灾隐患】建筑物外墙广告灯箱、商铺门头灯箱、室内霓虹灯、装饰灯以及变压器、控制器，存在安装在易燃物、可燃物物体表面，灯箱漏水等现象。

【整改对策】立即停止使用，限期整改。禁止将灯具、变压器、控制器安装在易燃物、可燃物物体表面，灯箱漏水部位应及时修复，电气线路敷设还应符合消防技术标准要求。

五、用气行为的火灾隐患和整改对策

燃气一方面为社会经济发展做出了贡献，另一方面因用气不当导致燃气泄漏造成群死群伤的火灾爆炸事故时有发生。因此，安全用气是园区消防安全的重要一环。对于园区来说，其用气行为火灾隐患和整改对策如下。

1. 燃气存储

【火灾隐患】存在燃气超量存储或存放在人员密集场所的现象。

【整改对策】立即纠正。禁止超量存储或在人员密集场所存放液化石油气罐。确需使用的，应指定区域设置独立的液化石油气罐存储房间。

2. 未保持良好通风

【火灾隐患】燃气用气操作间未保持良好通风或通畅排烟。

【整改对策】立即纠正。开窗通风或开启排烟设备强制通风。

3. 安全防范措施

【火灾隐患】存在燃气存储房间未设置可燃气体探测报警系统、机械通风装置，未设置防爆型电气设备现象。

【整改对策】限期整改。燃气存储房间应设置可燃气体探测报警系统、机械通风装置、氧气浓度探测报警装置等，报警信号应与消防控制室连接，还应设置防爆型电器设备，落实防火巡查、监控等安全防范措施。一旦发生燃气泄漏，燃气处置人员应熟练切断气源，协助扑救初起火灾，并做好可燃气体浓度监测保障。

六、办公场所的火灾隐患和整改对策

办公场所因使用电器产品，存放大量纸质文件、塑料制品，办公人员相对集中，具有火灾隐蔽性高、燃烧物易燃性高、人员密集等特点。对于办公场所来说，其火灾隐患和整改对策如下。

1. 电器产品长时间通电

【火灾隐患】存在电脑、复印机、打印机、照明灯具、空调、空气净化器、微波炉等电器产品下班不断电、长时间通电待机等现象。

【整改对策】立即纠正。加强宣传教育培训，加强自查自纠，加强考核。

2. 移动式电源插座串接使用

【火灾隐患】存在移动式电源插座长距离串接使用现象。

【整改对策】限期整改。禁止移动式电源插座串接使用。根据用电设备实际，重新规划插座和线路布局。

3. 随意使用大功率电器设备

【火灾隐患】存在随意使用电暖气、微波炉等大功率电器设备现象。

【整改对策】立即整改。办公场所不宜配备电暖气、微波炉等大功率电器设备，确需使用的，应指定位置，核实电气线路负载，落实监控等安全防范措施。

4. 易燃物堆积存放

【火灾隐患】存在办公用纸、书籍、资料等易燃物堆积存放在电器产品周边现象。

【整改对策】立即整改。禁止将易燃物堆积存放在电器设备周边。加强宣传教育培训，加强自查自纠，加强考核。

5. 电气线路破损

【火灾隐患】存在电气线路多次拉设、挤压出现绝缘层破损等现象。

【整改对策】立即停用，杜绝漏电。及时更换破损的电气线路，定期维护保养，并留存相关记录。

七、居住场所的火灾隐患和整改对策

居住场所（特指单位提供的宿舍）因使用电器产品、家具，存放大量被褥、服装、生活用品，具有燃烧物种类多、火源控制难度大、逃生难度大等特点。对于居住场所来说，其火灾隐患和整改对策如下。

1. 违规使用明火或大功率电器

【火灾隐患】存在违规使用明火或大功率电器加工食品现象。

【整改对策】立即纠正。依据入住协议、通知等，严格处罚，批评教育，确保遵守园区规章制度。

2. 电器设备监护措施不到位

【火灾隐患】空调、电暖气、电脑、手机、充电宝等电器设备存在人员离开不断电等现象。

【整改对策】立即整改。加强宣传教育培训，加强自查自纠，加强考核。

3. 移动式电源插座、电器产品放置的位置不正确

【火灾隐患】存在移动式电源插座、电器产品放置在被褥等易燃物表面或周边现象。

【整改对策】立即纠正。禁止将移动式电源插座、电器产品放置在易燃物表面或周边。加强宣传教育培训，加强自查自纠，加强考核。

4. 易燃易爆物品未及时清理

【火灾隐患】存在室内、楼道、阳台、采光井堆积衣物、纸张、家具等易燃物或存放烟花爆竹、化学品等易燃易爆物品现象。

【整改对策】立即整改，禁止将废旧衣物、纸张、家具等易燃物或烟花爆竹、化学品等易燃易爆物品存放在居住场所。及时清除室内、楼道、阳台、采光井堆积的易燃物。

5. 电动自行车充电、停放管控

【火灾隐患】存在电动自行车在室内充电，电动自行车在建筑物内违规停放现象。

【整改对策】立即纠正。批评教育，严格处罚，加强宣传教育培训，加强自查自纠，加强考核。禁止将电动自行车停放在建筑物内，禁止在室内或从室内拉“飞线”为电动自行车蓄电池充电。确需充电和停放的，应指定区域，落实隔离、监控等安全防范措施。

八、食堂的火灾隐患和整改对策

食堂因使用燃气或电加热灶具烹饪食物，使用机械排烟装置排油烟，设置桌椅、食品原材料库房等易燃物，具有火势蔓延快、温度高、扑救难度大、逃生难度大等特点，此外使用燃气的食堂还具有燃气泄漏火灾隐患。对于食堂来说，其火灾隐患和整改对策如下。

1. 管线、软管、灶具漏气

【火灾隐患】存在燃气管线、软管、灶具漏气现象。

【整改对策】立即停用，杜绝泄漏。及时更换老化部件，定期维护保养，并留存相

关记录。

2. 排油烟罩、管道油污严重

【火灾隐患】存在厨灶间排油烟罩、管道油污严重积存现象。

【整改对策】限期整改。对厨灶间排油烟罩、管道定期进行清洗，并留存清洗记录。当烹饪量加大后，应密切观察油污积存量，适当缩短清洗间隔。

3. 技术防范措施

【火灾隐患】存在厨灶间未按要求设置可燃气体探测报警系统、燃气紧急切断装置现象。

【整改对策】限期整改。厨灶间应设置可燃气体探测报警系统、燃气紧急切断装置和机械通风装置，可燃气体探测报警信号应与消防控制室连接，相关区域还应设置防爆型电器设备。

4. 使用明火

【火灾隐患】存在在用餐区、开放式加工区使用明火烹饪食品现象。

【整改对策】限期整改。禁止在用餐区、开放式加工区使用明火烹饪食品。使用明火的厨灶间与用餐区应进行防火分隔，其耐火极限不低于 2 小时。

5. 油炸烹饪食品环节

【火灾隐患】存在油炸烹饪食品，油质溢出锅外时无人处置或操作人员未在现场操作现象。

【整改对策】立即纠正。批评教育，严格处罚，加强宣传教育培训，加强自查自纠，加强考核。

6. 炊具故障

【火灾隐患】存在电饼铛、电烤箱等炊具线路老化或电气故障等现象。

【整改对策】立即停用，杜绝非正常发热或漏电。及时更换老化部件，定期维护保养，并留存相关记录。

7. 冷藏间

【火灾隐患】存在冷藏间的保温层使用易燃材料，电气线路直接敷设或穿越保温层现象。

【整改对策】限期整改。更换保温材料，电气线路敷设应符合消防技术标准要求。

8. 食品加热燃料

【火灾隐患】存在违规使用小型液化气炉或甲、乙类液体作为食品加工燃料现象。

【整改对策】立即纠正。更换符合要求的食品加工燃料，严格处罚，批评教育，确保遵守园区规章制度。

9. 厨灶间管控

【火灾隐患】存在停止营业后厨灶间未落实关火、关电、关气等措施要求的现象。

【整改对策】立即纠正。明确责任人，加强安全提示，严格处罚，批评教育，确保遵守园区规章制度。

10. 食用油存储管控

【火灾隐患】存在食用油存储房间未独立设置，未采取防火分隔措施现象。

【整改对策】立即纠正。禁止食用油与火源同室布置。需使用的，应指定区域，设置独立的食用油存储房间，落实隔离、监控等安全防范措施。

11. 用餐区桌椅摆放

【火灾隐患】存在用餐区桌椅摆放占用、堵塞疏散通道、安全出口现象。

【整改对策】立即整改。调整用餐区桌椅摆放布局，设置消防安全标识、标线，确保疏散通道、安全出口畅通。

九、施工现场的火灾隐患和整改对策

施工现场因使用电气焊进行焊接或热切割明火作业，使用易挥发产生易燃气体的危险化学品进行胶水粘接或油漆粉刷，使用易燃材料多，具有火势猛烈燃烧、有毒气体多、烟雾大、扑救难度大、逃生难度大等特点。此外施工临时人员多、流动性强，临建设施防火标准低，明火作业等立体交叉作业多同样具有火灾隐患。对于施工现场来说，其火灾隐患和整改对策如下。

1. 配置临时消防器材及防火分隔管控

【火灾隐患】存在施工现场未按要求配置临时消防器材，未采取必要的防火分隔措施现象。

【整改对策】立即整改。施工现场应严格按照要求配置临时消防器材，非施工部位与施工部位应进行防火分隔，并设置消防安全标识。

2. 局部的施工管控

【火灾隐患】存在正常使用的建筑物内局部施工，因施工破坏防火分隔、堵塞疏散通道，关停或遮挡消防设施；临时电气线路敷设不符合要求现象。

【整改对策】立即整改。应修复被破坏的防火墙、防火门、防火窗等防火分隔设施，应确保疏散通道畅通，应清除遮挡或恢复消防设施原有的功能；应重新敷设电气线路，确保电气线路符合要求。

3. 动用明火作业审批管控

【火灾隐患】存在动用明火作业未办理动用明火审批手续，动火作业人员未取得相应资格。

【整改对策】立即停止动用明火作业。严格处罚，批评教育，确保遵守园区规章制度。应依据园区和入驻单位管理要求，提前办理动用明火审批手续，在指定的时间、地点进行明火作业，焊接和热切割明火作业人员应依法取得特种作业操作证书，持证上岗。动用明火审批手续、现场检查记录应留存备查。

4. 动用明火作业防护管控

【火灾隐患】存在焊接或热切割、防水施工等动用明火作业防护措施不到位现象。

【整改对策】立即停止动用明火作业。严格处罚，批评教育，确保遵守园区规章制度。应及时清理作业点周边和焊渣下落方向的易燃物，室外大风天气还应暂缓明火作业。实施动用明火的部门应明确专人负责，将动火区和非动火区进行防火分隔，清除动火区的易燃物，配置灭火器，落实现场监护人，确认无火灾、爆炸危险后动火，严禁违章作业。动用明火作业后，动火人员应清理作业面，现场负责人应检查现场，严禁遗留火种。

5. 建筑材料加工区管控

【火灾隐患】存在建筑材料加工区未清理作业点周边易燃物现象。

【整改对策】立即纠正。严格处罚，批评教育，确保遵守园区规章制度。应及时清理作业点及周边木料、木屑等易燃物。

6. 作业交叉管控

【火灾隐患】存在动用明火作业与其他作业横向或纵向作业交叉现象。

【整改对策】立即停止明火作业。严格处罚，批评教育，确保遵守园区规章制度。严禁明火作业与使用油漆类以及易挥发产生易燃气体的危险化学品作业交叉。

7. 危险化学品管控

【火灾隐患】存在违规存放或使用危险化学品现象。

【整改对策】立即纠正。施工现场严禁违规存放易燃材料或危险化学品。确需使用危险化学品的，应指定区域，设置独立的存储房间，落实隔离、监控等安全防范措施。

8. 施工人员使用电器产品管控

【火灾隐患】存在施工人员违规使用电暖气、电水壶等电器产品，手机、充电宝等电器产品长时间无人看管充电或放置在被褥上充电现象。

【整改对策】立即纠正。严格处罚，批评教育，确保遵守园区规章制度。禁止违规使用电器设备取暖或加工食品。应确保在具备安全防控的条件下使用电器设备，并做到人走断电。

十、厂房、库房的火灾隐患和整改对策

厂房、库房存在本节第一条至第九条火灾隐患的同时，还存在以下火灾隐患。

1. 机械、烘烤等设备温度过高

【火灾隐患】存在机械、烘烤等设备超过额定温度运行现象。

【整改对策】限期整改。禁止设备非正常运行。制定安全管理措施，定期对设备进行维护保养，并留存相关记录。

2. 静电防护管控

【火灾隐患】存在进入甲或乙类厂房、库房的人、车、物，未做静电防护、车辆尾气防护现象。

【整改对策】立即纠正。制定安全管理措施，加强安全提示，配备静电防护服装、工具、设备，设置消防安全标识。

3. 货物存储管控

【火灾隐患】存在生产原料、货物未按照其化学性质、特点分类存储现象。

【整改对策】限期整改。禁止危险化学品混合存储。制定安全管理措施，存储易燃易爆危险物品的仓库应标明存储物品的类别、品名、储量、注意事项和灭火方法。遇水会分解、燃烧、爆炸的危险物品应足量配备相对应的灭火剂。

4. 特种车辆充电、停放管控

【火灾隐患】存在特种车辆随意在厂房、库房内停放、充电现象。

【整改对策】限期整改。禁止特种车辆随意在厂房、库房内停放、充电。制定安全管理措施，划定车辆停放区、充电区，落实隔离、监控等安全防范措施。

5. 存储货物管控

【火灾隐患】存在库房内超量存储货物，不符合顶距、灯距、墙距、柱距、堆距的“五距”要求现象。

【整改对策】限期整改。制定安全管理措施，严禁超量、违规存放易燃易爆物品，重新规划库房布局，设置消防安全标识、标线，确保库房符合“五距”管理要求，确保疏散通道、安全出口畅通。

6. 搭建临时用房管控

【火灾隐患】存在厂房、库房内违规搭建阁楼，违规使用易燃材料搭建临时用房现象。

【整改对策】限期整改。制定安全管理措施，拆除违建阁楼，拆除或更换使用易燃材料搭建的临时用房。

十一、商场、市场的火灾隐患和整改对策

商场、市场存在本节在本节第一条至第十条火灾隐患的同时，还存在以下火灾隐患。

1. 安全出口不畅通

【火灾隐患】存在擅自将安全出口或疏散楼梯封堵、拆除现象。

【整改对策】限期整改。严格处罚，批评教育，加强监督检查，确保遵守园区规章制度。将安全出口或疏散楼梯恢复原状，确保安全出口或疏散楼梯位置、疏散距离符

合要求。

2. 疏散通道不畅通

【火灾隐患】疏散时，存在穿越经营、加工、存储等区域，未设置距离较近的疏散通道现象。

【整改对策】限期整改。重新规划布局，主要疏散通道应与安全出口直通设置，并设置消防安全标识、标线，确保疏散通道、安全出口畅通。

3. 商品、货架摆放管控

【火灾隐患】存在商品、货架的摆放占用疏散通道，堵塞安全出口，遮挡消防设施现象。

【整改对策】限期整改。禁止遮挡消火栓等消防设施，禁止占用、堵塞、封闭疏散通道、安全出口或有其他妨碍安全疏散行为，禁止占用防火间距。确保消防设施醒目，确保疏散通道、安全出口畅通。

4. 员工休息室或值班宿舍管控

【火灾隐患】存在经营、加工、存储等区域设置员工休息室或值班宿舍现象。

【整改对策】立即整改。严格处罚，批评教育，加强监督检查，确保遵守园区规章制度。清除员工休息室或值班宿舍，并恢复原状。

5. 游乐设施充电管控

【火灾隐患】儿童游乐设施、游艺设施使用蓄电池驱动的骑行（乘坐）、游戏机等玩具，存在未对蓄电池充电进行有效管理现象。

【整改对策】限期整改。禁止随意在营业期间充电。制定安全管理措施，划定骑行（乘坐）等玩具停放区、充电区，落实隔离、监控等安全防范措施。

6. 装饰装修管控

【火灾隐患】存在培训、早教机构使用泡沫、海绵等易燃物材料进行装饰装修现象。

【整改对策】限期整改。禁止使用易燃物材料。装饰装修应使用不燃或难燃材料进行装修装饰，并留存装修材料防火性能检测报告备查。

7. 庆典管控

【火灾隐患】节庆、店庆期间的装饰物（氢气球、易燃物挂件、仿真圣诞树等）直接布置在电气线路、电器设备、消防设施等部位，存在释放氢气球、点蜡烛、燃放冷烟花等行为现象。

【整改对策】立即整改。严格处罚，批评教育，加强监督检查，确保遵守园区规章制度。清除电气线路、电器设备周边易燃物，确保火灾探测器、喷头、消防应急广播扬声器等消防设施醒目。

十二、宾馆、饭店的火灾隐患和整改对策

宾馆、饭店存在本节第一条至第十一条火灾隐患的同时，还存在以下火灾隐患。

1. 布草间管控

【火灾隐患】存在布草间内工作人员违规吸烟，堆放的床单、毛巾等易燃物与电器设备距离过近现象。

【整改对策】立即整改。严格处罚，批评教育，加强监督检查，确保遵守园区规章制度。应做到不积存被褥、床单、毛巾等易燃物。

2. 客人吸烟管控

【火灾隐患】房间内存在客人吸烟现象。

【整改对策】劝阻。加强安全提示，设置消防安全标识。

3. 装饰装修材料管控

【火灾隐患】存在使用易燃物材料对地面、墙面进行装饰装修现象。

【整改对策】限期整改。禁止使用易燃物材料。装饰装修应使用不燃或难燃材料进行装修装饰，并留存装修材料耐火性能检测报告备查。

4. 临时用电管控

【火灾隐患】存在多功能厅、会议厅承办会议、婚庆、年会等活动，临时增加电器设备、增大用电负荷现象。

【整改对策】立即纠正，制定专项保障方案。

十三、公共娱乐场所的火灾隐患和整改对策

公共娱乐场所存在本节第一条至第十二条火灾隐患的同时，还存在以下火灾隐患。

1. 电器设备管控

【火灾隐患】存在灯光、音响等电器设备与幕布、背景等易燃材料距离过近或接触，未定期维护保养现象。

【整改对策】立即整改。制定安全管理措施，调整设备位置，定期维护保养。

2. 营业期间明火作业管控

【火灾隐患】存在在公共娱乐场所营业期间进行明火作业的行为现象。

【整改对策】立即停止明火作业。严格处罚，批评教育，确保遵守园区规章制度。应确保在公共娱乐场所营业期间禁止明火作业。

3. 易挥发产生易燃气体等物品管控

【火灾隐患】存在空气清新剂、杀虫剂等易挥发产生易燃气体物品存储、使用不当现象。

【整改对策】限期整改。确需使用的，制定存储、使用等安全管理措施，指定存放部位进行严格管理，加强安全培训，设置消防安全标识，落实监控等安全防范措施。

十四、易燃易爆场所的火灾隐患和整改对策

易燃易爆场所存在本节第一条至第十三条火灾隐患的同时，还存在以下火灾隐患。

1. 易燃易爆场所管理要求

【火灾隐患】存在未制定易燃易爆场所管理要求现象。

【整改对策】立即整改。应根据易燃易爆场所危险物品的化学性能，制定符合自身特点的消防安全管理要求，采取针对性强的防火措施。

2. 危险物品管控

【火灾隐患】存在高层公共建筑物和地下建筑生产、经营、存储易燃易爆危险物品现象。

【整改对策】立即整改。禁止在高层公共建筑物和地下建筑生产、经营、存储易燃易爆危险物品，此外，严禁变更地下建筑规划使用功能。

3. 化学品管理、使用

【火灾隐患】存在化学品未按安全技术说明书要求管理、使用现象。

【整改对策】立即纠正。应严格按照化学品安全技术说明书要求管理、使用。

4. 安全提示、告知

【火灾隐患】存在未对临时进入人员进行安全提示、告知现象。

【整改对策】立即纠正。制定安全管理措施，提示、告知安全风险，暂存打火机、火柴等火种，设置消防安全标识。

第四节 园区典型场所消防安全检查重点和隐患排查整治措施

对园区易燃易爆危险物品储存库房、人员密集场所等消防安全重点部位完成识别、确定的基础上，对园区典型场所组织开展消防安全检查，应按照“全覆盖、无盲区、大抄底”标准，逐个部位、逐栋建筑摸底和排查，统一汇总检查情况，建立本单位消防安全问题库，确保台账数据准确、情况真实、内容全面，做到“底数清、情况明”。单位应依据问题台账数量，周密部署，制定整治工作方案，细化明确具体工作措施，要主动把火灾隐患解决在火灾发生之前，构筑消防安全第一道防线，确保不发生火灾事故。

一、消防安全检查一般要求

1. 明确消防安全责任

① 查验产权单位、使用单位、统一管理单位之间签订的相关合同协议，现场向相关负责人了解是否明确各自的消防安全管理职责。

② 查验单位相关文件资料和检查记录，消防安全责任单位（物业）是否按照合同约定提供消防安全服务，是否对管理区域内的疏散通道、安全出口、消防车通道、消防设施以及消防控制室进行维护管理，是否定期开展消防安全检查、防火巡查和消防宣传教育。

2. 严格特种作业安全要求

① 查验施工改造主管部门施工现场安全管理责任人和施工单位的施工现场安全管

理责任人是否同时到达施工现场全程监督动用明火施工。

② 查验动用明火作业现场，是否持有相关证件和动火审批手续，动火时间、动火地点、作业人员是否与动火审批手续一致（动用明火证有效期为 1 天，双休日、重要节假日或重大活动期间要提级审批）。

③ 查验安装燃气用具的场所是否设置可燃气体探测报警系统，测试触发火灾探测器或消防按钮，查验消防控制室火灾报警控制器是否接收到报警信号。

3. 建筑外墙材料要求

① 查验建筑物外墙保温材料是否使用聚苯乙烯、聚氨酯等可燃、易燃材料。

② 查验建筑物外墙保温材料与基层墙体、装饰层之间是否有空腔、裸露。

4. 临时搭建用房消防要求

① 查验彩钢板建筑芯材，是否使用聚苯乙烯、聚氨酯等可燃、易燃材料。

② 建筑物内的非承重外墙、房间隔墙和屋面板，其材芯是否为不燃材料。

③ 查验是否违规设置群租房。

5. 穿墙管、孔洞的安全要求

① 查验墙体、门、窗等防火分隔设施是否具备防火分隔作用，其耐火等级严禁低于该防火分隔设施最低耐火等级。

② 查验穿越楼板、墙体孔洞是否使用防火材料封堵。

6. 疏散通道、安全出口和消防车通道安全要求

① 采取视频监控与现场检查相结合方式，查验疏散通道、安全出口、消防车通道和消防车登高操作场地是否被占用、堵塞或封闭。

② 采取视频监控与现场检查相结合方式，查验疏散通道、安全出口、消防车通道和消防车登高操作场地是否存在地面障碍物凸起、宽度改小、私拉电线等妨碍安全疏散的行为。

③ 查验环形消防车通道是否有两处与市政道路连通，尽头式消防车通道是否设置回车道或回车场。

④ 查验是否有妨碍消防车作业的树木、电力设施、架空管线、广告牌等障碍物。

7. 消防设施安全运行要求

采取视频监控与现场检查相结合方式，查验火灾报警控制器、消防联动控制器、消防控制室 CRT 图形显示装置历史记录，结合消防设施台账和建筑物竣工图是否存在损坏、挪用或擅自拆除、停用消防设施的行为。

8. 灭火系统压力要求

① 消防控制室应能显示水流指示器、压力开关、信号阀、消防水泵、消防水池和水箱水位、有压气体管道气压，以及电源和备用动力等是否处于正常状态的反馈信号，并应能控制消防水泵、电磁阀、电动阀等的操作（《自动喷水灭火系统设计规范》11.0.5 之规定）。

② 消防用水与其他用水共用的水池，是否确保消防用水量不作他用的技术措施，高位水箱间环境温度是否不低于 5℃。

③ 查验是否在消火栓系统水力最不利点（最高点）设置测试专用消火栓和压力表。

9. 消防设施技术检测和维护保养要求

① 查验消防设施维护保养对象是否与消防设施台账、消防设施维护保养清单一致。

② 采取视频监控与现场检查相结合方式，查验火灾报警控制器、消防联动控制器、消防控制室 CRT 图形显示装置历史记录，核实是否存在故障，维修是否闭环。

③ 查验消防设施故障维修记录，对短期不能修复的消防设施是否采取有效措施替代其功能，是否制定专项维修方案。

④ 查验单位（物业）是否按照合同或协议约定，对消防设施进行技术检测和维护保养。

⑤ 登录社会消防技术服务信息系统官网→点击消防技术服务机构信息→输入承担消防技术服务企业名称→核对真实企业信息。

10. 灭火器管理要求

灭火器材报废期限应符合以下要求。

① 是否使用出厂年月钢印无法识别或铭牌、14 位标志明码脱落或看不清字迹的

灭火器钢瓶。消防产品查验：登录应急管理部消防产品合格评定中心→强制性认证产品信息查询→点击消防产品信息查询栏→输入灭火器材 14 位标志明码，即可进行消防产品真伪查验。

② 查验灭火器材台账、灭火器材产品说明书等证明材料，是否存在超期使用的灭火器材。

a）水基型灭火器报废期限为：6 年。

b）干粉灭火器报废期限为：10 年。

c）洁净气体灭火器报废期限为：10 年。

d）二氧化碳灭火器报废期限为：12 年。

见表 3–16 所示。

③ 对照灭火器材台账、维修记录，现场查验是否定期对灭火器材进行维护保养，查验灭火器材是否存在严重锈蚀、明显变形及严重机械损伤，器头存在明显裂纹、无泄压机构、被火烧过等情况。灭火器材维修期限应符合以下要求：

a）水基型灭火器维修期限为：出厂期满 3 年进行首次维修，首次维修以后每满 1 年进行维修。

b）干粉灭火器维修期限为：出厂期满 5 年进行首次维修，首次维修以后每满 2 年进行维修。

c）洁净气体灭火器维修期限为：出厂期满 5 年进行首次维修，首次维修以后每满 2 年进行维修。

d）二氧化碳灭火器维修期限为：出厂期满 5 年进行首次维修，首次维修以后每满 2 年进行维修。灭火器材维修期限见表 5–1。

表5-1 灭火器材维修期限统计表

灭火器类型	维修期限
水基型灭火器	出厂期满 3 年；首次维修以后每满 1 年
干粉灭火器	出厂期满 5 年；首次维修以后每满 2 年
洁净气体灭火器	
二氧化碳灭火器	

11. 电气线路的安全要求

① 查验电气线路是否存在绝缘老化，是否穿越或敷设在 B2 级（可燃）的保温材料上。

② 查验电气线路是否存在私拉乱接现象，如随意增加用电设备，使用不合格的电器产品（使用的电器产品未取得国家强制性产品认证），电气线路穿越或敷设在 B1 级（难燃）或 B2 级（可燃）的保温材料上，查验是否采取穿金属管等防火保护措施。

12. 定期组织消防安全检查

① 查验单位近 6 个月的消防安全检查记录，现场询问消防工作主管部门员工，核实检查频次、检查内容、人员签名等是否完整、规范。

② 采取视频监控与现场检查相结合方式，查验检查人员是否及时发现问题并处置。

③ 查验防火自查发现的问题隐患是否做到及时上报、立行立改，对未整改项是否采取有效措施。

④ 查验单位近 2 个月的每日防火巡查记录或调取视频监控采取倒查回看等方式，核实是否落实每日防火巡查。

⑤ 现场提问至少 2 名防火巡查人员，核实防火巡查频次、防火巡查内容是否符合规定，对防火巡查发现的消防安全问题是否妥善处置。

13. 灭火和应急疏散预案的制定及演练

① 查验单位是否制定灭火和应急疏散预案，灭火和应急疏散预案是否符合单位消防安全实际。

② 查验灭火和应急疏散预案是否每年进行评估，是否每 3 年更新一次，内容是否做到机构健全、职责清晰、程序合理、分工明确、措施有效、针对性强。

③ 查验最近 2 次组织演练的工作计划、文字记录、影像视频等记录材料，主要建筑物是否每年至少开展一次现场演练；查验宣传报道、图文资料、人员签到、评价总结等演练记录是否签署完整、内容齐全。

14. 消防控制室的管理要求

① 查验消防控制室内有关公示材料，是否建立并公示消防控制室人员排班表，核

实是否落实 24 小时双人值班要求。

② 查验火灾自动报警系统、灭火系统和其他联动控制设备是否处于正常工作状态。

③ 查验所有消防设施操作员资格证书原件，是否依法获得职业技能四级 / 中级工以上资格。

15. 电动自行车的管理

① 采取视频监控与现场检查相结合方式，查验电动自行车是否在室外私拉乱接电线充电，是否在楼内违规充电或停放。

② 采取视频监控与现场检查相结合方式，查验电动自行车充电或停放是否与易燃易爆物品保持安全距离。

16. 微型消防站的建设要求

① 查验当班消防设施操作员是否具备及时调集人员的能力：主班负责拨打报警电话，副班负责调集本单位微型消防站等自防自救灭火救援处置力量，是否能在 3 分钟内到场处置。

② 微型消防站建设标准。以航天园区为例，微型消防站应根据扑救初起火灾需要，配备一定数量的灭火器、水枪、水带等灭火器材，以及基本防护装备和通信器材。消防员基本防护装备配备应符合以下要求：

a）消防头盔、消防员灭火防护服、消防手套、消防安全腰带、消防员灭火防护靴、佩戴式防爆照明灯、消防员呼救器、消防轻型安全绳、消防腰斧、防毒面具等应按照微型消防站实际人数配置。

b）正压式消防空气呼吸器应按照微型消防站实际数量配置。

消防员基本防护装备配备标准见表 2–1。

c）每个微型消防站应设置可直接报“119”火警电话的外线电话。

d）手持对讲机等通信器材应按照微型消防站实际人数配置。

通信器材配备标准见表 2–2。

二、消防安全重点部位的检查重点

加强消防安全重点部位动态管控是做好一个单位消防安全管理，确保单位消防安全，避免和减少重特大火灾事故发生的一项重要措施。单位应当根据实际，按部位重要性、物品储存价值、人员密集性等火灾危险程度确定消防安全重点部位，凡被确定的消防安全重点部位，应当确定责任人，落实每日防火自查要求，实行严格的管理。中国空间技术研究院要求如下：

1. 消防安全重点部位的确定

① 依据消防安全重点部位清单，查验备案材料是否完整、准确。

② 查验现场是否与备案材料一致，发生变化后，是否在 3 个月之内重新备案。

2. 识别火灾危险源并确定控制措施

① 是否建立火灾危险源辨识清单，是否制定消防安全操作规程，是否制定灭火处置方案。

② 查验灭火处置方案、消防安全操作规程是否与公示资料内容保持一致。

3. 悬挂“消防安全重点部位”标识牌

① 查验是否在显著位置悬挂“消防安全重点部位”标识牌。

② 查验消防安全重点部位标识牌公示的责任部门，责任人和联系电话等内容是否准确。

4. 定期开展消防安全检查

① 查看周查或日查等检查记录，内容是否包括火灾危险源、消防设施、灭火器、电器等内容，并依据现场出现的问题判定周查或日查工作的实施是否责任到位。

② 检查记录签字、日期是否填写齐全，节假日等非工作期间是否空出；当检查人签字为同一人时，要留意查看是否有代签或突击签字情况。

5. 闭环整改检查发现的问题

① 针对周查、日查等检查记录提出的问题，是否完成整改并留有记录。

② 检查范围是否做到全覆盖。

6. 对员工进行消防安全教育培训

① 查看是否制定教育、培训计划，新员工入职教育记录是否齐全。

② 员工参加教育、培训每年不少于 2 次，查看培训总结及签到记录是否齐全。

7. 明确志愿消防组织成员

① 是否设立志愿消防组织，现场询问志愿消防组织成员是否熟知灭火处置方案，是否熟练使用消防设施、灭火器材等；

② 是否参加园区或入驻单位组织的消防培训，每年不少于 1 人，每次不少于 16 学时。

8. 制修订消防安全重点部位现场处置方案和演练要求

① 是否每年进行评估或更新，内容是否做到机构健全、职责清晰、程序合理、分工明确、措施有效、针对性强。

② 是否每年开展不少于 2 次现场演练，宣传报道、图文资料、人员签到、评价总结等演练记录是否签署完整、内容齐全。

9. 施工动用明火作业须满足消防安全管理要求

① 是否做到有生产任务的部位，任务期间严禁明火作业，未经单位消防工作主管部门审批，严禁明火作业。

② 每一起动用明火施工审批之前是否签订消防安全责任书，是否制定灭火和应急疏散预案，是否对施工人员进行安全教育。

10. 防火门和防火卷帘应配件齐全、功能完好

① 查验防火门的门扇、门框是否变形，闭门器、顺序器等配件是否齐全，功能是否正常。

② 查验常闭式防火门是否处于关闭状态，开门方向与疏散方向是否一致。

③ 查验常开式防火门是否具备联动关闭功能，消防控制室是否能正常接收反馈信号。

④ 查验防火卷帘的帘板、座板、按钮、热熔机构等配件是否齐全，座板与地面是否均匀接触，是否具备手动升降功能、联动关闭功能，消防控制室是否能正常接收反馈信号。

11. 消防安全重点部位纳入消防控制室监控范围

① 消防安全重点部位负责人、安全员等人员联系方式以及火灾探测器、消火栓等消防设施覆盖区域的门禁卡、房门钥匙等是否在消防控制室留存。

② 是否建立非工作期间的突发事故的紧急处置方案。

三、人员密集场所的检查重点

人员密集场所涵盖了宾馆、饭店、商场、集贸市场、会堂食堂，以及公共娱乐场所等公众聚集场所，公共图书馆的阅览室，公共展览馆，劳动密集型企业的生产加工车间，员工集体宿舍。在开展人员密集场所检查中，除应符合消防安全重点部位检查要求外，还应符合下列要求。

1. 门窗严禁设置影响逃生和灭火救援的障碍物

① 查验单位是否存在人员密集场所。

② 查验建筑物疏散门、防火门、外窗、疏散通道是否设置影响疏散逃生的广告牌、铁栅栏等障碍物。

2. 发生火灾时现场人员应有组织疏散能力

① 查验消防应急功能的多用途公共广播系统是否具备强制切入消防应急广播的功能。

② 查验火灾自动报警系统、自动灭火系统、防火门、防火卷帘、消防疏散指示标志、消防应急照明、机械排烟送风、火灾事故应急广播等消防设施是否处于正常状态。

③ 查验单位灭火和应急疏散预案，是否建立、健全火灾事故处置领导小组和灭火处置、通信联络、疏散引导等行动小组，各小组成员是否动态调整并及时更新。

④ 查验单位灭火和应急疏散预案，火灾事故处置领导小组和灭火处置、通信联络、疏散引导、安全保卫、后勤医疗保障等行动小组是否明确各级消防职责，是否定期开展演练。

3. 严禁使用不合格和淘汰的消防产品

① 查验单位使用的消防产品有无 14 位标志明码。

② 查验单位是否使用国家明令淘汰的消防产品。

③ 消防产品查验：登录应急管理部消防产品合格评定中心→强制性认证产品信息查询→点击消防产品信息查询栏→输入消防产品 14 位标志明码，即可进行消防产品真伪查验。

4. 及时清除食堂排烟设备和管道的油垢

① 查验食堂安全管理制度是否规定了食堂排烟设备和排烟管道的清洗要求。

② 查验食堂排烟设备和排烟管道清洗记录，是否至少每两个月清洗一次，排烟设备和排烟管道有无油垢堆积。

5. 消防应急标志灯具应符合国家标准设置要求

① 查验封闭楼梯间，防烟楼梯间及其前室，消防电梯间前室或合用前室，避难走道、避难层（间），建筑面积大于 $200m^2$ 的营业厅、餐厅、演播室等部位，建筑面积大于 $100m^2$ 的地下或半地下公共活动场所，公共建筑内的疏散走道等是否设置消防应急照明灯具。

② 查验消防控制室、消防水泵房、自备发电机房、配电室、防排烟机房以及发生火灾时仍需要正常工作的消防设备房是否设置备用消防应急照明灯具。

③ 查验安全出口和人员密集场所疏散门正上方是否设置出口型疏散指示标志灯具。

④ 查验疏散走道及其转角处是否设置方向型疏散指示标志灯具，灯具距离地面安装高度是否小于等于 1m。

⑤ 查验方向型疏散指示标志灯具间距是否小于等于 20m，袋形走道是否小于等于 10m。

6. 建筑物房间内应设置疏散平面示意图

① 现场查验建筑物是否逐层设置疏散平面示意图，所示内容是否与现场实际相符。

② 现场查验房间内是否逐一设置疏散示意图，所示内容是否与现场实际相符。

四、高层公共建筑的检查重点

高层公共建筑林立，在高层公共建筑内工作、生活已成为常态，但是高层公共建筑一旦发生火灾，危险性极大。

1. 高层公共建筑存在的火灾隐患

（1）火灾成因多样

在高层公共建筑中，火灾是常见的事故类型，引发火灾的原因多样，火灾发生的时间、地点具有随机性，受到各种不确定性因素的影响，尤其是违规存储、经营、使用易燃易爆危险品，违规使用聚氨酯、聚苯乙烯等易燃可燃材料装饰装修，避难层

（间）被占用或擅自改变用途，电缆井内电气线路敷设不规范等行为，加剧了高层公共建筑消防工作的难度，一旦起火，火势会快速蔓延，难以管控。因此，多样化、随机性的火灾成因是高层公共建筑的主要火灾隐患。

（2）消防设施管理不完善

高层公共建筑配置了火灾自动报警系统、自动喷水灭火系统、消火栓系统、消防应急照明和疏散指示系统、消防电话和应急广播、防火防烟分隔设施、灭火器等消防设施，发生火灾时，将依靠自身消防设施完成灭火和人员疏散。消防设施的维护保养一旦不到位，出现火灾自动报警故障不能及时发现火情，消防管道无压无水无法灭火，消防应急广播无法通知紧急疏散口令，防火门不能阻隔烟火，风机不能排烟等故障，必将延误火灾扑救和人员疏散逃生，甚至出现火势无法控制和亡人惨痛事故。

（3）缺乏消防意识

消防意识的缺失，往往是麻痹大意、违规作业等问题发生的主要原因。消防安全管理工作未能得到有效落实，缺乏规范、合理的火灾防控手段，消防知识的宣传力度不够，未能引起人们的重视，不能自觉遵守消防规程，出现违规吸烟、违规占用疏散通道或遮挡消防设施、违规使用或存储易燃易爆物品、随意对手机充电、随意对电动自行车停放或充电等行为。在火灾发生时，无法沉着、冷静地扑救初起火灾，而显得惊慌失措，出现错误的逃生行为，不仅会影响到安全逃生的秩序，还会危及其自身安全。

2. 高层公共建筑检查的重点

高层公共建筑的外部救援难度较大，需要借助专业的消防云梯、高压水炮，但会受到实际条件的限制，不能及时有效的灭火、救援。因此，在高层公共建筑发生火灾后，在火灾初起阶段，要依靠自身扑救或阻隔火势蔓延，当外部救援力量到达之后，需要内部与专业救援之间的配合，最大程度上降低火灾造成的生命财产损失。在开展高层公共建筑检查时，除应符合消防安全重点部位、人员密集场所检查要求，还应识别常见火灾隐患，制定针对性强的检查计划，并组织实施。

五、典型场所火灾隐患排查整治措施

1. 自主组织评估

单位应围绕突出风险情形，组织开展消防安全风险自评估或委托消防技术服务企业［参考《社会消防技术服务管理规定》（应急管理部令第 7 号）］，逐个部位、逐栋建筑物开展消防安全评估，切实掌握基本情况和消防安全管理状况。

2. 严格问题整改

单位应针对检查发现的问题隐患，加大消防经费投入力度，分级分类组织整改。针对立行立改等动态问题，应立即整改；针对问题隐患反复或整改难度较大的，要明确整改责任部门及人员，细化整改措施和时限。

对于建筑物外墙采用易燃可燃保温材料已经严重损坏，或其与基层墙体、装饰层之间有空腔的，应更换符合消防技术标准的外保温材料；未拆除前，严密包覆裸露的保温材料，在建筑物显著位置设置规格统一、标志醒目的安全警示牌，提示和落实安全防范措施。

对于违规使用易燃可燃装饰、装修材料，消防供水管网无水或水压不足，违规设置群租房、搭建易燃可燃彩钢板房，消防控制室被擅自停用，严重占用、堵塞、封闭疏散通道、安全出口、消防车通道和消防车登高操作场地等影响公共安全的重大火灾隐患，应列为本单位重大火灾隐患，并明确整改时限、责任部门和责任人，限期完成整改。

3. 强化自主管理

单位应对照消防安全重点部位、人员密集场所、高层公共建筑等典型场所检查项开展自查自改，公开做出消防安全承诺。建立健全单位消防安全管理制度和操作规程，将消防工作与本单位的生产、经营等活动统筹安排，提供必要的经费和组织保障，确定逐级消防安全责任，加强宣传教育培训，消防设施维护保养和技术检测，灭火和应急疏散预案及演练，施工明火作业，相关协作方，志愿消防组织等消防安全管理。

4. 规范核查校验

在开展自查的基础上，承担园区消防安全管理的责任单位还应对其进驻单位自查结论进行核查，检验整治成效。

5. 加强宣传教育和培训演练

单位应充分利用各类宣传途径，围绕消防工作，大力普及火灾预防和逃生自救知识。使员工知道消防设施和灭火器材的位置，知道疏散通道和安全出口的位置，知道建筑物布局和功能；使员工会组织人员疏散，会扑救初起火灾，会穿戴防护装备，会操作消防器材。各单位还应开展单位级、部门级灭火和应急疏散预案演练，开展灭火技能实操实训，立足实战，确保一旦发生火情，就近员工具备“见火不慌、抬手就灭”的能力，并按灭火和应急疏散预案职责分工及时到位、有效组织。超高层公共建筑管理单位应每半年组织一次消防安全培训及灭火和应急疏散预案演练。

6. 加强施工现场的消防安全管理

单位应严格建设工程施工消防监督管理，明确双方的消防安全职责并签订消防安全协议书，指定双方现场负责人和现场监管人并强化作业过程监督检查，坚决杜绝违规违章操作的行为。加强施工现场临时消防设施的配备，加强明火作业的审批监管，确保建设工程施工安全。

7. 强化落实物业服务管理

物业服务企业应落实消防安全主体责任，按照国务院物业管理条例、属地物业管理办法、住宅物业消防安全管理等法律法规要求，履行消防工作职责，开展日常消防安全宣传教育，提示火灾隐患，组织居民进行灭火和应急疏散演练；组织防火巡查，发现火灾隐患及时采取整改措施；对管理区域内的共用消防设施、器材进行维护管理；对占用、堵塞、封闭疏散通道、安全出口、消防车通道等违规行为予以劝阻并督促改正；建立微型消防站，对初起火灾采取必要的处置措施。各责任单位应督促高层公共建筑物业服务企业按照合同约定认真提供消防服务管理，配备消防设施管理、维护技术人员，严格落实各项消防安全管理措施。

8. 强化技防、物防建设

单位应加强智能化火灾监测预警、电气火灾综合预警防控、消防安全管理云服务平台等科技应用，实现火灾及时预警、智能防控。

9. 完善应急预案和强化应急准备

单位要深刻汲取近期国内有关火灾事故教训，针对当前消防工作存在的安全风险，进一步完善各级各类消防应急预案；要针对各类风险特点和气候特点，加强火灾监测预警，确保应急组织机构、专职消防队、装备、物资等应急资源落实到位，发生紧急情况能及时科学有效处置；要加强应急值守，严格执行重要生产 24 小时值班制度和领导带班制度，确保通信联络畅通，紧急情况能够妥善应对。

06

第六章

园区应对初起火灾事故自救能力建设

第一节　园区开展应急管理工作的方法

一、建立健全园区应急管理体系

1. 建立应急管理机制

园区应急管理工作须按照“统一领导、综合协调、分类管理、分级负责、企地衔接”的要求，建立“上下贯通、多方联动、协调有序、运转高效”的应急管理机制。

2. 完善应急预案

单位应加强各类突发事件的风险识别、分析和评估，根据突发事件的不同类别和等级，针对可能造成的社会危害，编制总体应急预案、专项应急预案和现场处置方案，形成“横向到边、纵向到底、上下对应、内外衔接”的应急预案。

3. 建立完善应急管理体系

单位应积极借鉴国内外应急管理先进理念，采用科学的应急管理方法和技术手段，建立完善应急管理体系，不断提高应急管理水平。

二、制定应急预案应遵循的基本要求

① 符合法律、法规、规章和消防技术标准以及园区管理要求。

② 符合本单位的实际情况和风险分析要求。

③ 应急组织机构和人员分工明确、职责清晰。

④ 组织体系图、应急处置流程和保障措施应简洁、明确、具体，并与本单位的应

急能力相适应。

⑤ 应急预案基本要素齐全、完整，应急预案附件提供的信息准确、清晰。

⑥ 应急预案应具备针对性和可操作性，各应急预案之间相互衔接，同时与所在园区、上级单位、国家或地方政府有关部门的应急预案相衔接。

三、应急预案管理应遵循的基本要求

① 应急预案完成编制后，应按照国家、地方政府及园区的要求和有关标准，组织专家进行评审，形成书面意见并附专家名单和签名。

② 应急预案经评审、修改完善，应以正式文件形式报经单位消防安全责任人批准后，发布实施。

③ 应急预案实行分级备案制度，下级单位的应急预案报上一级单位备案，同时应按照国家有关部门或地方政府及园区的要求报送备案。

④ 各级应急预案至少每 3 年修订一次，预案修订情况应有记录并归档。

⑤ 单位应加大应急管理投入力度，切实保障应急体系建设、应急队伍建设、应急装备和物资储备、应急演练等的资金需求。

⑥ 单位应加强与国家有关部门或地方政府及园区应急预案的衔接工作，建立园区与入驻单位之间的应急联动机制，有针对性地组织开展联合应急演练，充分发挥应对重大突发事件区域一体化联防功能，提高共同应对突发事件的能力和水平。

⑦ 单位应建设满足应急需要的应急平台，构建完善的突发事件信息网络，实现突发事件信息快速、及时、准确地收集和报送，为应急指挥决策提供信息支撑和辅助手段。

⑧ 单位应充分发挥保险在突发事件预防、处置和恢复重建等方面的作用，大力推进意外伤害保险和责任保险制度建设，完善对专职消防队的工伤保险制度。

⑨ 单位应积极推进科技支撑体系建设，紧密跟踪国内外先进应急理论、技术发展，针对单位应急工作的重点和难点，加强与科研机构的联合攻关，积极研发和使用突发事件预防、监测、预警、应急处置与救援的新技术、新设备。

四、应急保障能力建设和应急预案培训演练应遵循的基本要求

① 单位应加强风险监测，建立突发事件预警机制，针对可能发生的各类突发事件，及时采取措施，防范各类突发事件的发生，减少突发事件造成的危害。

② 单位应按照专职和兼职人员相结合，“险时救援和平时防范”相结合的原则，建设相应的消防队。小型或微型企业等规模较小的生产、经营单位，可以不建立消防队，但应指定兼职的应急救援人员。

③ 易燃易爆危险化学品的生产、经营、存储、运输等单位应建设符合专业特点、配置合理的专职消防队，积极参加国家级和区域性应急救援基地建设。有专职消防队的单位，可依托专职消防队建立救援力量。

④ 消防队的人员应具备相应的专业知识、技能水平，以及良好的身体素质和心理素质。消防队建设单位或兼职应急救援人员所在单位应按照国家有关要求对应急救援人员进行培训，培训合格后，方可参加应急救援工作。消防队应配备必要的应急救援装备和物资，并定期组织训练。

⑤ 单位应加强综合保障能力建设，根据本单位可能发生的突发事件特点和危害，储备必要的应急救援装备和物资，确保装备和物资日常状态良好，并及时更新和补充。各单位应了解掌握所在地周边应急资源情况，并在应急处置中互相支援。

⑥ 单位应加强各级负责人、管理人员和作业人员的业务培训，提高应急指挥和应急救援人员的应急管理水平和专业技能，提高全员的应急意识和防灾、避险、自救、互救能力。应组织编制有针对性的培训教材，分层次开展全员教育培训。

⑦ 单位应有计划地组织开展多种形式的应急预案演练，突出演练的针对性和实战性。认真做好演练的评估工作，对演练中发现的问题和不足持续改进，提高应对各类突发事件的能力。

五、突发事件管理应遵循的基本要求

① 园区应实行 24 小时值班制度，各单位应明确 24 小时应急值守人员和联系电话，并保持应急通信畅通。

② 单位应建立突发事件信息报告制度。信息要做到及时、客观、真实，严禁迟报、谎报、瞒报、漏报。中国空间技术研究院要求：

a）特别重大突发事件（Ⅰ级）、重大突发事件（Ⅱ级），应在事发后立即报告园区主管部门。

b）较大突发事件（Ⅲ级）、一般突发事件（Ⅳ级），应在事发后 0.5 小时内报告。

c）情况特别紧急时，可立即采用电话等进行口头初报，随后及时书面报告，并根据情况变化和工作进展，及时续报相关信息。

d）突发事件处置完毕后24小时内及时报告处理结果。

e）在向园区报告的同时，应按照要求报告地方政府有关部门。

f）突发事件发生后，各单位应根据突发事件的等级立即启动相应的应急预案，还应及时搜集事件信息，分析研判其事件可能的发展趋势和造成的危害，立即采取应对措施。

③ 造成人员伤亡或生命受到威胁的突发事件发生后，各单位应立即启动应急预案，组织消防队和工作人员科学、妥当营救受害人员，疏散、撤离、安置受到威胁的人员，控制危险源，标明危险区域，封锁危险场所，并采取防止危害扩大的必要措施，避免盲目救援。

④ 园区内涉密单位应按照保密要求做好外部救援力量进入涉密区域的保密管理工作，积极做好涉密区域突发事件的处置，提前做好相关协调衔接，并在应急预案中予以体现。

⑤ 单位应建立突发事件信息披露机制。突发事件发生后，应第一时间启动应急预案，业务分管部门拟定信息披露公告（或声明），按照政府有关部门和有关要求的统一安排，由园区新闻发言人及时准确地向社会披露有关突发事件事态发展和应急处置进展情况。新闻宣传部门全面开展舆情监测，做好媒体采访接待工作。

⑥ 突发事件的威胁和危害得到控制或消除后，各单位应按照有关要求解除应急状态，并及时组织对突发事件造成的损害进行评估，开展或协助开展突发事件调查处理，查明发生经过和原因，总结经验教训，制定改进措施，尽快恢复正常的生产、经营、生活和社会秩序。

⑦ 火灾事故责任单位应根据国家有关政策，积极开展救助、补偿、抚慰、抚恤、安置等善后工作，妥善解决因处置突发事件引发的矛盾和纠纷。对紧急调集、征用的设备、物资，在使用完毕或应急工作结束后，应及时返还、补偿或储备。

⑧ 园区应建立突发事件统计分析制度，全面、准确地统计各类突发事件发生数量、伤亡人数、造成的经济损失等相关情况数据。

第二节 园区制定灭火和应急疏散预案及实施演练的方法

灭火和应急疏散预案是提前制定的一份保障计划，是尽可能减少人员伤亡和财产损失的重要措施，一份完备的灭火和应急疏散预案可使每一名员工清晰地了解火灾发生时的应对措施，提前做出判断、决策，从而减少或避免更加严重的火灾事故，进一步提高单位抗御火灾的能力。

一、制定园区灭火和应急疏散预案体系的依据和构成

1. 制定园区灭火和应急疏散预案体系的依据

（1）应依据法律法规制定灭火和应急疏散预案

《中华人民共和国突发事件应对法》明确规定“所有单位应建立健全安全管理制度，定期检查本单位各项安全防范措施的落实情况，及时消除事故隐患，掌握并及时处理本单位存在的可能引发社会安全事件的问题，防止矛盾激化和事态扩大”。

《消防法》明确规定“机关、团体、企业、事业等单位应落实消防安全责任制，制定本单位的消防安全管理制度、消防安全操作规程，制定灭火和应急疏散预案，组织进行有针对性的消防演练等消防安全责任”。

（2）应依据法规制定灭火和应急疏散预案

国务院办公厅《消防安全责任制实施办法》明确规定“机关、团体、企业、事业等单位应落实消防安全主体责任，明确各级、各岗位消防安全责任人及其职责，制定本单位的消防安全管理制度、消防安全操作规程、灭火和应急疏散预案。定期组织开展灭火和应急疏散演练，进行消防工作考核，确保各项规章制度落实”。

（3）应依据标准制定灭火和应急疏散预案

《社会单位灭火和应急疏散预案编制及实施导则》GB/T 38315—2019 明确了“机关、团体、企业、事业单位编制灭火和应急疏散预案的编制程序、主要内容、预案的实施、演练考核”。

2. 园区灭火和应急疏散预案体系的构成

园区灭火和应急疏散预案应形成体系，针对各级各类可能发生的火灾事故和所有危险源，按照规模大小、功能及业态划分、管理层次等要素，可分为园区灭火和应急疏散预案总预案、灭火和应急疏散分预案、灭火和应急疏散专项预案（消防安全重点部位）三类。

（1）园区灭火和应急疏散总预案

是指从园区总体上阐述处置火灾事故的应急方针、政策，应急组织结构及相关应急职责，应急行动、措施和保障等基本要求和程序，是应对火灾事故的综合性文件。由园区消防安全管理单位或承担园区消防保障工作的主管部门负责制修订。

（2）灭火和应急疏散分预案

是针对火灾事故、危险源和应急保障而制定的计划或方案，应按照园区灭火和应急疏散总预案的程序和要求组织制定，并作为园区灭火和应急疏散总预案的附件。灭火和应急疏散分预案由入驻单位制修订。

（3）灭火和应急疏散专项预案（消防安全重点部位）

是针对具体的装置、场所或设施、岗位所制定具体、简单、针对性强的应急处置措施，应按照园区灭火和应急疏散总预案的程序和要求组织制定，并作为园区灭火和应急疏散总预案的附件。灭火和应急疏散专项预案（消防安全重点部位）应由入驻单位制修订。

二、制定各级预案的主要内容和分级

1. 园区灭火和应急疏散总预案的主要内容

（1）总则

① 编制目的：简述编制的目的、作用等。

② 编制依据：简述编制所依据的法律、法规、规章，以及有关行业管理规定、标准等。

③ 适用范围：明确适用的区域范围，以及事故的类型、级别。

④ 灭火和应急疏散预案体系：明确园区灭火和应急疏散总预案与灭火和应急疏散分预案、灭火和应急疏散专项预案（消防安全重点部位）体系的构成情况。

（2）园区基本情况

① 园区概况：主要说明园区名称、地址、使用功能、建筑面积、建筑结构及主要人员等情况，还应包括总平面图、分区平面图、立面图、剖面图、疏散示意图等。

② 火灾危险源情况：主要说明园区的火灾危险源的位置、性质和可能发生的事故，明确危险源区域的操作人员和防护手段，危险品的仓储位置、形式和数量等。

③ 消防设施情况：主要说明园区的消防设施类型、数量、性能、参数、联动逻辑关系以及产品的规格、型号、生产企业和具体参数等内容。

④ 园区内有生产加工企业的，还应说明生产的主要产品、主要原材料、生产能力、主要生产工艺及处置流程、主要生产设施及装备等内容。

⑤ 园区内涉及危险化学品的，还应说明工艺处置技术小组人员情况，危险化学品的品名、性质、数量、存放位置和方式、防护和处置措施，运输车辆情况及主要的运输产品、运量、运地、行车路线和处理危险化学品物质存放处等内容，明确标注不能用水扑救或用水扑救后产生有毒有害物质的危险化学品。

（3）组织机构

① 应明确园区的指挥机构，消防安全责任人任总指挥，消防安全管理人任副总指挥，入驻单位消防安全责任人或消防安全管理人任成员，消防工作归口职能部门负责人参加并具体组织实施。

② 当园区消防安全责任人或消防安全管理人不在位的情况下，由当班的园区负责人或第三人替代指挥的梯次指挥体系。

③ 应明确通信联络组、灭火行动组、疏散引导组、防护救护组、安全保卫组、后勤保障组等行动机构。

（4）预防与预警

隐患监控：明确对隐患监测监控的方式、方法，以及采取的预防措施。

① 预警行动：明确事故预警的条件、方式、方法和信息的发布程序。

② 信息报告：按照有关规定，明确事故及未遂伤亡事故信息报告。

a）信息报告与通知：明确 24 小时应急值守电话、事故信息接收和通报程序。

b）信息上报：明确事故发生后向上级主管部门和地方政府报告事故信息的流程、内容和时限。

c）信息传递：明确事故发生后向有关部门或单位通报事故信息的方法和程序。

（5）应急响应

① 响应分级：针对事故危害程度、影响范围和控制事态的能力，将事故分为不同的等级。按照分级负责的原则，明确应急响应级别。

② 响应程序：根据事故的大小和发展态势，明确应急指挥、应急行动、资源调配、应急避险、扩大应急等响应程序。

③ 应急结束：明确应急终止的条件。事故现场得以控制，环境符合有关标准，导致次生、衍生事故隐患消除后，经事故现场应急指挥机构批准后，现场应急结束。

④ 应急结束后，还应明确：事故情况上报事项，需向事故调查处理小组移交的相关事项，事故应急救援工作总结报告。

⑤ 信息发布：明确事故信息发布的部门、发布原则以及发布流程。事故信息应由事故现场指挥机构及时准确地向新闻媒体通报事故信息。

⑥ 后期处置：主要包括污染物处理，事故后果影响消除，生产秩序恢复，善后赔偿，抢险过程和应急救援能力评估及应急预案的修订等内容。

（6）保障措施

① 通信与信息保障：明确与应急工作相关联的单位或人员通信联系方式和方法，并提供备用方案。建立信息通信系统及维护方案，确保应急期间信息通畅。

② 应急队伍保障：明确各类应急响应的人力资源，包括专业应急队伍、兼职应急队伍的组织与保障方案。

③ 应急物资装备保障：明确应急救援需要使用的应急物资和装备的类型、数量、性能、存放位置、管理要求、责任人及其联系方式等内容。

④ 经费保障：明确应急专项经费来源、使用范围、数量和监督管理措施，保障应急状态时生产、经营单位应急经费的及时到位。

⑤ 其他保障：根据园区应急工作需求而确定的其他相关保障措施。（如：交通运输保障、治安保障、技术保障、医疗保障、后勤保障等。）

（7）培训与演练

① 培训：明确对本单位相关人员开展的教育培训计划、方式和要求。如果预案涉及社区和居民，要做好宣传教育和告知等工作。

② 演练：明确应急演练的规模、方式、频次、范围、内容、组织、评估、总结等内容。

（8）奖惩

明确事故应急救援工作中奖励和处罚的条件和内容。对参加火灾扑救等应急救援工作中表现突出的集体、个人，给予表彰、奖励，对应急救援工作中履职不到位的人员进行约谈或处罚。

2. 园区灭火和应急疏散分预案的主要内容

（1）火灾危险程度分析

在火灾隐患评估的基础上，对其可能发生的事故类型和可能发生的季节及其严重程度进行确定。

（2）应急处置基本原则

明确处置火灾事故处置应遵循的基本原则。

（3）组织机构及职责

① 应急组织体系：明确灭火救援应急组织形式，构成单位、职务、人员、分工。

② 指挥机构及职责：根据事故类型，明确灭火救援指挥机构总指挥、副总指挥以及各成员单位或人员的具体职责。灭火救援指挥机构可以设置相应的灭火救援工作小组，明确各小组的工作任务及主要负责人职责。

（4）预防与预警

① 火灾隐患监控：明确本单位对火灾隐患监测监控的方式、方法，以及采取的预防措施。

② 预警行动：明确具体火灾事故预警的条件、方式、方法和信息的发布程序。

（5）信息报告程序

主要包括以下内容。

① 确定火灾自动报警系统及报警程序。

② 确定现场报警方式，如电话、警报器等。

③ 确定 24 小时与有关部门的通信、联络方式。

④ 明确相互认可的通告、报警形式和内容。

⑤ 明确应急响应人员向外求援的方式。

（6）应急处置

① 响应分级：针对火灾事故危害程度、影响范围和单位控制事态的能力，将事故

分为不同的等级。按照分级负责的原则，明确应急响应级别。

② 响应程序：根据火灾事故的大小和发展态势，明确应急指挥、应急行动、资源调配、应急避险、扩大应急等响应程序。

③ 处置措施：针对本单位可能发生的火灾事故特点、危险性，制定的应急处置措施（如：高层公共建筑火灾、施工工地火灾、生产现场火灾、危险化学品火灾、人员密集场所火灾等事故应急处置措施。）

（7）应急物资与装备保障

明确应急处置所需的物资与装备数量、管理和维护、使用要求等。

3. 灭火和应急疏散专项预案（消防安全重点部位）的主要内容

（1）火灾事故特征

主要包括以下内容。

① 火灾危险性分析，可能发生的火灾事故类型。

② 火灾事故发生的区域、地点或时间段。

③ 火灾事故可能发生的季节和造成的危害程度。

④ 火灾事故前可能出现的征兆。

（2）应急组织与职责

主要包括以下内容。

① 基层单位应急自救组织的形式及人员构成情况。

② 应急自救组织机构、人员的具体职责，应同单位或部门（车间）、班组人员工作职责紧密结合，明确相关岗位和人员的应急工作职责。

（3）应急处置

主要包括以下内容。

① 火灾事故应急处置程序。根据可能发生的事故类别及现场情况，明确报警、各项应急措施启动、应急救护人员的引导、火灾事故扩大及同单位其他应急预案的衔接程序。

② 现场应急处置措施。针对可能发生的火灾，坍塌、危险化学品泄漏、电器设备故障、爆炸等导致次生、衍生的火灾事故，从操作措施、工艺流程、现场处置、火灾事故控制、人员疏散、救护、现场恢复等方面制定明确的应急处置措施。

③ 上级管理部门、相关应急救援单位的联系人员和联络方式，事故报告的基本要求和内容。

（4）注意事项

主要包括以下内容。

① 佩戴个人防护装备方面的注意事项。

② 使用灭火救援器材方面的注意事项。

③ 采取救援对策或措施方面的注意事项。

④ 现场自救和互救注意事项。

⑤ 现场应急处置能力确认和人员安全防护情况等事项。

⑥ 应急救援工作结束后的注意事项。

⑦ 其他需要特别警示的事项。

4. 灭火和应急疏散专项预案（消防安全重点部位）的附件

（1）有关应急部门、机构或人员的联系方式

列出应急工作中需要联系的部门、机构或人员的多种联系方式，并及时进行更新。

（2）重要物资装备的名录或清单

列出应急预案涉及的重要物资和装备的名称、型号、存放地点等。

（3）规范化格式文本

信息接收、处理、上报等文本的格式规范化。

（4）关键的路线、标志和图纸

主要包括以下内容。

① 火灾自动报警系统分布及覆盖范围。

② 消防安全重点部位等重要防护目标一览表、分布图。

③ 应急救援指挥位置及救援力量行动路线。

④ 疏散路线、重要地点等标志。

⑤ 相关平面布局图纸、救援力量的分布图纸等。

⑥ 相关应急预案名录。列出直接与本灭火和应急疏散预案相关的或相衔接的应急预案名称。

5. 园区灭火和应急疏散预案的分级

园区灭火和应急疏散预案根据设定灾情的性质、严重程度、可控性和影响范围等因素，从高到低依次分为以下五级：

（1）五级灭火和应急疏散预案（特别重大火灾事故）

是针对可能发生 30 人以上伤亡或被困，燃烧面积大的高层建筑、地下建筑、人员密集场所、易燃易爆危险品场所、重要场所等特殊场所火灾，制定的灭火和应急疏散预案。

（2）四级灭火和应急疏散预案（重大火灾事故）

是针对可能发生 10 人以上 30 人以下伤亡或被困，燃烧面积较大的高层建筑、地下建筑、人员密集场所、易燃易爆危险品场所、重要场所等特殊场所火灾，制定的灭火和应急疏散预案。

（3）三级灭火和应急疏散预案（较大火灾事故）

是针对可能发生 3 人以上 10 人以下伤亡或被困，燃烧面积小的高层建筑、地下建筑、人员密集场所、易燃易爆危险品场所、重要场所等特殊场所火灾，制定的灭火和应急疏散预案。

（4）二级灭火和应急疏散预案（一般火灾事故）

是针对可能发生 3 人以下伤亡或被困，燃烧面积大的普通建筑火灾，燃烧面积较小的高层建筑、地下建筑、人员密集场所、易燃易爆危险品场所、重要场所等特殊场所火灾，制定的灭火和应急疏散预案。

（5）一级灭火和应急疏散预案（火情）

是针对可能发生无人员伤亡或被困，燃烧面积小的普通建筑火灾，制定的灭火处置方案。

6. 园区火灾事故响应及预警联动

火灾事故发生后，火灾事故责任单位、园区消防安全管理单位以及相应指挥系统、微型消防站或技术处置队、志愿消防组织，应按照火灾事故的可控性、严重程度和影响范围，启动相应等级的预案，开展相应级别的预警联动。中国空间技术研究院要求，火灾事故响应及预警联动应包括以下五级。

① 五级响应（特别重大火灾事故）：由园区消防安全管理单位启动，园区消防安全管理单位、火灾事故责任单位分别按照五级灭火和应急疏散预案（特别重大火灾事故）开展处置，园区消防安全管理单位向园区内所有入驻单位发布预警信息，所有入驻单位预警联动。

② 四级响应（重大火灾事故）：由园区消防安全管理单位启动，园区消防安全管理单位、火灾事故责任单位分别按照四级灭火和应急疏散预案（重大火灾事故）开展

处置，园区消防安全管理单位向园区内所有入驻单位发布预警信息，所有入驻单位预警联动。

③ 三级响应（较大火灾事故）：由园区消防安全管理单位启动，园区消防安全管理单位、火灾事故责任单位分别按照三级灭火和应急疏散预案（较大火灾事故）开展处置，园区消防安全管理单位向园区内所有入驻单位发布预警信息，组织预警联动等工作。

④ 二级响应（一般火灾事故）：由园区消防安全管理单位启动，园区消防安全管理单位、火灾事故责任单位分别按照二级灭火和应急疏散预案（一般火灾事故）开展处置，园区消防安全管理单位向园区内相关入驻单位发布预警信息，组织预警联动等工作。

⑤ 一级响应（火情）：由园区火灾事故责任单位启动，按照一级灭火和应急疏散预案（火情）开展处置和单位内部预警联动等工作。

火灾事故发生后，火灾事故责任单位应立即启动相应等级预案并向园区消防安全管理单位报告，园区消防安全管理单位启动相应等级预案，按照等级向相关单位发布预警联动信息，相关单位根据实际情况启动对应级别响应措施。火灾事故响应、预警联动对照见表 6–1。

表6-1 火灾事故响应、预警联动对照

火灾事故	火灾事故责任单位响应	园区消防安全管理单位响应	相关入驻单位预警联动
高 ↓ 低	五	五	五 / 四
	四	四	四 / 三
	三	三	三 / 二
	二	二	二 / 一
	一	一	一 / 不预警联动

面临火灾事故时，各单位或组织之间通过信息共享、协调配合等方式建立起联系和沟通机制，共同制定应对措施，以便最大限度地减少损失和风险。例如：

① D 为园区消防安全管理单位，A、B、C 为入驻单位且近邻，B 单位发生火灾研判后启动了三级响应和较大火灾事故预案，B 单位应立即向 D 单位报告，D 单位启动三级响应和较大火灾事故预案，D 单位同时向 A、C 单位发布预警联动信息，A、C 单位分别按照三级响应和较大火灾事故预案，或二级响应和一般火灾事故预案采取相关措施，进行预警联动，防止灾情蔓延或次生灾害的发生。

② D 为园区管理单位，A、B、C 为入驻单位，园区内垃圾站发生火灾并引燃绿化带，D 单位研判后启动二级预案（一般火灾事故预案），D 单位同时向 A、B、C 单位发布预警联动信息，A、B、C 单位分别按照二级响应（一般火灾事故）或一级响应（火情）采取相关措施，进行预警联动，防止灾情蔓延或次生灾害的发生。

三、园区灭火和应急疏散预案演练的目的和注意事项

1. 园区实施灭火和应急疏散预案演练的目的

灭火和应急疏散预案演练是单位模拟火灾发生时，组织有关应急救援人员，按照灭火和应急疏散预案（含现场灭火处置方案）规定的程序，为消除火灾事故危害，防止火灾事故扩大，最大限度地降低火灾事故造成的损失而采取的应急响应和处置演练。

对于单位来说，通过灭火和应急疏散预案演练，进一步对灭火和应急疏散预案进行验证，第一可以及时发现整个预案在执行过程中存在的缺陷和不足；第二可以及时发现组织机构的应急职责、应急能力、资源保障等方面存在的问题；第三可以及时发现应急救援人员对灭火和应急疏散预案的熟悉程度和实际操作技能。通过开展演练，可以不断完善灭火和应急疏散预案，锻炼、磨合应急队伍，增强全员对于灭火和应急疏散预案的熟悉程度和自我保护能力。

2. 园区实施灭火和应急疏散预案演练的注意事项

（1）坚持“救人第一”的原则

视情况“救人”与“救火”同时进行，以欲“救火”先“救人”的原则开展演练，以便更好地“救人”脱险。

（2）坚持先“控制”后“消灭”的原则

对于不能立即“扑救”的火情，应采取“控制”火势蔓延和扩大的对策开展演练，等待消防救援机构“增援”力量。

（3）坚持先“重点”后“一般”的原则

全面了解并认真分析火灾现场情况，区别“重点”与“一般”，对事关全局或重要物资要优先抢救，之后再抢救一般物资。

（4）坚持高频演练

消防安全重点单位应至少每半年组织一次演练，火灾高危单位应至少每季度组织一次演练，其他单位应至少每年组织一次演练。

（5）坚持全要素综合演练

在火灾多发季节或有重大活动安保任务的单位，应组织全要素综合演练。

（6）坚持分工配合原则

严格分工，相互配合，组织员工安全有序地疏散，过程中应做到以下几点。

① 传达演练的目的，做好全员思想动员工作。

② 熟悉火灾现场疏散逃生正确方法，掌握火灾现场自防自救技能。

③ 讲明灭火和应急疏散预案演练的时间、内容、程序，以及疏散路线和集结区域。

④ 宣布灭火和应急疏散预案演练纪律要求：不喧哗、不吵闹、不开玩笑，听从命令，服从指挥，团结互助，不拥挤推搡，避免踩踏事件发生。

⑤ 疏散逃生时，应用湿毛巾捂住口鼻，以防浓烟或毒气吸入，应尽量降低身体重心，沿建筑物墙体移动，快速、安全、有序地进行撤离。

四、实施园区灭火和应急疏散预案演练的方法

灭火和应急疏散预案应按照“综合协调、分级负责、动态管理”的原则，组织实施演练，并通过开展灭火和应急疏散预案演练不断完善灭火和应急疏散预案。

1. 灭火和应急疏散预案演练的申请

各单位在组织灭火和应急疏散预案演练前，应将灭火和应急疏散预案演练方案提前向园区消防安全管理单位备案，园区消防安全管理单位定期向相关入驻单位发出公告，必要时向消防救援机构报备。

2. 灭火和应急疏散预案演练的部署和分工

在灭火和应急疏散预案演练实施前，单位应召开由应急救援指挥机构成员和各有关部门负责人参加的灭火和应急疏散预案演练实施布置会，进一步明确职责分工和提醒员工参加演练相关事宜。常见灭火和应急疏散预案演练组织机构及主要职责如下。

（1）火灾事故救援领导小组

主要职责为：

① 全面指挥决策应对火灾事故的处置、报警与救援工作。

② 组长、副组长进入指挥状态，向各职能组下达灭火和应急疏散预案启动及有关指令。

③ 负责向园区或上级报告火灾事故的处置与救援工作进展情况，以及需采取的重大处置措施。

④ 组长外出不在时，由副组长代行其职责。

（2）通信联络组

主要职责为：

① 一旦发生火情，立即通知火灾事故救援领导小组成员到达现场。

② 负责火灾事故救援领导小组与职能组之间的联络工作。

③ 负责将火灾现场的情况及时与有关领导进行沟通，并将火灾事故救援领导小组的要求迅速向各任务组传达。

（3）灭火行动组

主要职责为：

① 负责了解火灾现场情况并组织初起火灾扑救，控制火势蔓延。

② 配合消防救援机构灭火，负责消防水源的供应保障。

③ 负责将火灾现场情况及时向火灾事故救援领导小组汇报。

（4）疏散引导组

主要职责为：

① 负责确认疏散通道和出口是否处于开启状态。

② 负责引导火灾现场中被困人员的疏散、撤离，确保人员的人身安全。

③ 核实人员撤离情况并向火灾救援领导小组汇报。

（5）防护救护组

主要职责为：

① 组织医务人员对伤员进行现场救护，对重伤员及时调集车辆护送至医院救治。

② 负责协助抢救、护送受伤人员。

（6）安全保卫组

主要职责为：

① 负责设立火灾现场警戒线，控制火灾现场秩序，阻止无关人员进入火灾现场。

② 派出人员到主要路口引导消防车和消防队员快速进入火灾现场。

③ 明火熄灭后，负责封锁、保护火灾现场，确保主要物资、涉密资料、重要财物的安全。

（7）后勤保障组

主要职责为：

① 负责交通工具及其他物资的后勤保障。

② 负责落实抢救及善后工作所需的经费支持。

（8）园区灭火救援技术处置队

主要职责为：

① 确保消防应急广播、消防应急照明、消防电梯、排烟风机、自动灭火等消防设施运行正常。

② 确保应急电源、水源供应，切断非消防供电。

③ 确保燃气无泄漏、燃气阀门关闭。

常见灭火和应急疏散预案演练职责分工见表 6–2。

表6-2　常见灭火和应急疏散预案演练职责分工

序号	组织机构	主要职责
1	火灾事故救援领导小组	① 全面指挥决策应对火灾事故的处置、报警与救援工作。 ② 组长、副组长进入指挥状态，向各职能组下达灭火和应急疏散预案启动及有关指令。 ③ 负责向园区或上级报告火灾事故的处置与救援工作进展情况，以及需采取的重大处置措施。 ④ 组长外出不在时，由副组长代行其职责。
2	通信联络组	① 一旦发生火情，立即通知火灾事故救援领导小组成员到达现场。 ② 负责火灾事故救援领导小组与职能组之间的联络工作。 ③ 负责将火灾现场的情况及时与有关领导进行沟通，并将火灾事故救援领导小组的要求迅速向各任务组传达。
3	灭火行动组	① 负责了解火灾现场情况并组织初起火灾扑救，控制火势蔓延。 ② 配合消防救援机构灭火，负责消防水源的供应保障。 ③ 负责将火灾现场情况及时向火灾事故救援领导小组汇报。
4	疏散引导组	① 负责确认疏散通道和出口是否处于开启状态。 ② 负责引导火灾现场中被困人员的疏散、撤离，确保人员的人身安全。 ③ 核实人员撤离情况并向火灾救援领导小组汇报。

续表

序号	组织机构	主要职责
5	防护救护组	① 组织医务人员对伤员进行现场救护，对重伤员及时调集车辆护送至医院救治。 ② 负责协助抢救、护送受伤人员。
6	安全保卫组	① 负责设立火灾现场警戒线，控制火灾现场秩序，阻止无关人员进入火灾现场。 ② 派出人员到主要路口引导消防车和消防队员快速进入火灾现场。 ③ 明火熄灭后，负责封锁、保护火灾现场，确保主要物资、涉密资料、重要财物的安全。
7	后勤保障组	① 负责交通工具及其他物资的后勤保障。 ② 负责落实抢救及善后工作所需的经费支持。
8	园区灭火救援技术处置队	① 确保消防应急广播、消防应急照明、消防电梯、排烟风机，自动灭火等消防设施运行正常。 ② 确保应急电源、水源供应，切断非消防供电。 ③ 确保燃气无泄漏、燃气阀门关闭。

3. 做好灭火和应急疏散预案演练的前期准备

单位在举行灭火和应急疏散预案演练之前，应对消防应急广播、消防应急照明、消防电梯、排烟风机、自动灭火、疏散逃生等消防设施进行功能测试和维修保养；应对毛巾、担架、发烟装置、模拟起火点等物资配备、发放到位；应对车辆、摄影摄像人员器材等保障到位；还应对孕妇、行动不便等不适宜参加灭火和应急疏散预案演练的人员识别到位。

4. 灭火和应急疏散预案演练的程序及要求（以航天园区某建筑物为例）

（1）报告、开始程序

① 通信联络组向现场指挥报告：×××× 年 ×××× 灭火和应急疏散预案演练准备就绪，请指示。

② 现场指挥：按照计划实施。

③ 通信联络组向各工作组下达演练指令，灭火和应急疏散预案演练正式开始。

④ 要求：通信联络组向现场指挥报告时口齿清晰，声音洪亮。

（2）处置程序

① 指定的 ×× 部门模拟点火、模拟报火警（不报“119”火警电话）。

② 消防控制室启动声光报警、电梯迫降、启动消防应急广播、启动排烟风机。

③ 灭火行动组扑救初起火灾。

④ 疏散引导组疏散建筑物内所有人员。

⑤ 安全保卫组控制现场秩序。

⑥ 防护救护组救护转运伤员。

⑦ 后勤保障组负责抢险物资、器材器具的供应及后勤保障。

⑧ 处置队配合现场扑救组完成“火灾”扑救。

⑨ 要求：声光报警、消防应急广播启动时间为 3～5 分钟，电梯、排烟风机在灭火和应急疏散预案演练结束后立即恢复正常。各楼层应指派专人负责疏散引导、清点人数，并向疏散引导组报告。

（3）报告、结束程序

① 疏散引导组向通信联络组报告：楼内人员全部安全疏散，无人员乘机捣乱、破坏。

② 灭火行动组向通信联络组报告：火已扑灭，经检查现场没有残余火种。

③ 安全保卫组向通信联络组报告：已严格控制火灾现场秩序。

④ 防护救护组向通信联络组报告：× 名伤员已转送医院救治。

⑤ 后勤保障组向通信联络组报告：已完成抢险物资，器材器具的供应及后勤保障。

⑥ 通信联络组向现场指挥报告：楼内人员全部安全疏散，× 名伤员已转送医院救治，火灾被彻底扑灭，未发生任何次生事故，总用时 ×× 分钟，总撤离人数为 ××。

⑦ 现场指挥宣布 ×××× 年 ×××× 灭火和应急疏散预案演练结束。

⑧ 要求：疏散引导组、灭火行动组、安全保卫组、防护救护组、后勤保障组、通信联络组向现场指挥报告时口齿清晰，声音洪亮。

5. 灭火和应急疏散预案演练的评价

灭火和应急疏散预案演练结束后，应收集各方意见，及时进行总结，查找各环节存在的薄弱之处，不断检验和完善灭火和应急疏散预案可行性，不断提升组织实施灭火和应急疏散处置能力建设。

第三节 园区常见火灾类型和各场所处置对策

在生产、经营等活动中因人员麻痹大意或消防安全管理制度不健全、管理落实不到位等酿成的火灾事故问题突出。对于园区管理，下面给出扑救初起火灾的灭火对策。

一、用火不慎引发的火灾和处置对策

【危害程度】工作、生活中，许多环节都离不开用火，用火不慎引发火灾的主要原因是吸烟、烹饪、加热过程中未对火种进行有效的监控，导致相邻的易燃物、可燃物被点燃或阴燃，可能导致火灾和人员伤亡。

【处置对策】

① 灭火和救援处置之前，划定警戒区域，限制人员进入。

② 确定断电、断气后，应迅速采取措施进行灭火和救援处置。

二、用电不慎引发的火灾和处置对策

【危害程度】用电不慎引发火灾的主要原因是电气设备、元器件、电线等自然老化，维护保养不当，受自然环境或机械损伤造成的设备过电压，绝缘层被击穿的短路事故；操作人员违反规程拉闸或合闸造成的短路事故；管理不善人为接错电线或小动物进入带电设备造成的短路事故等。发生短路事故后，电流急剧增大，所产生的热量随之急剧增加，会在极短的时间之内引燃电气设备、元器件、电线等绝缘层、外壳和附近易燃物、可燃物，可能导致火灾和人员伤亡。

【处置对策】

① 灭火和救援处置之前，一定要断电，划定警戒区域，限制人员进入。

② 未确定是否断电前，严禁随意移动电气设备或剪断电线，严禁使用水灭火，严禁使用金属性或具导电性工具进行救援，避免触电风险。

③ 未确定是否断电前，使用手提式灭火器灭火时，应确保灭火药剂的电绝缘性大于电气设备电压，避免触电风险。

④ 确定断电后，应迅速采取措施进行灭火和救援处置。

⑤ UPS 蓄电池等备用电源断电后，蓄电池仍有触电风险，应根据蓄电池生产厂家技术说明书要求选用适当的灭火剂进行灭火。

三、用气不慎引发的火灾和处置对策

【危害程度】园区最常使用的可燃气体一般有液化石油气、天然气，具有易燃、易爆、有毒等特性，且极易发生火灾爆炸，造成建筑物倒塌、重大的人员伤亡和财产损失，甚至造成社会动荡。一般来讲，可燃气体一旦泄漏，与空气混合即形成爆炸性混合气体，当达到爆炸极限遇到火源后，将会引起猛烈的爆炸，爆炸同时，还将引发现场易燃物、可燃物燃烧，形成衍生的火灾事故，可能导致人员伤亡。

【处置对策】

① 现场应设立安全观察员，随时观察现场可能发生的爆炸前兆和其他突变迹象等，提出建议和决策依据。

② 在可燃气体泄漏区排除险情的过程中，须贯彻“先防爆，后排险”的指导思想，坚持“先控制火源，后制止泄漏”的原则。

③ 进入爆炸现场灭火时，须对周围环境进行稀释，降低可燃气体浓度。

④ 需要强行破拆的，严禁使用非防爆器材装备实施破拆，须出水掩护，防止产生火花，以免发生意外。

⑤ 进入可燃气体泄漏区的人员，须使用防爆通信工具，严禁穿带钉鞋和化纤衣服，严禁使用金属工具。

⑥ 燃气使用场所应配合消防救援专业力量，做好相关工作。

四、办公场所的火灾和处置对策

【危害程度】在办公场所内最常见的空调、计算机、打印机、传真机等用电设备，给工作带来方便的同时，也埋下了火灾隐患。同用电不慎引发的火灾危险程度一致，用电设备短路后，电流急剧增大，所产生的热量随之急剧增加，会在极短的时间之内引燃电气设备、元器件、电线等绝缘层、外壳和附近易燃物、可燃物。易燃物、可燃物一旦被引燃，若未及时发现或未及时采取有效灭火和救援处置措施，必将造成衍生的火灾事故。

【处置对策】

① 处置之前，应确认完成火灾现场断电操作。

② 未确定现场是否完成断电操作前，严禁随意移动电气设备或剪断电线，严禁使用水灭火，避免触电风险。

五、居住场所的火灾和处置对策

【危害程度】常见居住场所建筑分为简易板房、砖混、钢混或框架结构。简易板房一旦发生火灾，屋顶和承重结构都非常易燃，火势易扩散、易发生坍塌。砖混、钢混或框架结构建筑物，因在居住单元、楼梯间、疏散通道等部位设有防火墙、防火门等分割，短时间内火势不易扩散、不易发生坍塌，但人员居住较为集中，火焰温度高，人员疏散过程中的踩踏、跌伤、惊吓、空气中的有毒物质，可能导致人员伤亡。

【处置对策】

① 在没有人员被困的情况下，切勿盲目进入起火部位。

② 扑救三层以上发生火灾的多层居住场所时，切勿从外部窗口进入实施灭火。

③ 坡面屋顶结构的，扑救顶层发生火灾时，切勿在屋顶实施灭火。

④ 高层楼居住场所开启或破拆防盗门须喷水冷却，并缓慢开启，防止发生轰燃、热对流、热气浪，可能导致人员伤亡。

⑤ 实施灭火前，应先到着火层楼下对应房间，了解建筑物内部结构、布局，使用可燃气体情况，并了解使用、存放易燃易爆危险化学品等情况。

六、施工现场的火灾和处置对策

【危害程度】施工现场明令禁止违章动用明火、吸烟等行为，一旦发生火灾，可能造成人员伤亡。明火作业因进行电焊、气焊、切割作业或使用喷灯、打磨、砂轮等可能产生火焰、火花和赤热表面的临时性作业，焊渣、火花等火种容易掉落引燃周边易燃可燃物，还有可能引起易燃易爆危险化学品燃烧，一旦发生火灾事故，可能导致人员伤亡。

【处置对策】

① 单位严格按照程序审批明火作业，施工单位严格执行施工现场动用明火、禁烟要求。

② 明火作业应按照“同类同管”的原则，将切割、喷灯、打磨、砂轮等产生火焰、火花和赤热表面的作业，纳入办理动用明火证范畴。

③ 施工现场危险化学品应按照“同质同管”的原则，将涂料、胶粘剂、稀释剂等危险化学品按照其化学特性分类存放。

④ 动用明火作业前，动火人员应接受岗前培训，培训合格方可进场施工，严格按照规定的时间、部位动火，禁止擅自明火作业。

⑤ 明火作业前，应将既有建筑施工区和非施工区进行防火分隔，设置安全员、看火人，按照安全协议内容管控实施。

⑥ 动用明火作业后，动火人员应当清理作业面，现场负责人应当检查现场，严禁遗留火种。

七、厂房、库房的火灾和处置对策

【危害程度】常见厂房、库房多为单层或两层钢结构建筑，由于钢结构建筑耐烧性差、内部空间大，空气充足，燃烧迅速，一旦发生火灾，钢结构容易发生整体或局部坍塌、仓储货架坍塌，会封堵应急救援人员撤退路线，可能导致人员伤亡。

【处置对策】

① 应满足本节第一条至第六条处置对策。

② 密切关注钢结构建筑燃烧和结构变形情况，实时测量承重梁柱的温度变化。

③ 要预留充足的撤离时间。

④ 做好应急救援人员的定位以及梯队轮换。

⑤ 平时要加强对钢结构建筑内部情况的熟悉，包括经常存储的物资种类、建筑物布局结构、地面是否有孔洞等。

⑥ 了解使用、存放易燃易爆危险化学品等情况。

⑦ 厂房、库房应配合消防救援专业力量，做好相关工作。

八、商场、市场的火灾和处置对策

【危害程度】目前多数商场、市场为地上和地下的综合体，地上部分外窗口少、多为密闭式，与地下建筑火灾的特点相近，由于商场、市场内部建筑面积大、结构复杂、易燃物较多、购物人员密集，一旦发生火灾最易导致人员伤亡，它的处置涉及的问题较多，关联性强，标准高，救援难度极大。

【处置对策】

① 应满足本节第一条至第七条处置对策。

② 紧急疏散人员，抢救受伤人员。

③ 应急救援人员把握好扑救初起火灾时机、路线。

④ 加强个人防护，杜绝灭火防护服不合体、随身装备佩戴不齐全或位置不合理等问题，确保防护到位。

⑤ 做好紧急避险和紧急撤离的充分准备，要对自己所处的危险环境进行预判，要确定好撤退的路线。

⑥ 由专业人员时刻关注火势变化情况和燃烧部位的温度变化，科学估算发生垮塌的可能性，此外还要密切关注墙体和梁柱的裂痕。

⑦ 商场、市场应配合消防救援专业力量，做好相关工作。

九、宾馆、饭店的火灾和处置对策

【危害程度】宾馆、饭店是提供住宿、就餐和举办各种会议、宴会的场所，具有多功能、综合性的特点，由于宾馆、饭店可燃物装修材料较多、火灾荷载较大、建筑结构复杂、火势蔓延迅速，一旦发生火灾，由于人员集中疏散困难，伤亡必将惨重，由于物品和装修集中，经济损失必将巨大，火灾事故也必将带来较大的舆情危机。

【处置对策】

① 应满足本节第一条至第八条处置对策。

② 紧急疏散人员，抢救受伤人员。

③ 扑救三层以上发生火灾的宾馆、饭店时，切勿从外部窗口进入实施灭火。

④ 坡面屋顶结构的，扑救顶层发生火灾时，切勿在屋顶实施灭火。

⑤ 高层楼开启或破拆房门须喷水冷却，并缓慢开启，防止发生轰燃、热对流、热气浪，可能导致人员伤亡。

⑥ 实施灭火前，应了解建筑物内部结构、布局，用火、用电、用气情况。

⑦ 宾馆、饭店应配合消防救援专业力量，做好相关工作。

十、公共娱乐场所的火灾和处置对策

【危害程度】公共娱乐场所属于公众聚集场所，是指社交、娱乐、工作、生活、学习人群高度集中的场所，如商场、市场等购物场所，体育馆、歌舞厅、影剧院等体育休闲场所，图书馆、展览馆等文化活动场所，宾馆、饭店等食宿场所，车站、码头、机场等交通枢纽。这些地方一旦发生火灾，由于人员集中疏散困难，伤亡必将惨重，由于物品和装修集中，经济损失必将巨大，火灾事故也必将带来较大的舆情危机。

【处置对策】

① 应满足本节第一条至第九条处置对策。

② 发现初起火灾，就近人员应保持冷静，使用手提式灭火器灭火并及时报“119”火警电话，所有人迅速选择适当的疏散通道、安全出口撤离。

③ 火势蔓延时，就近人员穿越烟雾区时，应用湿毛巾、衣服遮挡口鼻，放低身体，浅呼吸选择适当的疏散通道、安全出口撤离。

④ 发生火灾事故，所有人禁止使用电梯撤离。

⑤ 公共娱乐场所应配合消防救援专业力量，做好相关工作。

十一、易燃易爆场所的火灾和处置对策

【危害程度】易燃易爆危险化学品的生产、经营、存储场所发生火灾，具有燃烧猛烈迅速、着火区域纵深大、火焰温度高、易发生爆炸和复燃复爆等特点。爆炸的冲击波、爆炸的碎片、爆燃的火焰、大面积流淌火发生复燃、燃烧产生有毒物质或火灾扑灭后泄漏的有毒物质可能导致人员伤亡。

【处置对策】

① 应满足本节第一条至第十条处置对策。

② 加强个人防护，应按照化学品安全技术说明书要求，配备防护装备。

③ 保持一定安全距离，尽量采取喷水冷却或稀释的措施，灭火一线人员要精干，所处位置要科学。

④ 泄漏、流淌的易燃液体做好沙土掩埋覆盖工作。

⑤ 由专业人员时刻关注火势变化情况、燃烧部位的温度变化，科学估算发生沸溢喷溅和爆炸的可能性。

⑥ 时刻检测现场空气中的有毒物质，防止警戒区以外的人员中毒，须喷水降温。

⑦ 易燃易爆场所应配合消防救援专业力量，做好相关工作。

第四节 园区典型场所初起火灾处置方法及灭火应急疏散预案示例

一、初起火灾处置的基本原则

园区志愿消防员、微型消防站、处置队等自防自救力量，坚持“攻防并举、安全为先”的原则，第一时间利用消防设施，开展火情侦察、疏散救人、堵截控火、排烟散热等行动措施。

1. 坚持“迅速及时、客观细致”的原则

不断提供起火部位、被困人员数量和地点、燃烧物质、火势蔓延路线、贵重物资等信息，为现场指挥决策提供火情侦察参考依据。

2. 坚持“救人第一”的原则

遵循“起火层→起火层上一层→起火层上二层→顶层→起火层以上其他楼层→起火层下一层→底层”的搜救顺序，全力搜救遇险人员。

3. 坚持“防护到位”的原则

严格安全防护措施，落实火灾现场安全制度，要求自防自救力量从呼吸保护、服装保护、药物防护等方面做好安全防护，提高初起火灾处置效能。

4. 坚持“灭火救援与工艺处置措施相结合”的原则

易燃易爆危险化学品事故坚持“灭火救援与工艺处置措施相结合”的原则，要求自防自救力量熟知危险化学品消防措施、泄漏应急处理、个体防护等。

二、人员密集场所初起火灾处置方法

1. 灾害特性

（1）易造成大量人员伤亡

因物资集中，易燃物、可燃物多，燃烧时产生大量浓烟或释放有毒气体，危害现场人员生命安全。

（2）疏散任务重

因建筑物内部布局复杂，现场人员心理恐慌，容易造成疏散困难，当救援与人员逃生同步进行时，还易出现相互干扰。

（3）火势蔓延迅速

因建筑物内跨度空间大，燃烧猛烈，加之物资集中，易燃可燃物多，导致火焰大、温度高、火势蔓延速度快。

（4）易造成次生事故

易引燃相邻建筑物，易发生治安事件，由于现场人员心理恐慌，极易发生拥挤，造成踩踏、掉落等事故。

2. 接警到场，力量部署

（1）接警出动

保持与消防控制室或报警人不间断联系，进一步明确着火楼层、水源、建筑结构、人员疏散和人员被困、火势情况等。

（2）安全防护

贯穿灭火处置全过程，不能过于靠近着火建筑物，合理选择集结点，为属地消防救援队举高车辆和作战车辆留出登高面和通道。在个人安全防护方面，应配置正压式消防空气呼吸器、防毒面具。在安全检查方面，进入火灾现场灭火前，应急救援人员须对携带的通信器材进行检查。

（3）侦察警戒

首先是外部侦察：观察建筑物外部特点，观察火势蔓延情况，观察人员在窗口、楼顶呼救情况，进入消防控制室等部位进行火情侦察。其次是内部侦察：迅速查明着火部位、燃烧物质、被困人员等情况。随后是火灾现场警戒：根据火灾现场实际情况落实安全警戒，防止商户、顾客等人员擅自进入火灾现场，避免无关人员进入影响行动。

（4）现场研判

玻璃幕墙或外窗破裂，有大量浓烟涌出，外墙广告牌处有明火，说明火势可能处于发展或猛烈阶段，当建筑物呈现立体燃烧态势，自防自救力量难以全面控制火势时，应慎重确定灭火措施，集中自防自救力量保护受火势严重威胁的毗邻建筑物等。

3. 初起火灾阶段，安全施救

初起火灾阶段，确保中央空调系统已关闭，着火层及以上楼层的防火门已关闭，电、气已经关闭，首到灭火力量优先使用建筑物内固定消防设施，在灭火行动中应视情出水、防止轰燃、控制蔓延及防止次生灾害。

（1）视情出水

应急救援人员发现走道和门处有水溢出，证明自动喷水灭火系统已经启动，要注意观察烟气颜色，当发现烟气压力不大，颜色较淡时，说明自动喷水灭火系统已将火扑灭，此时要及时关闭自动喷水灭火系统，防止水渍损失。

（2）防止轰燃

人立于门后，试探性打开房门一条缝，水枪视情出水掩护，房门开启后，发现烟雾浓、压力大、温度高时，应迅速用直流水枪向内部房顶射水，使水流成扩散状下落，进行冷却。

（3）控制蔓延

及时放下防火卷帘，以防火分区为单元控制火势。火势较小时，应以固定消防设施为主，采取灭火和控制火势同时进行；火势变大时，应视情况，在着火处走道两端分别设置水枪，控制火势蔓延。

（4）防止次生灾害

密切关注外立面装饰材料、玻璃幕墙、LED 大屏幕的状态，防止发生塌落，砸伤应急救援人员。

4. 首到灭火力量在灭火行动中疏散救人的主要方式

（1）利用固定消防设施疏散救人

及时打开消防应急广播，稳定被困人员情绪，按照顺序及时、有序地将被困人员疏散至安全地带。

（2）灭火搜救人员

搜救时按照着火层、上层及以上、下层及以下的顺序进行搜救，进入着火区域后要探步前进，搜救完某个区域后要张贴搜救标识防止重复搜救，救人时应优先使用消防电梯和消防楼梯进行救人。

（3）举高装备营救人员

此方式仅适合属地消防救援专业力量使用。

三、高层公共建筑初起火灾处置方法

1. 灾害特性

（1）人潮集中

因楼层多、面积大、人数多，发生火灾时仅能依赖高层公共建筑自身的防火疏散和避难设施，在火势延烧迅速、浓烟密布等情形下，疏散人群会瞬间聚集，不利于救援与人员逃生。

（2）快速蔓延

火势在风和烟囱效应的作用下，会快速向上蔓延，尤其是采用外装修、保温层、夹层、LED 大屏幕，内部纵向竖井较多、孔洞多、防火分区大等，这些因素都会导致火灾向上的快速蔓延，同时掉落的飞火、残火还会引燃着火层以下的部位，并呈跳跃式向上发展的趋势，人员很容易被困在着火层以上，无法及时撤离。火势还会造成大量浓烟聚集，热量在短时间内形成高温高热环境，不利于救援与人员避难，直接威胁人员生命安全。

（3）抢救困难

由于高层公共建筑物增加了部署难度，自防自救力量穿着防火服，背负正压式消防空气呼吸器，携带水带、消防应急照明等救援装备，加之楼层高、面积大，个人体力消耗大，所以一旦发生火灾，应急救援人员很难上去，抢救风险也随之增加。

2. 接警到场，力量部署

（1）接警出动

保持与消防控制室或报警人不间断联系，进一步明确着火楼层、水源、建筑结构、人员被困、火势情况等。

（2）安全防护

贯穿灭火处置全过程，不能过于靠近着火建筑物，合理选择集结点，为属地消防救援队举高车辆和作战车辆留出登高面和通道。在个人安全防护方面，要配置空气呼吸或防毒面具。在安全检查方面，进入火灾现场灭火前，应急救援人员须对携带的通信器材进行检查。

（3）侦察警戒

首先是外部侦察：观察高层公共建筑外部特点，观察火势蔓延情况，进入高层公共建筑消防控制室等部位进行火情侦察。其次是内部侦察：迅速查明着火部位、燃烧物质、被困人员等情况。随后是火灾现场警戒：根据火灾现场实际情况落实安全警戒，避免无关人员进入影响行动。

3. 初起火灾阶段，安全施救

初起火灾阶段，首到灭火力量在灭火行动中应视情出水、防止轰燃、控制蔓延及防止次生灾害。

（1）视情出水

应急救援人员发现走道和门处有水溢出，证明自动喷水灭火系统已经启动，要注意观察烟气颜色，当发现烟气压力不大、颜色较淡时，说明自动喷水灭火系统已将火扑灭，此时要及时关闭自动喷水灭火系统，防止水渍损失。

（2）防止轰燃

人立于门后，试探性打开房门一条缝，水枪视情出水掩护，房门开启后，发现烟雾浓、压力大、温度高时，应迅速用直流水枪向内部房顶射水，使水流成扩散状下落，进行冷却。

（3）控制蔓延

火势较小时、应以固定消防设施为主，采取灭火和控制火势同时进行，火势变大时，应视情况，在着火处走道两端分别设置水枪，控制火势蔓延。

（4）防止次生灾害

密切关注外立面装饰材料、玻璃幕墙、LED 大屏幕的状态，防止发生塌落，砸伤应急救援人员。

4. 首到灭火力量在灭火行动中疏散救人的方式

（1）利用固定消防设施疏散救人

及时打开消防应急广播，稳定被困人员情绪，按照顺序及时、有序地将被困人员疏散至安全地带。

（2）灭火搜救人员

搜救时按照着火层、上层及以上、下层及以下的顺序进行搜救，进入着火区域后要探步前进，搜救完某个区域后要张贴搜救标识防止重复搜救，救人时应优先使用消防电梯和消防楼梯进行救人。

（3）举高装备营救人员

此方式仅适合属地消防救援专业力量使用。

四、消防安全重点部位初起火灾处置方法

单位的消防安全重点部位是性质重要、财产集中、人员集中或火灾危险程度较高的部位，一旦发生火灾事故，必将受到重大影响。消防安全重点部位一定是重要的生产、经营、测试、试（实）验场所，易燃易爆危险化学品生产、使用、存储场所，信息网络中心，施工现场、展厅、餐厅、库房、宿舍、变电室、燃气锅炉房，以及其他发生火灾可能性较大造成生产、经营受损、重大人身伤亡或重大财产损失的场所。消防安全重点部位不仅与单位声誉相关，还与人们的衣食住行息息相关，甚至可能造成重大的社会舆论影响。

消防安全重点部位初起火灾处置方法应满足人员密集场所、高层公共建筑，接警到场、力量部署、安全施救等方法，还应满足以下处置方法。

1. 设在地下建筑的消防安全重点部位

认真清点人数，严格控制非应急救援人员进入地下建筑。在火势扩大后，禁止进入地下建筑。

2. 采取封口窒息灭火

须确保在内部无人、无爆炸危险、无助燃氧化剂条件下实施。

具有易燃易爆危险化学品生产、使用、存储的消防安全重点部位，以下危险化学品禁止用水或水基型灭火设施进行灭火。

① 高活泼性金属：钠、钾、钙、锂、镁、铝等，遇水会产生氢气，氢气的爆炸性要高于这些金属，因此，水会加剧其燃烧爆炸。

② 高活性金属合金、氢化物、碳化物：碳化钙、氢化铝锂、氢化钠、硅钙合金等，遇水会产生氢气，会加剧其燃烧爆炸。

③ 高活性金属氧化物：生石灰氧化钙、氧化钠等，遇水会大量放热，成为氢氧化物，在封闭空间内也会引起爆炸。

④ 部分含氯、含氮的物质：氯磺酸、氮化镁等，遇水会发生置换，反应剧烈，虽然过程中没有发生氧化反应，但伴随着大量气体，也会引起爆炸。

⑤ 轻质油：比水的密度小，水虽然不会与它们反应，但由于轻质油会飘在水的上方，并不能隔绝氧气并阻燃，一般用水对这类物质进行灭火时，只是为了对空气降温，而不是直接向燃点喷撒。

⑥ 烷基金属：与金属氢化物类似，常见的是丁基锂、三乙基铝、格林试剂等，遇水会释放可燃性气体。

⑦ 硅烷、硼烷及其衍生物：遇水会产生氢气，比较容易发生爆炸。

⑧ 其他活泼基团：异氰酸酯，遇水会产生二氧化碳，气体体积增加，比较容易发生爆炸；酸酐，遇水未必爆炸，但会释放大量酸性气体，不建议用水灭火。

3. 预防轰燃的发生

轰燃是由于热辐射的反馈，一个房间或一个区域从地面到天花板突然卷入燃烧的瞬变状态。热辐射的反馈就是火焰的热量辐射到屋内的所有物体表面，包括墙面、地板、天花板，使屋内所有物体表面温度快速升至燃点，屋内物体瞬间同时燃烧。减少受热的天花板层会降低热辐射反馈和发生轰燃的可能性；用水冷却着火区域，会降低轰燃发生的可能性。

五、灭火和应急疏散预案示例

本书以航天某园区为示例，从园区灭火和应急疏散总预案、灭火和应急疏散分预案，重点描述了各级预案主要内容和沟通机制，为广大读者提供了预案编制的示例。

附录 2：《×× 园区灭火和应急疏散总预案》

附录 3：《××× 楼灭火和应急疏散分预案》

附录2：

××园区灭火和应急疏散总预案

编号：××-001

共××页

编　写 ____________________

审　核 ____________________

批　准 ____________________

编制单位：

实施日期：

××园区灭火和应急疏散总预案

引　言

本预案为××园区灭火和应急疏散总预案（以下简称“总预案”），通过本预案的编制，进一步规范××园区各级灭火和应急疏散程序。

概　述

本预案包括编制目的、编制依据、适用范围、应急工作原则、入驻单位基本情况、火灾情况设定、组织机构及职责、应急响应、应急保障、应急响应结束、后期处置等内容，为××园区各级灭火和应急疏散程序提供依据。

1　编制目的

为规范突发火灾处置与救援工作，及时对火灾（含火情）响应、预警联动，调动一切力量，最大限度地减少人员伤亡，减轻国家财产受损失程度，保障科研生产顺利进行，特制订本预案。

2　编制依据

2.1 《中华人民共和国消防法》《中华人民共和国突发事件应对法》。

2.2 《社会单位灭火和应急疏散预案编制及实施导则》（GB/T 38315—2019）。

3　适用范围

3.1　本预案适用于××园区应对灭火和应急疏散。

3.2　A单位是××园区消防保障工作的管理单位，即园区管理单位。A单位负责××园区突发火灾事故的响应、预警联动，负责启动总预案。

3.3　入驻单位突发火灾事故按照安全责任区执行灭火和应急疏散分预案（以下简称分预案），消防安全重点部位突发火灾事故按照所在单位执行专项预案，入驻单位负责启动分预案、专项预案。

3.4　××园区公共区域突发火灾事故的响应、预警联动由A单位负责。

4 应急工作原则

4.1 遵循以人为本、分级负责，综合协调、动态管理，注重实效、持续改进的原则。

4.2 本预案每年应至少组织现场演练 2 次，提高对突发火灾的应急处置能力，不断修订完善预案内容。

5 入驻单位基本情况

5.1 基本信息

5.1.1 ×× 园区位于：按公安机关核发的地址填写，现有 ×× 家入驻单位和 ×× 个消防安全重点部位。

5.1.2 《入驻单位汇总表》《消防安全重点部位汇总表》略。

5.2 火灾危险源情况

5.2.1 ×× 园区存在消防设施缺陷、人员误操作、违规用火、违规用电、管理薄弱等火灾隐患。

5.2.2 对照《火灾分类》（GB/T 4968—2008），×× 园区涉及 A、B、C、D、E、F 六类火灾隐患，其中：

A 类火灾：指固体物质火灾，常见的如纸张、办公家具、塑料用品、窗帘、枯枝落叶等火灾。

B 类火灾：指液体或可熔化的固体物质火灾，常见的如汽油、煤油、柴油、乙醇等火灾。

C 类火灾：指气体火灾，常见的如天然气等火灾。

D 类火灾：指金属火灾，常见的如镁、金属粉末等火灾。

E 类火灾：指带电物体和精密仪器等物质的火灾，常见的如电脑、打印机、配电柜、蓄电池、测试实验仪器设备等火灾。

F 类火灾：指烹饪器具内的烹饪物火灾，常见的如烹饪油炸过程失控、厨灶间烟道油垢堆积等火灾。

5.3 消防设施情况

5.3.1 ×× 园区现有 ×× 座建筑，总建筑面积约 ×× 万平方米，设有消防控制室 ×× 个，总指挥中心 × 个。

5.3.2 《消防设施设备统计表》略。

6 火灾情况设定

对 ×× 园区火灾事故引火源、火灾类型、危及范围和可能造成的后果进行分析，《火灾事故情况设定表》见附件。

7 组织机构及职责

7.1 应急组织体系

7.1.1 园区管理单位负责建立 ×× 园区灭火和应急疏散组织体系。

7.1.2 园区管理单位建立应急管理领导小组，下设应急管理办公室和通信联络组、灭火行动组、疏散引导组、安全保卫组、后勤医疗保障组，负责灭火和应急疏散的应急管理工作。

7.1.3 《××园区应急处置组织机构图》见图 1。

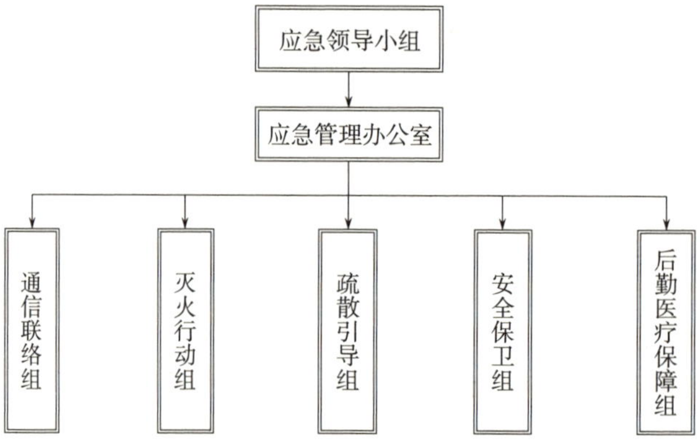

▲ 图 1 ×× 园区应急处置组织机构图

7.2 组织机构及岗位职责

7.2.1 应急领导小组。由园区管理单位消防责任人任总指挥，园区管理单位消防管理人任副总指挥，应急领导小组成员为园区管理单位其他领导。主要职责如下：

7.2.1.1 负责人员、资源配置，应急队伍指挥调动，协调现场等有关工作，批准预案的启动与终止，组织预案的演练，组织保护现场，收集整理相关数据、资料，对预案实施情况进行总结讲评。

7.2.1.2 火灾发生后，总指挥、副总指挥进入指挥状态，负责组织指挥扑灭与救援工作，向各小组下达预案启动及有关指令。

7.2.1.3 负责向有关领导报告灭火处置与救援工作进展，以及需采取的重大处置措施。

7.2.1.4 总指挥外出不在时，由副总指挥替代指挥。

7.2.2 应急管理办公室。由园区管理单位主管消防业务副职任组长，园区管理单位园区保障负责人和消防中心负责人任副组长，成员为园区管理单位有关部门负责人，主要职责如下：

7.2.2.1 执行应急领导小组的各项决策、指令，组织实施火灾现场处置工作，协调、配合当地政府及消防、公安、医疗、交通等部门实施处置行动。

7.2.2.2 负责火灾事故信息的接受、处理、传递、通报，并及时向应急领导小组提出报告和建议。

7.2.2.3 负责组织消防救援队伍和应急救援设备、物资赶赴火灾现场，在应急领导小组的统一指挥下，实施救援行动。

7.2.2.4 全面掌握事态发生、发展的全过程及相关情况，及时向应急领导小组报告，提出具体处置建议，为决策提供依据。

7.2.2.5 负责现场处置工作的总结、报告。

7.2.2.6 承办应急领导小组交办的其他工作。

7.2.3 应急处置工作组

7.2.3.1 通信联络组。由园区管理单位行政业务负责人任组长，行政业务党支部书记任副组长，成员为总指挥中心、××班组，主要职责如下：

a）立即通知应急领导小组成员到达现场。

b）负责应急领导小组与各小组、各入驻单位、消防救援机构之间的联络工作。

c）负责将火灾现场情况及时与有关领导进行沟通，并将应急领导小组的要求迅速向各小组传达。

7.2.3.2 灭火行动组。由园区管理单位消防中心负责人任组长，消防中心党支部书记任副组长，成员为消防控制室值班员，主要职责如下：

a）负责了解火灾现场情况并组织初起火灾扑救，控制火势蔓延。

b）一旦火势蔓延，配合消防救援机构行动，负责消防水源的供应。

c）及时汇报火灾现场情况。

7.2.3.3 疏散引导组。由园区管理单位安全生产业务负责人任组长，安全生产业务党支部书记任副组长，成员为相关志愿消防员，主要职责如下：

a）负责安全出口、疏散门的开启确认。

b）负责火灾现场中被困人员的正确引导、撤离。

c）及时汇报人员被困、撤离情况。

7.2.3.4　安全保卫组。由园区管理单位园区保障业务负责人任组长，园区保障业务副职任副组长，成员为保安员，主要职责如下：

a）负责设立火灾现场警戒线，控制火灾现场秩序，阻止无关人员进入火灾现场。

b）负责派出人员到主要路口引导消防车和消防救援机构员快速进入火灾现场。

c）负责封锁、保护火灾现场，协助消防救援机构开展火灾事故调查。

7.2.3.5　后勤医疗保障组。由园区管理单位后勤保障（或党群）业务负责人任组长，后勤保障（或党群）业务副职任副组长，成员为相关志愿消防员，主要职责如下：

a）组织医务人员对伤员进行救护，对重伤员及时护送至医院救治。

b）负责交通运输工具保障。

c）负责抢险物资、器材器具的供应及后勤保障。

8　应急响应

8.1　响应措施

8.1.1　预案分级。根据 ×× 园区设定灾情的严重程度和场所的危险性，应分级制定预案，从低到高依次分为以下五级：

8.1.1.1　一级预案（火情预案）是针对可能发生无人员伤亡或被困，燃烧面积小的普通建筑火灾的预案。

8.1.1.2　二级预案（一般火灾事故预案）是针对可能发生 3 人以下伤亡或被困，燃烧面积大的普通建筑火灾，燃烧面积较小的高层建筑、地下建筑、人员密集场所、易燃易爆危险品场所、重要场所等特殊场所火灾的预案。

8.1.1.3　三级预案（较大火灾事故预案）是针对可能发生 3 人及以上 10 人以下伤亡或被困，燃烧面积小的高层建筑、地下建筑、人员密集场所、易燃易爆危险品场所、重要场所等特殊场所火灾的预案。

8.1.1.4　四级预案（重大火灾事故预案）是针对可能发生 10 人及以上 30 人以下伤亡或被困，燃烧面积较大的高层建筑、地下建筑、人员密集场所、易燃易爆危险品场所、重要场所等特殊场所火灾的预案。

8.1.1.5　五级预案（特别重大火灾事故预案）是针对可能发生 30 人及以上伤亡或被困，燃烧面积大的高层建筑、地下建筑、人员密集场所、易燃易爆危险品场所、重要场所等特殊场所火灾的预案。

8.1.2　预案分级响应。

火灾事故发生后，火灾事故责任单位、园区管理单位以及相应组织机构、指挥系统和救援队伍，按照火灾事故的可控性、严重程度和影响范围，启动相应等级的预案，开展相应级别的预警联动。

面对火灾事故时，各入驻单位或组织之间通过信息共享、协调配合等方式建立起联系和沟通机制，共同制定应对措施，以便最大限度地减少损失和风险。按照火灾事故的可控性、严重程度和影响范围，从低到高依次分为五级响应。

8.1.2.1　一级响应（含火情）：由园区火灾事故责任单位消防安全责任人组织启动响应。

8.1.2.2　二级响应（一般火灾事故预案）：由园区管理单位消防安全责任人组织启动响应，火灾事故责任单位和相关入驻单位联动。

8.1.2.3　三级响应（较大火灾事故预案）：由园区管理单位消防安全责任人组织启动响应，所有入驻单位进行联动。

8.1.2.4　四级响应（重大火灾事故预案）：由园区管理单位消防安全责任人组织启动响应，所有入驻单位进行联动。

8.1.2.5　五级响应（特别重大火灾事故预案）：由园区管理单位消防安全责任人组织启动响应，所有入驻单位进行联动。

8.2　指挥调度

8.2.1　信息报告程序

8.2.1.1　起火部位员工或消防控制室值班人员发现建筑内部起火后，迅速向火灾事故责任单位消防安全主管部门报告。

8.2.1.2　园区管理单位接到公共区域火灾报警后，按照专项灭火和应急疏散预案由 A 单位进行处置。

8.2.2　信息报告事项

8.2.2.1　报警人应将火灾（含火情）的情况描述清楚，如起火单位、详细地址、起火建筑结构、起火物、有无存储易燃易爆危险品、起火部位或楼层、人员受困情况、火情大小、火势蔓延情况、水源情况等。

8.2.2.2　火灾事故责任单位应立即启动相应等级预案，并向园区管理单位报告，并及时向上级单位消防安全管理部门和当地政府应急管理部门报告。

8.2.2.3　园区管理单位启动相应等级预案，按照等级向相关单位发布预警联动信息，相关单位根据实际情况启动对应级别响应措施。火灾事故分级响应、分级预警联动对照，见表 1。

表1 火灾事故分级响应、分级预警联动对照表

火灾事故	火灾事故责任单位响应	园区管理单位响应	相关入驻单位预警联动
高 ↓ 低	五	五	五/四
	四	四	四/三
	三	三	三/二
	二	二	二/一
	一	一	一/不预警联动

8.2.3 应急指挥部宜设在总指挥中心，也可根据火灾发生的位置将应急指挥部设在就近的消防控制室。

8.3 通信联络

8.3.1 报火警。通信联络组应第一时间拨打“119”火警电话，并向到场的消防救援机构提供如下信息：

8.3.1.1 火灾蔓延情况，包括起火地点、燃烧物体及燃烧范围（火焰、烟的扩散情况等），是否有易燃易爆危险品或其他重要物品，是否有不能用水扑救或用水扑救后产生有毒有害物质的危险化学品以及起火原因等。

8.3.1.2 人员疏散情况，包括是否有人员被困、疏散引导情况及受伤人员的状况等。

8.3.1.3 初期灭火行动，包括初期灭火情况、防火分隔区域构成情况、固定灭火设备（室内消火栓、自动喷水灭火设备和紧急灭火设备等）的状况等。

8.3.1.4 空调设备使用及排烟设备运行情况，包括空调设备的使用、排烟设备运行、电梯运行情况以及紧急用电的保障情况等。

8.3.1.5 平面图、建筑立面图等消防救援机构需要的其他材料。

8.3.2 医疗救护

8.3.2.1 对于现场受伤人员要及时拨打急救电话，联系医务人员赶赴现场进行救护。

8.3.2.2 火灾发生时，治安保卫组人员应在××园区出入口、路口迎接救护车，为救护车引导通向救护地点的最短路线，在建筑内引导楼内通径和消防电梯，其他人员积极配合医务人员开展救援工作。

8.3.3 联系方式

8.3.3.1 火灾发生后，通信联络组与火灾事故责任单位保持联络。

8.3.3.2《××园区灭火和应急疏散总预案机构成员及联系电话表》略，《外部应急救援机构和周边单位联系电话表》略。

8.4 灭火行动

8.4.1 园区管理单位根据火灾现场严重程度，调动技术处置队和消防控制室值班人员等所有力量组成的第二灭火力量在3分钟内赶赴火灾现场，接替火灾责任单位第一灭火力量进行处置。应急领导小组响应级别，分别组织，预警联动对照见表2。

表2 预警联动对照表

响应等级	五	四	三	二	一
灭火力量	应急领导小组第二灭火力量	应急领导小组第二灭火力量	应急领导小组第二灭火力量	第二灭火力量	部分第二灭火力量

8.4.2 发生火灾事故时，就近消防控制室按照总预案进行救援，《××园区消防控制室人员信息表》略，《××园区消防控制室应急支援明细表》略，《××园区局部应急支援示意图》见图2。

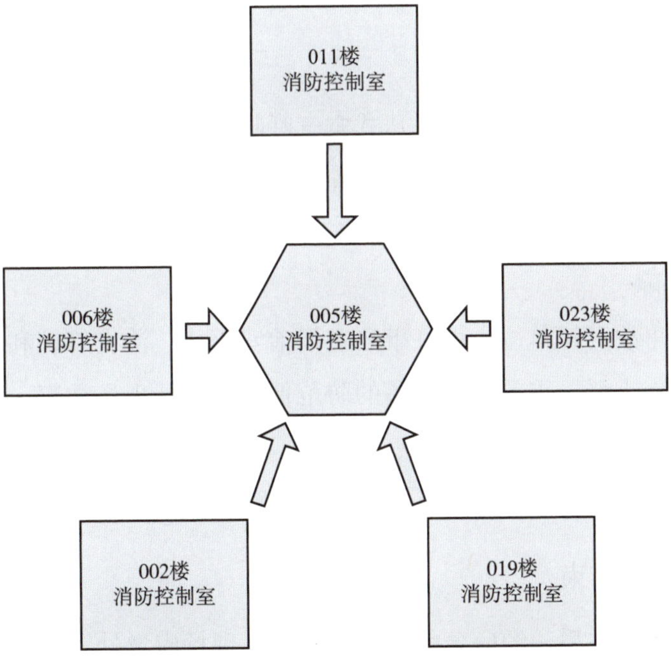

▲ 图2 ××园区局部应急支援示意图

8.4.3 灭火行动组参与到火灾事故责任单位相应的灭火行动。

8.5 疏散引导

8.5.1 疏散引导行动应与灭火行动同时进行。

8.5.2 疏散引导应按照“疏散优先，救人第一”的原则疏散火灾现场及其周围人员，为确保疏散人员的安全畅通，楼内的疏散顺序为：首先疏散起火楼层人员，再疏散其上、其下楼层人员，再次疏散其他楼层人员，疏散时严禁乘坐电梯。

8.5.3 疏散引导组参与到火灾事故责任单位相应的疏散引导。

8.6 典型场所预案

相关责任单位制定《燃气锅炉房灭火和应急疏散分预案》《化工品周转库灭火和应急疏散分预案》《职工食堂灭火和应急疏散分预案》等典型场所预案。

9 应急保障

9.1 应急队伍保障

按照分工，园区管理单位以微型消防站为基础，组建应急技术处置队，按照专业分为消防（设施）、暖通（给排水）、供配电（强电）、电梯、燃气（食堂）处置组，与微型消防站协同配合，发挥水、电、煤气等专业特点，在火灾初期阶段阻断火势，为灭火救援提供保障。

9.2 物资装备保障

9.2.1 ×× 园区备有防火服、正压式空气呼吸器、安全绳、手电筒、水源、沙土、灭火剂、对讲机、应急车辆等应急物资装备。

9.2.2 《×× 园区应急物资装备储备表》略。

9.3 其他保障

9.3.1 火灾事故责任单位应做好事故现场治安警戒、治安管理和保密管理，加强对重点场所、重点人群、重要物资设备的防范保护，维持现场秩序，及时疏散员工和群众。

9.3.2 应为火灾事故处置提供充足的经费保障。

10 应急响应结束

满足以下五个条件后，经应急领导小组确认，现场应急处置工作结束，消防救援队伍撤离现场，由应急领导小组宣布终止本预案的命令，现场应急救援工作结束。应急响应结束信息通过电话、广播等方式宣布。

a）火灾现场得到控制，事故条件已经消除。

b）环境符合有关标准。

c）事故造成的危害已经彻底消除，无继发可能。

d）事故现场各专业应急处置行动已无继续的必要。

e）采取了必要的防护措施，次生、衍生事故已消除。

11 后期处置

11.1 火灾威胁和危害得到控制或消除后，相关入驻单位应当按照有关要求解除应急状态，并及时组织对火灾事故造成的损害进行评估，协助地方政府及上级管理部门开展火灾事故调查处理，查明发生经过和原因，总结经验教训，制定改进措施，尽快恢复正常的生产、经营、生活和社会秩序。

11.2 火灾事故责任单位应当根据国家有关政策，积极开展救助、补偿、抚慰、抚恤、安置等善后工作，妥善解决因处置突发事件引发的矛盾和纠纷。对紧急调集、征用的设备、物资，在使用完毕或应急工作结束后，应当及时返还、补偿或储备。

附 录

1. 术语和定义

1.1 灭火和应急疏散预案。机关、团体、企业、事业单位根据本单位的人员、组织机构和消防设施等基本情况，为发生火灾能够迅速、有序地开展扑灭初起火灾和应急疏散，并为消防救援人员提供相关信息支持和支援所制定的行动方案。

1.2 火灾。在时间和空间上失去控制的燃烧所造成的灾害。

1.3 火情。规模较小、易于控制的火焰或燃烧现象，它可能还没有造成严重的损害，而火灾是指失去控制的大规模燃烧现象，具有更大的破坏性和危险性。

1.4 火灾事故响应。火灾事故发生后，火灾事故责任单位、园区管理单位以及相应组织机构、指挥系统和救援队伍，按照火灾事故的可控性、严重程度和影响范围，启动相应等级的预案，开展相应级别的预警联动。

1.5 预警联动。面临火灾事故时，各单位或组织之间通过信息共享、协调配合等方式建立起联系和沟通机制，共同制定应对措施，以便最大限度地减少损失和风险。

2. 预案备案

2.1 各入驻单位分预案、专项预案应及时向园区管理单位备案。

2.2　××园区灭火和应急疏散总预案应及时向上一级主管部门备案。

3. 维护和更新

3.1　总预案、分预案、专项预案定期进行评审，实现持续改进。

4. 制定与解释

4.1《××园区灭火和应急疏散总预案》由A单位负责制定并解释。

5. 预案实施

5.1 《××园区灭火和应急疏散总预案》于××××年××月××日通过评审并生效实施。

附件 1

火灾事故情况设定表

<table>
<tr><th>序号</th><th>区域</th><th>引火源</th><th>火灾类型</th><th>危及范围</th><th>可能造成的后果</th></tr>
<tr><td>1</td><td>办公室</td><td>电器内部故障导致蓄热、线路老化短路发热、违规用火、违规吸烟等引发火灾</td><td>A 类火灾
E 类火灾</td><td>办公室及其相邻区域</td><td rowspan="8">人员伤亡
财产损失</td></tr>
<tr><td>2</td><td>试验场所</td><td>电器内部故障导致蓄热，危险化学品违规使用、存放等引发火灾</td><td>A 类火灾
E 类火灾</td><td>试验场所</td></tr>
<tr><td>3</td><td>库房</td><td>遇水燃烧的危险化学品，电器内部故障导致蓄热，违规用火等引发火灾</td><td>A 类火灾</td><td>库房及其相邻区域</td></tr>
<tr><td>4</td><td>机房</td><td>电器内部故障导致蓄热、线路老化短路发热等引发火灾</td><td>A 类火灾
E 类火灾</td><td>整楼</td></tr>
<tr><td>5</td><td>生产现场</td><td>镁、金属粉末违规使用、存放等引发火灾</td><td>A 类火灾
D 类火灾</td><td>生产现场</td></tr>
<tr><td>6</td><td>食堂</td><td>天然气泄漏，烟道油垢未及时清除，电器内部故障导致蓄热、线路老化短路发热，违规用火、用气等引发火灾</td><td>A 类火灾
C 类火灾
E 类火灾
F 类火灾</td><td>厨房及餐饮区域</td></tr>
<tr><td>7</td><td>集体宿舍</td><td>电器内部故障导致蓄热、线路老化短路发热，违规用火、用气等引发火灾</td><td>A 类火灾
E 类火灾</td><td>整楼</td></tr>
<tr><td>8</td><td>停车场</td><td>车辆燃油泄漏，新能源汽车充电故障，电动自行车违规充电、违规停放，车辆自燃等引发火灾</td><td>A 类火灾
B 类火灾
E 类火灾</td><td>停车区
地下车库</td></tr>
<tr><td>9</td><td>园区绿化、带绿化的屋顶</td><td>杂草落叶未及时清除，违规用火、违规吸烟、外来火等引发火灾</td><td>A 类火灾</td><td>室外、车辆</td><td></td></tr>
</table>

附件 2

××园区应急支援区域图

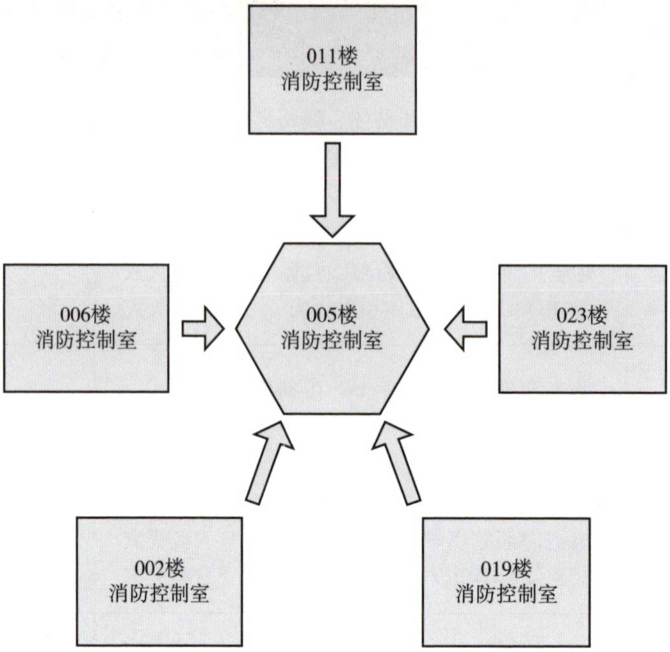

附录3：

×××楼灭火和应急疏散分预案

编号：××－001

共××页

编　写 ____________________

审　核 ____________________

批　准 ____________________

编制单位：

实施日期：

×××楼灭火和应急疏散分预案

1 总则

1.1 编制目的

为有效控制 ××× 楼安全责任区内出现的火灾（火情），规范灭火和应急疏散工作，及时指挥、调度和协调抢险，充分利用一切可能的力量，最大限度地减少人员伤亡，减轻国家财产受损程度，特制定本预案。

1.2 编制依据

根据《中华人民共和国消防法》《社会单位灭火和应急疏散预案编制及实施导则》GB/T 38315—2019,《×× 园区灭火和应急疏散总预案》。

1.3 适用范围

1.3.1 适用于 ××× 楼各安全责任区应对灭火和应急疏散。

1.3.2 安全责任区范围详见《××× 楼安全责任区清单》。

1.4 预案的分类和级别

1.4.1 ××× 楼灭火和应急疏散分预案属于 ×× 园区灭火和应急疏散总预案(以下简称“预案”)。

1.4.2 根据 ××× 楼的火灾危险性，设定为二级预案（一般火灾事故预案）。

1.4.3 ××× 楼二级预案（一般火灾事故预案）同时涵盖一级预案（火情预案）。

1.4.4 B 单位在 ××× 楼安全责任区发生火灾（火情）的，同样按照二级预案（一般火灾事故预案）响应、预警联动。

1.5 遵循原则

1.5.1 遵循分级负责、综合协调、动态管理的原则。

1.5.2 ××× 楼预案每年应至少组织现场演练一次，提高应对突发火灾（火情）的管理水平和处置能力，不断修订完善预案内容。

1.6 定义

1.6.1 火灾是指在时间和空间上失去控制的燃烧所造成的灾害。

1.6.2　火情是指规模较小、易于控制的火焰或燃烧现象，它可能还没有造成严重的损害，而火灾是指失去控制的大规模燃烧现象，具有更大的破坏性和危险性。

1.6.3　二级预案（一般火灾事故预案）是针对可能发生 3 人以下伤亡或被困，燃烧面积较小，编制的预案。

1.6.4　一级预案（火情预案）是针对可能发生无人员伤亡或被困，燃烧面积小，编制的预案。

1.6.5　火灾事故响应是指火灾事故发生后，火灾事故责任单位、园区管理单位以及相应组织机构、指挥系统和救援队伍，按照火灾事故的可控性、严重程度和影响范围，启动相应等级的预案，开展相应级别的预警联动。

1.6.6　预警联动是指面临火灾事故时，各单位或组织之间通过信息共享、协调配合等方式建立起联系和沟通机制，共同制定应对措施，以便最大限度地减少损失和风险。

1.6.7　园区管理单位是指承担园区消防保障工作的主管部门或园区消防安全管理单位。

1.6.8　A 类火灾是指固体物质火灾。

1.6.9　E 类火灾是指物体带电燃烧的火灾。

1.7　基本情况

1.7.1　××× 楼位于：按公安机关核发的地址填写，位于 ×× 园区内的还应注明相对位置。

1.7.2　××× 楼地上 12 层、地下 2 层（地下二层为人防），是办公场所，该建筑内设有两条消防疏散楼梯，5 部电梯。

1.8　危险源

1.8.1　一层一区为 B 单位信息中心机房设有服务器等大功率电器，一层二区为 B 单位文件资料库房存有纸张等易燃物。

1.8.2　除 1.8.1 之外，办公室、会议室设有办公家具、办公电器和存有纸质材料、塑料用品等。

1.9　消防安全重点部位

1.9.1　B 单位已将 ××× 楼信息中心机房、文件资料库房列为本单位消防安全重点部位，并编制了专项预案。

1.9.2　××× 楼其他安全责任区无消防安全重点部位。

1.10　火灾情况设定

1.10.1　××× 楼常见可燃物为纸张、塑料用品和办公家具等，由于燃点低，一且遇到外来明火或电器故障引燃可燃物，将发生火灾（火情）。因不涉及易燃易爆危险品使用、存储，××× 楼无爆炸可能性、泄漏可能性。

1.10.2 ××× 楼最有可能发生火灾事故的情况列表，如下：

序号	火灾事故性质	着火地点	火灾类型	火灾事故影响
1	纸张、塑料用品和办公家具等可燃物，由于燃点低，一旦遇到外来明火或电气线路故障，将发生火灾（火情）。	办公室 会议室	A 类火灾	未及时发现，将造成火情蔓延，引发火灾。
2	电器内部故障导致蓄热、燃烧，或引燃周边可燃物，将发生火灾（火情）。	办公室 会议室	E 类火灾 A 类火灾	未及时发现，将造成火情蔓延，引发火灾。

2 组织机构及职责

2.1 组织机构

2.1.1 灭火和应急疏散领导小组。由安保部部长任组长，安保部副部长任副组长。灭火和应急疏散领导小组成员：办公室、计划、财务、质量、B 单位、C 单位、园区管理单位等。

2.1.2 灭火和应急疏散领导小组下设：通信联络组、灭火行动组、疏散引导组、安全保卫组、后勤医疗保障组（含防护救护、后勤保障，下同）。

2.1.2.1 通信联络组。由安保部、质量部组成，安保部消防业务负责人任组长，质量部安全生产业务负责人任副组长。

2.1.2.2 灭火行动组。由园区管理单位、相关单位、××× 楼各部门志愿消防员组成，园区管理单位消防中心负责人任组长，消防中心副职任副组长。

2.1.2.3 疏散引导组。由安保部、园区管理单位、××× 楼各部门行政负责人、相关单位组成，安保部消防业务副职任组长，园区管理单位园区保障业务负责人任副组长。

2.1.2.4 安全保卫组。由安保部、园区管理单位组成，园区管理单位园区保障业务副职任组长，消防中心治安主管任副组长。

2.1.2.5 后勤医疗保障组。由 C 单位、园区管理单位组成，C 单位门诊部负责人任组长，园区管理单位消防中心消防主管任副组长。

2.1.2.6 灭火和应急疏散领导小组指挥部宜设在 ××× 楼消防控制室。

2.2 职责分工

2.2.1 灭火和应急疏散领导小组职责：

2.2.1.1 负责人员、资源配置，应急队伍指挥调动，协调现场等有关工作，批准预案的启动与终止，组织预案的演练，组织保护现场，收集整理相关数据、资料，对预案实施情况进行总结讲评。

2.2.1.2　火灾（火情）发生后，组长、副组长进入指挥状态，负责组织指挥扑灭与救援工作，向各小组下达预案启动及有关指令。

2.2.1.3　负责向有关领导报告灭火处置与救援工作进展，以及需采取的重大处置措施。

2.2.1.4　组长外出不在时，由副组长替代指挥。

2.2.2　通信联络组职责：

2.2.2.1　立即通知灭火和应急疏散领导小组成员到达现场。

2.2.2.2　负责灭火和应急疏散领导小组与各小组、园区管理单位、消防救援机构之间的联络工作。

2.2.2.3　负责将火灾（火情）现场情况及时与有关领导进行沟通，并将灭火和应急疏散领导小组的要求迅速向各小组传达。

2.2.2.4　负责与××园区灭火和应急疏散总预案通信联络组职责衔接。

2.2.3　灭火行动组职责：

2.2.3.1　负责了解火灾（火情）现场情况并组织初起火灾扑救，控制火势蔓延。

2.2.3.2　一旦火势蔓延，配合消防救援机构行动。

2.2.3.3　及时汇报火灾（火情）现场情况。

2.2.3.4　负责与××园区灭火和应急疏散总预案灭火行动组职责衔接。

2.2.4　疏散引导组职责：

2.2.4.1　负责安全出口、疏散门的开启确认。

2.2.4.2　负责火灾（火情）现场中被困人员的正确引导、撤离。

2.2.4.3　及时汇报人员被困、撤离情况。

2.2.4.4　负责与××园区灭火和应急疏散总预案疏散引导组职责衔接。

2.2.5　安全保卫组职责：

2.2.5.1　负责设立火灾（火情）现场警戒线，控制火灾（火情）现场秩序，阻止无关人员进入火灾（火情）现场。

2.2.5.2　负责派出人员到主要路口引导消防车和消防队员快速进入火灾（火情）现场。

2.2.5.3　负责封锁、保护火灾（火情）现场，协助消防救援机构开展火灾事故调查。

2.2.5.4　负责与 ×× 园区灭火和应急疏散总预案安全保卫组职责衔接。

2.2.6　后勤医疗保障组职责：

2.2.6.1　组织医务人员对伤员进行救护，对重伤员及时护送至医院救治。

2.2.6.2　负责交通运输工具保障。

2.2.6.3　负责抢险物资、器材器具的供应及后勤保障。

2.2.6.4　负责与 ×× 园区灭火和应急疏散总预案后勤医疗保障组职责衔接。

3　报火警、初起火处置程序

3.1　当火灾（火情）确认后：

3.1.1　事发单位员工迅速使用电话或摁下消防按钮通知消防设施操作员（××× 楼消防控制室值班电话：略）。

3.1.2　在 1 分钟内起火部位员工形成第一灭火力量，使用灭火器、消火栓灭火。如火情已被扑灭，无人员伤亡或被困，且燃烧面积小，未造成影响的，也应逐级报告。

3.2　当消防控制室接到火警信息后：

3.2.1　在 3 分钟内形成第二灭火力量，赶赴火灾（火情）现场灭火（或接替第一灭火力量灭火）。

3.2.2　按微型消防站管理要求，迅速拉动微型消防站。

3.2.3　通知通信联络组（附件 1 略）。

3.3　当灭火和应急疏散领导小组接到火警信息后，立即采取以下措施：

3.3.1　××× 楼启动二级预案（一般火灾事故预案），××× 楼按二级响应（一般火灾事故）组织灭火、人员疏散和抢险等工作。

3.3.2　向园区管理单位按照二级预案报告（附件 2 略）。

3.3.3　向上级单位消防安全管理部门和当地政府应急管理部门报告。

3.4　报“119”火警时，要沉着冷静，讲清以下内容：

3.4.1　报警人员的姓名、单位、地址、联系电话。

3.4.2　起火物，有无存储易燃易爆危险品。

3.4.3　起火部位或楼层，人员受困伤亡情况，以及火情大小、火势蔓延情况等其他信息。

3.5　在消防救援机构专业人员到达火灾（火情）现场后，统一听从指挥，积极配合消防救援机构开展灭火、抢险工作，并提供如下信息：

3.5.1 火灾蔓延情况，包括起火地点、燃烧物体及燃烧范围（火焰、烟的扩散情况等），是否有重要物品以及起火原因等。

3.5.2 人员疏散情况，包括是否有人员被困、疏散引导情况以及受伤人员的状况等。

3.5.3 初期灭火行动，包括初期灭火情况、防火分隔区域构成情况、固定灭火设备（室内消火栓、自动喷水灭火设备和紧急用灭火设备等）的状况等。

3.5.4 空调设备使用及排烟设备运行情况，包括空调设备的使用、排烟设备运行、电梯运行情况以及紧急用电的保障情况等。

3.5.5 单位平面图、建筑立面图等资料。

4 响应措施

4.1 通信联络程序和措施（适用于通信联络组）

4.1.1 根据灭火和应急疏散领导小组组长、副组长的指令，将人员疏散、灭火抢险等行动指令迅速传达到各小组。

4.1.2 将火灾（火情）人员疏散、灭火抢险等情况及各小组反馈情况及时汇报给组长、副组长。

4.1.3 及时跟进消防救援机构处理及调查。

4.1.4 信息传递过程中遇任何不响应情况，均可越级传递。

4.2 灭火程序和措施（适用于灭火行动组）

4.2.1 根据不同部位初起火，采取下列措施：

4.2.1.1 当发生A类火灾、E类火灾，应立即切断电源，关闭着火部位房间门，使用灭火器、消火栓灭火，了解火灾（火情）现场内是否有被困人员。

4.2.1.2 当地下室发生A类火灾、E类火灾，严禁使用二氧化碳灭火器灭火，灭火措施同4.2.1.1。

4.2.2 当火势蔓延，明火即将窜出房间时，应再次确认火灾（火情）现场以及同一防火分区是否有被困人员，关闭同一防火分区（楼道两侧，二层还应降下防火卷帘）防火门，启动消防水泵，使用消火栓和自动喷淋灭火系统灭火，启动防烟排烟系统排烟。

4.2.3 如发现有人被困，在确保自身安全情况下，紧急抢救被困人员。

4.3 应急疏散程序和措施（适用于疏散引导组）

4.3.1 疏散引导行动应与灭火行动同时进行。消防控制室依据火势情况，打开首层疏散门，利用消防广播对全楼进行紧急广播，组织全楼人员安全、有序疏散。

4.3.2 疏散引导应按照“疏散优先，救人第一”的原则疏散火灾（火情）现场及其周围人员，为确保疏散人员的安全畅通，楼内的疏散顺序为：首先疏散着火楼层人员，其次疏散其上、其下楼层人员，再次疏散其他楼层人员，疏散时严禁乘坐电梯。

4.3.3 志愿消防员、兼职安全员携带消防自救呼吸器、湿毛巾等防护用品，立即组织本楼层员工按疏散路线逃生。

4.3.4 在实施疏散引导时，首先疏散需要紧急救护的人员及行为能力差的人员，并及时联系后勤医疗保障组赶赴现场进行救护。

4.3.5 员工应保持冷静，携带湿毛巾等防护用品有序疏散，并提醒身边其他人员紧急疏散。

4.3.6 应组织对疏散员工进行清点，未及时疏散的人员情况应及时报告灭火和应急疏散领导小组，并加大搜寻力度。

4.4 治安保卫程序和措施（适用于安全保卫组）

4.4.1 严格控制车辆和无关人员进入火灾（火情）现场限定区域。

4.4.2 组织人员清理火灾（火情）现场周围停放的车辆和影响灭火、疏散的物品。

4.4.3 派出人员到主要路口引导消防车和消防队员快速进入火灾（火情）现场。

4.4.4 组织人员对火灾（火情）现场抢救出的贵重物资进行看护。

4.4.5 火灾（火情）扑灭后，负责封锁、保护现场，配合消防救援机构或组织相关单位人员全面检查现场，消灭遗留火种。

4.5 后勤医疗保障程序和措施（适用于后勤医疗保障组）

4.5.1 后勤医疗保障组接到火警或通知后，迅速落实交通工具及其他物资的后勤保障。

4.5.2 及时抢救、护理受伤、中毒人员，对伤情和中毒严重者分类进行处置，及时拨打急救电话“120 或 999”救护。

5 消防设施及装备

5.1 消防设施。全楼设置了火灾自动报警系统、自动喷水灭火系统、消火栓系统、防排烟系统、消防广播和疏散指示、手提式灭火器，此外还设置了消防安全标识。

5.2 消防装备。消防控制室配备防火服 2 套、应急包 2 个（含应急电话、安全锤、防火毯等工具）、撬杠、对讲机 2 部。

6　火灾（火情）调查和处置

6.1　灭火和应急疏散终结

6.1.1　火灾（火情）扑灭后，进入调查处理程序。应对事故的原因、经过、损失和后果等形成初步意见，及时向有关领导汇报。

6.1.2　协助消防救援机构勘察现场、火灾（火情）发生所在单位清理火灾（火情）现场，并做好记录。

6.2　善后处理

6.2.1　灭火和应急疏散领导小组有关成员开展善后处理工作，包括协助消防救援机构工作、对火灾（火情）定性、证据的收集、清理现场、清除影响、人员安置、受害补偿等。

6.2.2　按照国家有关规定和事故原因未查明不放过、责任人未处理不放过、整改措施未落实不放过、有关人员未受到教育不放过等“四不放过”的原则，对火灾（火情）进行调查处理。

6.2.3　对造成火灾（火情）事故发生的单位和责任人按照《××消防安全管理办法》进行处罚，情节严重的移交司法机关处理。

6.2.4　对在灭火抢险中表现突出者进行表彰奖励，对在灭火抢险中失职和表现不良者进行批评教育和惩处。

6.2.5　在总结经验教训的基础上，对改进防火物质条件和加强消防安全管理提出整改意见。

7　疏散路线图

见附件 3（略）

8　其他事项

8.1　本预案由 ××× 负责解释。

8.2　本预案引用文件修订的，执行新修订的文件。

8.3　本预案自发布之日起施行。

07

第七章

中国空间技术研究院对消防安全标准化的探索

第一节 社会单位开展消防安全评估的意义

一、什么是社会单位消防安全评估

社会单位消防安全评估是专业机构、团队或人员，依据法律法规和消防技术标准，遵循消防安全评估原则，运用适当的检测、判定方法，对社会单位的消防安全状况进行分析、估算，并得出专业意见的过程。

二、国家对社会单位开展消防安全评估的背景和要求

1. 国家对社会单位开展消防安全评估的背景

近年来的火灾事故调查和火灾形势分析研判结果表明，社会单位消防安全责任不落实、消防安全自我管理水平不高是影响火灾防控水平的主要原因。为解决这“老大难”问题，国家从法律法规、政策、监督管理、宣传教育等方面采取了一系列措施，并取得了显著成效。

2013 年，公安部消防局为了贯彻落实《国务院关于加强和改进消防工作的意见》（国发〔2011〕46 号）精神，印发了《火灾高危单位消防安全评估导则（试行）》（公消〔2013〕60 号），指导和推动了全国火灾高危单位消防安全评估工作。此后一些地区先后出台了火灾高危单位消防安全评估标准，组织开展了火灾高危单位消防安全评估工作，对提高单位消防安全管理水平发挥了积极作用。然而长期以来，单位消防工作仍缺少一个系统、全面的标准去对其进行指导、规范，这也是影响社会单位消防安

全管理水平提升的原因之一。

2. 国家对社会单位开展消防安全评估的要求

2018 年，公安消防部队移交应急管理部，消防安全管理职责并入应急管理部。2020 年发布了《单位消防安全评估》（XF/T 3005—2020），要求社会单位建立消防安全自查、火灾隐患自除、消防责任自负的自我管理与约束机制，实现预防火灾、减少火灾危害、保护人身财产安全的目标。

① 针对社会单位消防安全评估内容及相应方法，按照一一对应的形式作出了全面规定。

② 在评价方法上，依照法律法规和消防技术标准，对社会单位消防安全进行全数评估，不应采取抽样、抽查的方式进行检查。全数评估是指对照《单位消防安全评估》规定的各子项的检查内容，对评估范围内的每栋建筑物及消防设施逐一评估，并判定是否存在消防安全问题。

③ 评估结果采取列举不符合法律法规和消防技术标准的问题，提出整改意见的形式，不采取评分、评级或给出合格 / 不合格等结论的形式。

④ 标准只对评估对象、评估程序、评估内容、评估方法、评估报告等评估工作作出规定，对社会单位消防安全评估应如何管理，一般不作规定。

三、对社会单位开展消防安全评估的理解

《单位消防安全评估》（XF/T 3005—2020）的发布，目的是总结归纳近年来各地组织开展火灾高危单位消防安全评估的经验，深刻汲取火灾事故教训，进一步拓展单位消防安全评估范围，引导和规范社会单位消防安全评估工作，提高单位消防安全检查和火灾隐患整治社会化、专业化水平，进一步夯实全社会消防工作基础，为国家经济发展、社会稳定和人民群众安居乐业创造良好的消防安全环境。

《单位消防安全评估》（XF/T 3005—2020）的实施，有利于社会单位对照标准自我排查隐患，有利于行业系统依法依规监管，有利于落实火灾隐患整治措施，构筑共建共治共享的社会化消防治理格局。同时，标准的实施有助于提升社会化消防治理工作的法制化、科学化和标准化水平，对于预防火灾和减少火灾危害，保护人民生命财产安全，维护公共安全，提升广大人民群众的幸福感、获得感、安全感，具有重大意义。

第二节 中国空间技术研究院构建消防安全标准化的背景和基础

一、构建消防安全标准化的背景

近年来，中国空间技术研究院认真学习贯彻习近平总书记关于安全生产重要论述重要讲话精神及中央重大决策部署，落实国务院国资委、国家国防科工局关于安全生产标准化建设以及应急管理部关于消防安全评估工作的要求，开展了安全生产标准化达标工作，有力提升了全院安全生产标准化管理水平。航天园区既有航天器推进剂等危险化学品使用场所，也有航天器总装和测试场所，还有不同年代竣工的各类建筑物及消防设施，抗御火灾的能力参差不齐。为全面压紧压实消防安全责任，应对点多面广、从业人员专业程度良莠不齐、部分消防设施老旧、消防安全监管能力不足等问题，依据国务院安委会《“十四五”国家消防工作规划》“建立健全消防安全监测评估”规划实施要求，中国航天科技集团有限公司提出了“加快推进消防安全标准化建设”的工作要求，参照国家国防科技工业局《航天工业安全生产标准化评级准则》《航天工业安全生产标准化考核评分细则》、应急管理部《单位消防安全评估》（XF/T 3005—2020），中国空间技术研究院亟需制定《消防安全标准化考评准则》，全面规范消防安全管理工作。

二、实施消防安全标准化的基础

1. 消防工作基础方面

积极探索消防安全管理理论与实践的有机统一，基于航天器研制全周期特点，发布了中国航天科技集团有限公司首份消防技术标准——《航天器研制场所消防技术保障要求》，提炼总结出航天器研制各阶段须采取的消防安全保障措施。自主编（绘）制了11类70种图形标识，发布了《消防安全标志》，并进行了消防安全标识化建设。院级标准已全面实施，并得到中国航天科技集团有限公司推广，目前已被部分社会单位采用。

2. 消防工作研究方面

2021年，中国空间技术研究院率先在中国航天科技集团有限公司开展了《基于安全生产标准化评级准则消防安全考评要素》课题研究，从立项必要性、研究目标与指标、主要研究内容、总体方案、现有基础条件、预期成果及研究周期等方面全面梳理不同类型特点，创新考评内容及赋分权重，充分体现从事消防安全管理工作的难易和复杂程度，达到科学评判、合理评价的目标。通过开展消防安全考评研究，对安全生产标准化有关内容进行补充，科学制定消防安全考评要素，细化考评内容，执行差异化的考核评分标准，分步骤、分层级逐步推进消防安全治理体系现代化，立足从源头上遏制火灾事故的发生。

3. 消防工作研究人员配备情况

中国空间技术研究院拥有丰富的管理经验和扎实的消防专业基础，多人取得正高级专业技术职称、国家一级注册消防工程师资格，院内专家多次参加上级单位组织的检查，年龄结构合理，经验丰富，专业理论水平高，具备承担消防工作研究的能力和专业水平。

第三节　中国空间技术研究院实施消防安全标准化考评的做法和示例

一、实施消防安全标准化考评的做法

按照“领导决策、标准先行、组建团队、试点引路”的原则，明确了消防工作“完善责任体系、锻炼人员队伍、排查整治隐患、稳步提升安全‘四个能力’建设”的阶段目标。严格执行《消防法》，对标《航天工业安全生产标准化评级准则》《单位消防安全评估》考评方法、考评等级、考评程序等内容，同时参考《航天工业安全生产标准化考核评分细则》，梳理涉及消防条款的否决扣分项，并在标准中予以体现。

2021年，中国空间技术研究院发布了《消防安全标准化考评准则》，开展了标准宣贯、审核员培训和选拔，并组建了全院消防安全专家团队，计划在3年内实现对各单位首轮消防安全标准化考评的全覆盖。

▲ 图 7-1　开展消防安全标准化考评宣贯、审核员培训和选拔

二、《消防安全标准化考评准则》示例及解读

本书以中国空间技术研究院《消防安全标准化考评准则》为示例，对考评内容和方法、考评等级、考评程序、监督管理等内容进行解读，为广大读者提供了构建单位消防安全标准化的实践成果。

1. 范围

规定了考评内容、方法、等级、程序和监督管理等要求。

【条文解读】

标准的制定主要遵循以下原则：

① 坚持安全自查、隐患自除、责任自负，这是单位建立并落实消防安全责任制的基本原则。

a）安全自查是指单位应依据党和国家有关消防工作方针政策、法律法规，以及单位规章制度，定期组织开展防火巡查、消防安全检查，及时查找本单位消防工作存在的突出问题和火灾隐患，对单位消防安全状况做出准确评价。

b）隐患自除是指单位应针对发现的问题和火灾隐患，确定整改措施、期限以及负责整改的部门、人员，落实整改资金，自觉消除隐患，并建立落实防止问题反复和隐患反弹的机制。

c）责任自负是指单位应对自身的消防安全状况全面负责，对未依法履行消防工作职责或违反法律法规和单位消防安全管理制度的行为，依法承担相应的责任。

② 单位是消防安全责任主体。《消防法》第二条明确消防工作“单位全面负责”的原则，即单位是自身消防安全的责任主体。

单位是社会的基本单元，也是消防安全管理的基本单元。一般单位、消防安全重点单位、火灾高危单位应根据法律法规要求，履行相应的消防工作职责，落实逐级消防安全责任制和岗位消防安全责任制，明确逐级和岗位消防安全职责，确定各级、各岗位消防安全责任人，推动落实各项消防安全管理措施，确保自身消防安全。

③ 法定代表人、主要负责人或实际控制人是本单位、本场所消防安全责任人，对消防安全全面负责。法定代表人、主要负责人或实际控制人处于指挥者、决策者的重要地位，应对本单位、本场所消防安全全面负责、全面管理。

2. 机构和职责

① 确定消防安全考评机构，组建考评团队，组织对申请考评单位进行消防安全考评工作。

② 考评团队应遵循“客观公正、诚实守信”的原则，遵守职业准则，恪守职业道德，公正客观地对申请考评单位的消防安全管理水平进行考核。

【条文解读】

规定了消防安全考评机构的组建要求、工作的原则和相应职责。

① 确定消防安全考评机构，组建考评团队，组织开展消防安全考评工作。

② 考评团队的组成一般根据申请考评单位规模合理配置考评人员，细分为 3～4 个小组，每组 1～2 人。遇消防安全重点部位较多、化学品使用较多等类型单位可特邀相关领域专家参与考评。

3. 考评内容和方法

（1）考评项目及范围

消防安全考评内容包括基础管理和重点要素。消防安全考评项目的分类、范围和赋分见表 7–1 所示。

【条文解读】

明确了消防安全考评内容及赋分的原则，考评内容主要包括基础管理和重点要素，同时标准在制定过程中注重实际，体现差异化考评，在消防安全考评内容选择和赋分时综合考虑单位涉及消防安全业务情况，有针对性地遴选业务事项和对应考评分范围。

① 基础管理赋分满分 300 分，重点要素赋分满分 350 分。

② 申请考评单位的基础管理为必查项。

③ 重点要素考评项目应根据实际情况进行选择，涉及的为必查项。

（2）考核评分方法

考核评分方法按照具体考评要求和评分标准对应评分（消防安全标准化考评准则评分表略）。

【条文解读】

明确了消防安全考评考核评分方法，是标准的重点内容。

① 根据具体考评要求和评分标准进行评分。基础管理和重点要素建立了 8 个考核评分表。

表7-1　分类、范围和赋分表

序号	考评分类	考评范围	考评项目	赋分		总分
1	基础管理	必查项	消防安全法律责任	50	300	650
			消防安全管理组织机构	21		
			消防安全管理责任	21		
			消防安全管理制度、消防安全操作规程	21		
			宣传教育和培训	21		
			检查、监督和问题隐患整改	21		
			灭火和应急疏散预案及演练	21		
			消防安全标识和安全疏散设施	20		
			相关方消防安全管理	20		
			施工明火作业管理	15		
			电器产品、燃气用具、电动自行车消防安全管理	15		
			志愿消防组织	10		
			消防安全知识考试	5		
			灭火技能实操测试	5		
			保温、装修材料的选用	5		
			管理创新案例	10		
			注册消防工程师	10		
			消防档案	9		
2	重点要素	涉及的，为必查项	消防安全重点部位	70	350	
3			消防设施	70		
4			消防控制室和消防设施操作员	70		
5			灭火器材	50		
6			试验任务消防安全管理	20		
7			微型消防站、灭火救援管理	35		
8		承担园区消防安全管理实施的单位，为必查项	园区消防安全管理	35		

② 按照考核评分表中的具体考评要求和评分标准对考评项目不符合项进行扣分，采用部分否决扣分和单项扣分方式，对应的分值扣完为止。

③ 部分否决扣分：标准分一栏出现“*”，表示该考评内容为否决项，若此内容不符合要求，则扣除本子项对应的标准分。

④ 单项扣分：非部分否决扣分内容，单项内容不符合要求的，则按照对应的评分标准进行扣分。

（3）考核评分一般要求

考核评分一般要求如下。

① 消防安全重点部位，消防水泵、水箱、阀门、风机、气体灭火等专用房间的消防设施，应全部进行检查。

② 视情况抽查消防设施自检功能、切换功能、手动 / 自动控制功能、联动功能。

③ 各类手提式灭火器的抽查数量：20 具以下（含 20 具）的全部进行检查；21～1500 具（含 1500 具）的，抽查 20 具以上；大于 1500 具的，抽查率应大于 2.5%。

④ 抽查新员工、消防设施操作员、特殊工种作业人员、重要岗位人员、志愿消防员等进行消防安全知识考试或灭火技能实操测试。

【条文解读】

规定了消防安全考评考核评分的一般要求。

① 消防安全考评中的查验是指以相关考核评分条款为依据，对单位所开展的各项消防安全管理业务工作进行实际的核实和查对，主要查验方式有现场、档案材料和视频回溯检查等，一般采取抽查的形式。

② 由申请考评单位工作人员陪同，消防设施应由具备相关资质人员操作。

③ 消防安全重点部位、消防专用房间的消防设施，应全部进行检查。消防设施自检功能、切换功能、手动 / 自动控制功能，联动功能应视生产、经营等活动实际情况抽查。

④ 各类手提式灭火器的抽查数量：20 具以下（含 20 具）的全部进行检查；21～1500 具（含 1500 具）的，抽查 20 具以上；大于 1500 具的，抽查率应大于 2.5%。

⑤ 抽查新员工、消防设施操作员、特殊工种作业人员、重要岗位人员、志愿消防员等进行消防安全知识考试或灭火技能实操测试。

（4）考核评分计算方法

① 考核评分最终得分为百分制：基础管理得分占 55%，重点要素得分占 45%。

申请考评单位基础管理得分计算公式为：

$$\alpha=\frac{\mu}{v}\times 55 \tag{7-1}$$

式中 μ——基础管理考评项目实际得分之和；

v——基础管理考评项目应得分之和。

② 申请考评单位重点要素最终得分计算公式为：

$$\beta=\frac{o}{p}\times 45 \tag{7-2}$$

式中 o——重点要素考评项目实际得分之和；

p——重点要素考评项目应得分之和。

③ 申请考评单位最终考评得分计算公式为：

$$\sum=\alpha+\beta \tag{7-3}$$

如申请考评单位重点要素仅有灭火器材一项的，最终考评得分计算公式为：

$$\sum=\frac{\mu}{v}\times 55+\frac{o\text{（灭火器材实际得分）}}{p\text{（灭火器材应得分）}}\times 45 \tag{7-4}$$

如申请考评单位无重点要素的，计算公式为：

$$\sum=\frac{\mu}{v}\times 100 \tag{7-5}$$

【条文解读】

本节规定了考核评分计算方法：

① 基础管理得分 $=\dfrac{\text{管理实际得分}}{300}\times 55$；

② 重点要素得分 $=\dfrac{\text{重点要素实际得分}}{\text{重点要素应得分}}\times 45$。

例如，甲单位 7 项重点要素齐全，重点要素应得分为 350，现场考评基础管理实际得分为 290，重点要素实际得分为 318，则最终考核评分为：$\frac{290}{300}\times 55+\frac{318}{350}\times 45=94.05$；乙单位重点要素无试验任务，重点要素应得分为 330，现场考评基础管理实际得分为 285，重点要素实际得分为 310，则最终考核评分为：$\frac{285}{300}\times 55+\frac{310}{330}\times 45=94.52$；丙单位重点要素仅有灭火器材，重点要素应得分为 50，现场考评基础管理实际得分为 280，重点要素实际得分为 48，则最终考核评分为：$\frac{280}{300}\times 55+\frac{48}{50}\times 45=$ 94.53。

4. 考评等级

① 消防安全考评等级分为一级、二级、三级，其中一级最高、三级最低。

② 消防安全考评按照以下标准进行分级。

a）一级应满足消防安全考评最终得分在 90 分（含）以上。

b）二级应满足消防安全考评最终得分在 80 分（含）以上。

c）三级应满足消防安全考评最终得分在 70 分（含）以上。

③ 消防安全考评最终得分在 69 分以下的，应重新申请考评。

④ 现场考评后，申请考评单位应按照考评意见完成整改，经考评团队复查仍未达到原申请等级的，由中国空间技术研究院进行最终考评等级核定。

【条文解读】

规定了消防安全考评等级的评定要求。消防安全考评等级为一级的风险较低，消防安全考评等级为二级的存在一定风险，消防安全考评等级为三级的存在较大风险，消防安全考评 69 分以下的存在重大风险。被考评单位应根据考评结果，改进和提高消防安全管理水平，加强落实消防安全责任。

消防安全考评是加强消防安全自律管理，推动消防安全标准化建设，指导单位落实消防安全主体责任的重要抓手，鼓励具备条件的单位主动申请一级。

5. 考评程序

（1）单位自评

申请考评单位应成立自评组织，进行自评，对自查出的问题隐患进行整改，确保整改率达到 100%，最终形成考评申请报告。

【条文解读】

规定了单位开展消防安全自评的程序和要求，通过对标自评，既锻炼了队伍，也推动了单位消防安全管理逐步向精细化管理转变。

（2）考评申请

根据自评结果，申请考评单位应知悉自我风险并对申请考评内容负责，由主要负责人做出真实承诺，向中国空间技术研究院提出考评申请。

【条文解读】

规定了提交消防安全考评申请的程序和要求，提交申请时，应附以下材料：

① 工商营业执照或事业单位法人证书复印件，消防安全组织机构及管理人员名录。

② 消防安全管理制度文件清单，消防安全重点部位清单，各单体建筑物主要消防设施清单，消防水泵、水箱、阀门、风机、气体灭火等专用房间清单。

③ 单位总平面布局图。

④ 自评报告、自评扣分项目汇总表以及考评需要的其他资料。

（3）现场考评

经中国空间技术研究院书面审核后，考评团队按照考评计划，对申请考评单位开展消防安全考评工作。现场考评工作程序如下。

① 组织召开考评首次会议，考评团队听取申请考评单位汇报。

② 考评团队确认申请考评单位的考评项目是否真实、完整。

③ 对申请考评单位采取资料审查、人员询问、消防安全知识考试、灭火技能实操测试、现场考核和验证等方法，按照考核评分表进行审查。

④ 考评团队汇总考评审查意见。

⑤ 考评团队向申请考评单位通报审查情况。

⑥ 召开考评末次会议，考评团队宣布考评结果。

【条文解读】

规定了现场考评的程序和要求：

① 开展现场考评工作一般为 1.5 ～ 3 天。

② 汇总考评审查意见，必要时进行复查。

③ 考评团队宣布的主要内容是：考评范围和资料完整性确认，现场考评发现的问题、隐患，现场考评结果。

④ 考评团队宣布考评结果主要内容是：经考评组综合评议，达到消防安全考评等级标准，你单位应对本次考评中发现的问题、隐患进行整改，举一反三，并形成整改报告，经考评团队审查合格后，按照消防安全考评结果向上级推荐等。

（4）形成考评报告

申请考评单位应在现场考评结束 20 个工作日内完成本次考评过程中发现问题隐患的整改，对不能在 20 个工作日内完成问题隐患整改的，应明确整改计划和管控措施，并形成整改报告。整改报告应报送原考评团队进行审查，审查合格后形成考评报告。

【条文解读】

规定了消防安全考评报告和整改报告的主要内容。

① 整改报告。封面（含编、审、批签字）、被考评单位对照考评意见整改情况的概述、提出的主要问题、针对问题进行的原因分析、整改落实情况（有整改问题的前后对比照片）、举一反三情况（并附下表）。

表7-2　消防安全考评开展前后对比表

序号	项目		开展前	开展后	增（减）幅/%
1	消防安全经费投入	万元			
2	消防安全管理制度	项			
3	消防安全操作规程	项			
4	消防安全重点部位	处			
5	专兼职消防安全管理人员	名			
6	消防设施操作人员	名			
7	志愿消防人员	名			
8	消防设施操作员四级（中级）	名			
9	微型消防车	辆			
10	微型消防站	个			
11	灭火救援技术处置队	个			

② 考评报告。原考评团队审查合格后，形成考评报告，结论的主要内容是：经考评组综合评议，按照《消防安全标准化考评准则》，单位消防安全考评最终得分，达到消防安全级考评等级标准。

（5）考评中止

现场考评过程发现以下情形之一的，考评团队报请中国空间技术研究院中止考评。

① 考评周期内发生过火灾事故的。

② 弄虚作假，伪造文件和资料，申请材料与单位实际严重不符合的。

③ 未采取措施消除隐患，可能严重威胁公共安全的。

④ 对上一次消防安全考评时提出的问题隐患未彻底整改的。

⑤ 其他影响考评团队客观、全面考评的情况。

【条文解读】

规定了 5 个消防安全考评中止项，在现场考评过程发现其中之一的，由考评团队报请中国空间技术研究院中止考评。

（6）重新申请

消防安全考评最终得分在 69 分以下或被中止考评的单位，应充分认识到管控工作严重缺失，在完成全部整改工作 3 个月后，方可再次申请消防安全考评。

【条文解读】

规定了消防安全考评最终得分在 69 分以下或被中止考评的单位重新申请的期限。

（7）考评周期

消防安全考评每 3 年为一个周期，在期满前 3 个月之内，取得消防安全考评等级的单位应申请复评，复评按照考评程序进行。

【条文解读】

规定了消防安全考评周期，要求取得消防安全考评等级的单位每 3 年进行一次复评，期满前 3 个月之内提出复评申请，复评按照考评程序进行。

6. 监督管理

① 取得消防安全考评等级的单位，在等级证书有效期内应每年进行一次自评并形成年度自评报告，于次年 4 月底前报送中国空间技术研究院。

② 取得消防安全考评等级的单位发生以下重要变化之一的，应在变化之后 6 个月之内，重新申请消防安全考评。

a）新增消防安全重点部位 2 处（含）以上的。

b）生产、经营、存储场所发生重大变化的。

c）扩大生产、经营许可范围的。

③ 取得消防安全考评等级的单位发生以下情形之一的，中国空间技术研究院有权撤销或降低其消防安全考评等级。

a）发生有影响的火灾事故。

b）因消防安全问题造成舆情事件的。

c）被消防救援机构判定为重大火灾隐患单位的。

d）未采取措施消除隐患，可能造成重特大人员伤亡或重特大经济损失的。

e）在有效期内未按照本文件要求进行年度自评的。

④ 被撤销消防安全考评等级的单位，在完成全部整改工作 6 个月后，方可重新申请消防安全考评。

⑤ 被撤销、中止消防安全考评等级的单位，整改期内，上级消防工作主管部门进行重点监督。

【条文解读】

规定了消防安全考评的监督管理要求：

① 取得消防安全考评等级的单位，每年进行一次自评并形成年度自评报告。

② 新增 2 处（含）以上消防安全重点部位或生产、经营、存储场所发生重大变化的单位，应在变化之后 6 个月之内，重新申请消防安全考评。

③ 发生有影响的火灾事故、因消防安全问题造成舆情事件等，中国空间技术研究院有权撤销或降低其消防安全考评等级，在其完成全部整改工作 6 个月后，方可重新申请消防安全考评。

④ 被撤销、中止消防安全考评等级的单位，整改期内，由上级消防工作主管部门向该单位消防工作主管领导通报，并作为消防安全重点事项进行重点监督。

第四节 中国空间技术研究院实施消防安全标准化考评的效果

在单位自查基础上，中国空间技术研究院作为中国航天科技集团有限公司消防安全考评的唯一试点单位，利用三年时间开展了首轮消防安全考评，有效夯实了消防安全管理基础，在评估过程中，各单位互相学习、借鉴、研讨、交流，查找当前管理工作中存在的共性问题和薄弱环节，并积累了宝贵的考评经验，有力推动了本单位消防工作改进和水平提高，取得了显著成效。

一、责任分工明晰细化

牢牢抓住“责任”这一核心内容和基础，在法律法规规定的法律责任、消防技术标准强制条款和上级重要要求均列为否决扣分项基础上，分别从基础管理、消防安全重点部位、消防设施、消防控制室、灭火器材、试验任务、灭火救援、园区管理方面，以评估要求的形式规定了应承担的具体工作职责，从根本上解决了“管什么、怎么管、怎么查”的问题，推动形成“事前以单明责、事中照单履责、事后按单问责”的现代化单位消防安全管理模式。

▲ 图 7-2 开展消防安全标准化考评首次会

二、通用规范集成统一

整合法律法规、消防技术标准以及规范性文件，形成单位消防安全管理的通用要求，较好地解决了法律法规、消防技术标准与单位现行消防安全管理制度衔接、过渡不紧密等问题，为推进单位规范化管理提供了制度遵循和操作指南。

三、先进经验务实有效

总结固化在消防安全管理方面取得的经验做法，明确了制度、操作规程和预案的基本结构和组成要素。推广消防技能竞赛、灭火实操测试、园区灭火救援技术处置模式的建设等实用做法，对提升单位本质安全、减少“小火亡人”事故具有很强的现实意义。

四、要素表达前瞻首创

清单式列出 11 类消防安全标识示例、2 类灭火技能实操测试示例、消防安全重点部位标识示例、消防设施台账示例等。同时鼓励管理创新和从业人员考取全国一级注册消防工程师资格，对于优秀管理创新案例和取得一级注册消防工程师资格的单位予以鼓励。

中国空间技术研究院消防工作坚持目标和问题双向牵引，以保障航天器研制任务安全为总体目标，基于总体目标需求与航天企业消防工作客观规律，辨识出提升消防安全标准化关键要素，从 1 个管理体系、N 个管理依据、1 个考评机制出发，积极开展理论创新、体系搭建和管理实践，明确管理范畴、权责、界面，重点建设“管理标准”“管理机制”，逐步构建起管理体系完善、管理依据齐备、考评机制科学的航天企业消防安全标准化体系。

中国空间技术研究院在消防安全领域出版发行专著 1 部，公开发表论文 21 篇，获得国家发明专利 1 项、实用新型专利 7 项，10 余人取得国家一级注册消防工程师资格，荣获国家消防工作最高奖项——“全国 119 消防先进集体”。

中国空间技术研究院卓有成效地实施了消防安全标准化建设与实践，确保了航天器科研生产任务安全，为建设“世界一流宇航公司”夯实了安全基础。

参考文献

[1] 《中华人民共和国消防法》（2021年4月29日修正版）.

[2] 中华人民共和国公安部令第61号《机关、团体、企业、事业单位消防安全管理规定》（经2001年10月19日公安部部长办公会议通过，自2002年5月1日起施行）.

[3] 《消防安全责任制实施办法》（中华人民共和国国务院办公厅，国办发〔2017〕87号）.

[4] 《"十四五"国家消防工作规划》（中华人民共和国国务院安全委员会，安委〔2022〕2号）.

[5] 中华人民共和国住房和城乡建设部令第58号《建设工程消防设计审查验收管理暂行规定》.

[6] 中华人民共和国应急管理部令第7号《社会消防技术服务管理规定》.

[7] 中华人民共和国公安部令第109号《社会消防安全教育培训规定》.

[8] 国家消防救援局. 消防安全技术实务［M］. 北京：中国计划出版社，2023.

[9] 国家消防救援局. 消防安全技术综合能力［M］. 北京：中国计划出版社，2023.

[10] XF/T 3005—2020，单位消防安全评估［S］. 中华人民共和国应急管理部.

[11] 《关于印发〈消防安全重点单位微型消防站建设标准（试行）〉、〈社区微型消防站建设标准〉（试行）的通知》（中华人民共和国公安部消防局，公消〔2015〕301号）.

[12] GB 50140—2005，建筑灭火器配置设计规范［S］. 中华人民共和国公安部.

[13] GB 50016—2014，建筑设计防火规范［S］. 中华人民共和国住房和城乡建设部.

[14] GB 55037—2022，建筑防火通用规范［S］. 中华人民共和国住房和城乡建设部.

[15] GB 55036—2022，消防设施通用规范［S］. 中华人民共和国应急管理部.

[16] GB/T 38315—2019，社会单位灭火和应急疏散预案编制及实施导则［S］. 国家市场监督管理总局.

[17] GZB 4-07-05-04，消防设施操作员［S］. 中华人民共和国人力资源和社会保障部.

[18] DB11/T 3035—2023，建筑消防设施维护保养技术规范［S］. 北京市市场监督管理局.